Liderazgo de marca

Liderazgo de marca

Liderazgo de marca

David A. Aaker
Erich Joachimsthaler

Versión española de:
Roberto M. Álvarez del Blanco
Prof. Universidad de California, Berkeley
Valentí Camps Fons
Presidente, VF Boutique

DEUSTO

Única traducción autorizada al castellano de la obra *Brand leadership* (ISBN: 0-684-83924-5), publicada en lengua inglesa por la editorial The Free Press, de Nueva York, Estados Unidos. Reservados todos los derechos. Queda prohibido reproducir parte alguna de esta publicación, cualquiera que sea el medio empleado, sin el permiso previo del editor.

© 2000 David A. Aaker y Erich Joachimsthaler
© 2006 Ediciones Deusto
  Planeta DeAgostini Profesional y Formación, S.L.
  Av. Diagonal, 662 - 2.a planta
  Barcelona

Versión española de: Roberto M. Álvarez del Blanco. Prof. Universidad de California, Berkeley.
Valentí Camps Fons. Presidente, VF Boutique.

Diseño de las tapas: paco•pepe comunicació
Composición: Fotocomposición Ipar, S. Coop. - Bilbao

ISBN colección: 84-234-2393-X
ISBN obra: 84-234-2387-5

Editorial Planeta Colombiana S. A.
Calle 73 N° 7-60, Bogotá, D.C.

ISBN O.C.: 958-42-1364-4
ISBN V.: 958-42-1372-5

Primera reimpresión (Colombia): enero de 2006
Impresión y encuadernación: Quebecor World Bogotá S. A.
Impreso en Colombia - Printed in Colombia

Índice

Agradecimiento 9
Prólogo 11

Parte I

Introducción

CAPÍTULO 1. *Liderazgo de marca: nuevo imperativo* 19

Gestión de marca: el modelo clásico 19
Liderazgo de marca: nuevo imperativo 23
La construcción de la marca paga 30
Funciones de liderazgo de marca 41
Plan del libro 44

Parte II

Identidad de la marca

CAPÍTULO 2. *Identidad de la marca, lo central en la estrategia de marca* 49

La historia de Virgin Atlantic Airways 49
Modelo de planificación de la identidad de marca 56
Al desarrollar un sistema de identidad de marca, superar los clásicos errores .. 67

CAPÍTULO 3. *Clarificar y elaborar la identidad de la marca* 82

Definir el liderazgo 83
Definir la personalidad de la marca: historia de L.L. Bean 85
Ejercicios de elaboración de identidad 88
Auditorías de programas de apoyo a la identidad 89
Identificación del papel modelo de identidad 93

Desarrollo de metáforas visuales.................................... 100
Priorización de la identidad de marca............................... 102
Presentar la identidad elaborada.................................... 107
Revisión de identidad de la marca................................... 111

Parte III
Arquitectura de la marca: claridad, sinergia y apalancamiento

CAPÍTULO 4. *Espectro relacional de la marca* 115

Historia de los electrodomésticos de General Electric 115
La historia de Marriot 118
Diseñar la aquitectura de la marca: respaldadoras y submarcas 120
Vincular marcas: espectro relacional de la marca....................... 122
Casa de marcas 124
Marcas respaldadas 128
Submarcas 132
Casa con marcas 135
Seleccionar la posición correcta en el espectro relacional de marca......... 137

CAPÍTULO 5. *Arquitectura de la marca*................................ 146

Historia de Polo Ralph Lauren 146
Complejidad del mercado, confusión de marcas y arquitectura de la marca... 150
¿Qué es la arquitectura de la marca?................................. 151
Extender la amplitud de la marca 170
Auditoría de la arquitectura de la marca 174

Parte IV
Construir marcas: más allá de la publicidad

CAPÍTULO 6. *Adidas y Nike: lecciones en la construcción de marcas* 181

Adidas: el período de crecimiento.................................... 182
La historia de Nike 185
Buenos días, Adidas 199
Crear un enfoque de construcción de marca alrededor de la identidad de marca
    de Adidas 202
Las lecciones 209

CAPÍTULO 7. *Construcción de marcas: el papel del patrocinio* 213

Historia del patrocinio de MasterCard en la Copa del Mundo 213
Cómo el patrocinio construye marcas 219

Lo que puede ir mal 236
Las siete claves de los patrocinios eficaces 240

CAPÍTULO 8. *Construir marcas: el papel de la Red* 245

Características únicas de la Red 249
Construcción de marca en la Red 254
Sitios en la Red para la construcción de marcas 259
Contenido en publicidad y patrocinio 269

CAPÍTULO 9. *Construir marcas: más allá de la publicidad en medios* 278

La tarea de construcción de marcas 280
Construir marcas: algunos modelos de papeles de Europa 290
Construcción de marcas sin publicidad: algunas indicaciones 310

Parte V

Organizarse para el liderazgo de marca

CAPÍTULO 10. *Liderazgo de marca global, no marcas globales* 321

McDonald's en Europa 321
Marcas globales 324
Liderazgo de marca global, no marcas globales 326
Compartir visiones y mejores prácticas 328
Un proceso común de planificación de marca global 332
Asignar responsabilidades para crear una sinergia cruzada por países 337
Un sistema para proporcionar brillantez a la construcción de marcas 345
Hacia una marca global 348

Notas 351

Notas del traductor 357

Agradecimiento

Muchas personas han contribuido a la realización de este libro. Aun con el riesgo de olvidar a alguna, quisiéramos reconocer a los respetados colegas que han compartido ideas sobre marca en los últimos años, no sólo enriqueciendo nuestro conocimiento sino haciendo esta aventura de la marca más interesante: Jennifer Aaker, de la Universidad de Stanford; Roberto Álvarez del Blanco, de la Haas School of Business; Arnene Linquito, de AT&T; Rob Holloway y Larry Ruff, de Levi Strauss; Nancy Carlson, de Mobil; Anthony Simon y Johnny Lucas, de Best Foods; Kambiz Safinya y Paul Campbell, de Schlumberger; Sandeep Sander, de Sander & Company; Gert Burmann, de Volkswagen; Michael Hogan, de Frito-Lay; Katy Choi, de Brand & Company; Susan White y Charles Castano, de Compaq; Peter Sealey, actualmente asociado a CKS/USWeb y a la Haas School of Business; Duane Knapp, de Brand Strategies; Peter Georgescu y Stuart Agres, de Young & Rubicam; Alexander Biel, de Alexander Biel Associates; y Russ Winer, Rashi Glazer, Paul Farris, Mark Parry, Robert Spekman, Joe Pons, Paddy Miller, Michael Rukstad, Guillermo d'Andrea y otros colegas de la Haas School of Business, la Darden School, Harvard, IAE e IESE. Quisiéramos también dar las gracias a Scott Galloway, Connie Hallquist, Sterling Lanier y otros de Prophet Brand Strategy, y a James McNamara, Hubert Weber y Steve Salee, de Brand Leadership Company, quienes han contribuido con ideas y colaborado en el proyecto. Dana Pillsbury, de The Brand Leadership Company, contribuyó especialmente y Monica Marchlewski fue excepcional en lograr que los gráficos y figuras estuvieran a tiempo.

Nuestro agradecimiento especial a Scott Talgo y Lisa Craig, del St. James Group, y a Kevin O'Donnell y Jason Stavers, de Prophet Brand Strategy, que realizaron interesantes contribuciones a los capítulos de la Red y la arquitectura de la marca y que son grandes estudiosos de marca. Gracias también a John Quelch, decano de la London School of Business, quien generosamente nos permitió usar material de su excelente caso sobre el patrocinio de MasterCard en el Mundial de Fútbol. Especial agradecimiento a Kevin Keller, de Dartmouth, y a Bob Jacobson, de la Universidad de Washington, que contribuyeron formulando atrayentes preguntas en forma científica haciendo del proceso de escribir el libro algo fascinante.

Hemos tenido ayuda con los manuscritos de estudiantes excepcionales: Terra Terwilliger, James Cook, João Adão, Penny Crossland, Marc Sachon (ahora en la Stanford School of Engineering), Madhur Metha (ahora en Chase), Brian Hare (ahora en Translink), Eva Krauss (ahora en Ogilvy & Mather), Edward Hickman (ahora en Technical Solutions Group), Nancy Spector y, especialmente, Julie Templeton (ahora en Clorox) y Michael Dennis (ahora en MBA Enterprises Corps), quienes ganaron el reconocimiento por haber sido los mejores en pulir los manuscritos. Un buen número de estudiantes de la Haas School of Business de la Universidad de California, Berkeley, contribuyeron a perfeccionar los manuscritos en el último instante de la producción y les debemos nuestro agradecimiento. También nos hemos beneficiado de la colaboración de una excepcional editora de las pruebas finales, Carol Chapman, quien fue, una vez más, de indispensable ayuda además de ser un placer trabajar con ella. En Free Press, Celia Knight se encargó de que la cosa funcionara, Anne-Marie Sheedy fue muy amable en diversas circunstancias, además de haber sido agraciados con un magnífico editor y amigo, Bob Wallace, que ofreció apoyo, orientación e ideas. Éste es el tercer libro sobre marcas que ha visto la luz. Finalmente, quisiéramos agradecer a nuestras familias, que, una vez más, nos han apoyado en un proyecto de esta índole.

Prólogo

Cuando a inicios de la década de 1990 el tema de valor de la marca se convirtió en centro de análisis produjo suspicacias de que sería otro tópico pasajero en la gestión de márketing. A mediados de la década de 1990 pocos temas habían llamado tanto la atención entre la comunidad de directivos y de académicos de la gestión como lo hizo el referido al valor de la marca. Se produjeron numerosos estudios para explorar una amplia variedad de aspectos asociados al tema y proliferaron las conferencias, y los artículos y los comentarios en la prensa. Desde una óptica tanto académica como profesional resultó fascinante observar y participar en la amplitud de enfoques y perspectivas.

En estos últimos años, un sector detrás de otro descubrió que el reconocimiento de la marca, las fuertes asociaciones del nombre, la fidelidad de los clientes y la calidad percibida constituían pilares esenciales y tremendamente necesarios para competir con éxito en el mercado. Organizaciones diversas como líneas aéreas, universidades, hospitales, suministradores industriales en el sector petrolero o empresas vinculadas a las tecnologías de la información descubrieron a la marca por primera vez. Por el contrario, otras del sector de servicios financieros, alimentación, automóviles o electrodomésticos han profundizado en la revitalización de sus marcas con sistemas de gestión dinámicos, capaces de adecuarse a los tremendos cambios en el escenario competitivo.

Una amplia serie de factores mantienen vivo el enorme interés por las marcas. Sobrecapacidad, competencia viciosa en precios, proliferación de productos y servicios indiferenciados, poder creciente de los distribuidores, auge de marcas privadas (del distribuidor) e ingreso de marcas globales son sólo algunas de estas dinámicas que hacen que la construción de marcas se convierta en imperativa, cada vez más necesaria.

Compendio de ciencia y arte, la marca constituye un aspecto intangible, visceral, emotivo, personal y cultural complejo de construir. La marca va mucho más allá de la funcionalidad del producto o servicio y existe en la mente de los clientes. Las marcas tienen y se caracterizan por estilo, sentimientos y personalidad. El desafío, por lo tanto, para todas las marcas es crear una identidad clara y distintiva que encaje e impacte en los clientes y que la diferencie de las demás. La marca constituye, en definitiva, la fuente principal de ventaja competitiva y un valioso activo estratégico.

La creación o fortalecimiento de la marca debe observarse como un proceso vinculado a la estrategia de la organización y a su misión organizativa, por lo que debe considerar todos los aspectos de impacto en clientes, inversores y proveedores. Los mercados financieros reconocen la importancia de las marcas con estatura y fortaleza para el crecimiento potencial de una organización. Nuevas investigaciones sugieren que el mercado premia, consistentemente, con incremento en el valor de las acciones a aquellas compañías que planifican efectivamente sus marcas.

Por lo tanto, la marca se convierte en un instrumento de creación de riqueza organizativa y en un activo valioso que debe tratarse como tal. De ahí que gestionar la marca se haya convertido en una sofisticada disciplina que se apoya en análisis y técnicas, junto a una fuerte intuición. Para lograr la fortaleza de la marca, además de suministrar valor al cliente, habrá que obtener la comprensión y el apoyo de toda la organización, remover las piedras que se interpongan al éxito, crear riqueza para el accionista y ganar el respeto de todos los asociados (internos y externos) vinculados a la marca. La marca debe, en síntesis, crear y promover una causa.

Uno de los principales objetivos de la marca es simplificar las decisiones sobre alternativas, al mismo tiempo que suministrar al cliente una síntesis útil de evaluaciones de aquellas experiencias del producto/servicio que mantiene y conserva en su memoria. Otro objetivo básico es asegurar que el cliente se relacione con las contribuciones específicas de la marca para obtener compromiso y fidelidad a largo plazo. Ampliar la base de clientes mediante olas coordinadas de flujos de influencias personales y recomendación verbal para la compra y propiedad constituye otro de los desafíos de la marca.

Numerosos «imperios» empresariales han sido construidos por la fortaleza de sus marcas. Por ejemplo, analizando el caso del grupo Virgin, tan magníficamente descrito en el capítulo 2, puede comprenderse cómo la fortaleza y el liderazgo que han sido capaces de alcanzar y disfrutar sus marcas contribuyen a obtener, rápidamente, una cuota del 15 por ciento de mercado en cualquier nuevo negocio en el que ingresan. Las marcas distinguen a la oferta de Virgin transformando y aumentando significativamente sus productos y servicios. Por lo tanto, no es un accidente o casualidad que sean percibidas como superiores.

No todas las organizaciones, sin embargo, están bien diseñadas para gestionar el ciclo completo de la marca. En estos casos resulta complejo apalancar activos en favor del valor y fortaleza de la marca poniéndose en riesgo su futuro, ya que los clientes buscan continuamente mejores vías para simplificar sus alternativas. Para este tipo de organizaciones y para sus directivos, el libro *Liderazgo de marca* es un faro que debería guiar e inspirar mejores, eficaces y eficientes prácticas.

El libro *Liderazgo de marca* es el tercero que, en aspectos de gestión del valor de la marca, desarrolla el profesor emérito de la Haas School of Business de la Universidad de California, Berkeley, David A. Aaker, en esta ocasión junto al profesor de la Darden School de la Universidad de Virginia y consultor estratégico en construcción de marcas Erich Joachimsthaler. La obra se ha convertido, a su vez, en un «best'seller» desde su publicación en enero de 2000 y en una valiosa aportación para elevar la gestión de la marca a nivel de liderazgo en línea con los principios imperantes en la nueva economía.

La obra, en primer lugar, expande el concepto de identidad de la marca para incluir criterios significativos sobre esencia de la marca, el uso de identidades múltiples para cubrir mercados diversos y la elaboración de identidades de marca efectivas. Esta elaboración contribuye a la comunicación clara de la identidad a todos aquellos responsables de la implementación que comprende tanto a los propios recursos humanos de la organización como a los profesionales externos «asociados» y vinculados a ella.

En segundo lugar, trata brillantemente los aspectos de arquitectura de la marca (cómo deben vincularse las marcas unas con otras, cuánto deben ser extendidas y qué roles deben desempeñar en el sistema total de marcas). Se define el concepto de arquitectura de la marca al mismo tiempo que sus principales componentes y herramientas. En este sentido, la obra presta particular atención al espectro relacional de la marca, describiendo con claridad cómo las submarcas y marcas respaldadoras pueden convertirse en herramientas poderosas para fortalecer el apalancamiento de la marca.

En tercer lugar, analiza cómo construir marcas efectiva y eficientemente por sobre la publicidad. La ejecución brillante que rompa el paradigma se observa como clave fundamental; la capacidad para gestionar medios alternativos es otra clave. Una serie de ejemplos de mejores prácticas ilustran claramente estos criterios incluyendo los casos de Nike y de Adidas. Dos vehículos como patrocinios e Internet también se analizan en detalle, y los «puntos dulces» del cliente, la idea conductora, el modelo relacional del cliente y del negocio se presentan como herramietas contributivas para que el directivo pueda diseñar planes de construcción interna de la marca.

En cuarto lugar, los autores consideran el desafío organizativo de gestionar las marcas en un contexto global. Los múltiples negocios y productos que se reconocen con la marca y la necesidad de competir en mercados diversos (a menudo identificados en un grupo de países) convierten a la gestión de la marca en una actividad más compleja y crítica. La respuesta consiste en crear la organización y procesos capaces de incentivar poderío para la marca al mismo tiempo que precipitar potenciales sinergias, economías y apalancamientos.

La experiencia sugiere que el camino para las marcas globales se ha aclarado en los últimos quince años. Las razones para que las marcas se expandan internacionalmente son más convincentes, las marcas que sirven mercados globales se enfocan en producir a bajo coste y potencialmente disfrutan de importantes economías de escala. No obstante, los mercados no siempre responden uniformemente con demandas que faciliten la construcción de marcas globales monolíticas. La gran noticia, aunque los mercados se hayan fragmentado, es que los segmentos son más fáciles que nunca de investigar.

Para estructurar el conocimiento de la marca global los autores desarrollaron una importante investigación de campo sobre estrategia de marca, ya que se analizaron más de trescientos casos en Europa, Estados Unidos y el resto del mundo, enfatizando en aquellos contextos donde las marcas deben afrontar realidades interpaíses. Es notorio cómo se han identificado y evaluado las estrategias de marca y su implementación, así como los conceptos y métodos específicos utilizados.

Por último, los autores presentan, en el capítulo 8, el relevante tema de la marca y el rol de la Red. Internet claramente está transformando el entorno de los negocios; no obstante, el impacto sobre la marca es menos claro y está poco documentado. Se ha dado inicio al diálogo sobre e-Marca, aunque podríamos preguntarnos... ¿Qué significa realmente? ¿Constituye un nuevo concepto o simplemente resulta una nueva dimensión tradicional de la marca? ¿El directivo debe enfocar a la e-Marca de forma diferente?

Es evidente que la e-Marca tiene los mismos objetivos. La gran diferencia es que incorpora una nueva dimensión: realizar negocios en el ciberespacio en donde debe construir valor mediante una serie de herramientas de márketing (propias de Internet), aunque sin olvidar los fundamentos para mejorar las relaciones con los clientes y el prestigio de la organización. Los pasos para construir una marca poderosa en Internet son idénticos a los tradicionales, la diferencia se vincula a la velocidad a la que la marca puede convertir en clientes reales a los potenciales. El diálogo y la relación «uno a uno» que permite Internet contribuyen a este proceso de lazo y vínculo de la marca con el cliente. Nunca como ahora, en un mercado saturado de estímulos, es tan esencial y relevante captar la atención del cliente. Una ejecución brillante en Internet puede descubrir y acelerar el camino a la prosperidad de la e-Marca.

Liderazgo de marca es un libro excelente; una invitación a explorar y descubrir los más refinados, nuevos y estimulantes aspectos de gestión de la marca. Los autores han sabido imponer una personalidad y metodología significativa a su obra dotándola de revelaciones y conocimientos transparentes y precisos. Ello explica la entusiata aceptación obtenida por la obra, tanto en la comunidad empresiarial como en la académica, al considerársela una significativa contribución a la disciplina científica de márketing.

Particularmente, es un honor haber traducido al castellano, adaptado y prologado cinco libros del profesor David A. Aaker, considerado como la personalidad más influyente en el campo de márketing en los últimos quince años y que tanto impacto ha ejercido en mi carrera profesional. Su energía, dedicación y convicción (compartida en este caso con el Prof. Erich Joachimsthaler) se traducen en una escena intelectual con características irresistibles para todos aquellos profesionales de márketing que aspiran atentos y deseosos a comprender mejor los factores clave del liderazgo de marca en la nueva economía.

Prof. Roberto Marcos Álvarez del Blanco
Universidad de California, Berkeley

Parte I

Introducción

Capítulo 1

Liderazgo de marca: nuevo imperativo

Es un nuevo mundo de marcas.

Tom Peters

La estrategia de marca debe seguir a la estrategia del negocio.

Dennis Carter, de Intel

Gestión de marca: el modelo clásico

En mayo de 1931 Neil McElroy, que llegaría a ser un gran presidente de Procter & Gamble (P&G) y más tarde secretario de Defensa del Gobierno de Estados Unidos, era director júnior de márketing, responsable de la publicidad del jabón Camay. Ivory («99,44% puro» desde 1879) era entonces el rey de P&G, mientras que las otras marcas de la compañía eran tratadas de manera *ad hoc*. McElroy observó que el esfuerzo de márketing de Camay era difuso y descoordinado (ver el anuncio de Camay de 1930 en la figura 1.1), sin compromiso presupuestario o enfoque de gestión. Como resultado, Camay estaba a la deriva y languidecía. Frustrado, McElroy escribió un memorándum clásico proponiendo un sistema de gestión enfocado en la marca.

FIGURA 1.1

Anuncio de Camay, junio de 1930

El memo de McElroy (transcrito en la figura 1.2) detallaba la solución. Un equipo de gestión de marca que sería responsable de crear un plan de márketing para la marca y de coordinarlo con ventas y fabricación. Este memo, construido sobre ideas y actividades de diversas personas, tanto de P&G como del exterior de la compañía, tuvo un profundo impacto en cómo las organizaciones gestionan sus marcas en el mundo.

Extracto del memo de Neil McElroy de P&G «Gestión de la marca», 1931

Este memo de mayo de 1931, redactado en parte para defender la contratación de dos nuevas personas, describe al equipo de gestión de la marca constituido por un «encargado de marca», un «asistente al encargado de marca» y varios empleados «observadores del terreno». La siguiente transcripción describe las funciones y responsabilidades del «encargado de marca» (con clarificaciones ocasionales incorporadas entre paréntesis).

ENCARGADO DE MARCA

1. Estudiar cuidadosamente los envíos por unidades de su marca.
2. Cuando el desarrollo de la marca es importante y a medida que progresa, examinar cuidadosamente la combinación de esfuerzos que flaquean e intentar aplicar el mismo tratatamiento a otros territorios comparables.
3. Cuando el desarrollo de la marca es tenue:
   a) Estudiar la historia reciente publicitaria y promocional de la marca; estudiar el territorio personalmente y de primera mano (tanto distribuidores como consumidores) con el objetivo de localizar el problema.
   b) Después de eso cubrir las debilidades, desarrollar un plan que pueda aplicarse a cada situación. Es necesario, por supuesto, no sólo trabajar con el plan, sino asegurarse de que la cantidad de dinero propuesta sea generadora de resultados a un coste razonable por caso.
   c) Presentar en detalle este plan al director de división en cuya jurisdicción se encuentra el territorio débil, obtener su aprobación y colaboración para la acción correctiva.
   d) Preparar las ayudas para ventas y todos los materiales necesarios para llevar adelante el plan. Pasarlo a los distritos. Trabajar con los vendedores cuando son iniciados. Seguimiento hasta el final para asegurarse de que no se producen demoras en las operaciones de ventas del plan.
   e) Mantener todos los registros necesarios y hacer cualquier estudio de campo que sea necesario para determinar que el plan produzca los resultados esperados.
4. Aceptar responsabilidad total, no simplemente criticando a componentes individuales del texto, sino considerando a la totalidad del plan para su marca.
5. Responsabilizarse totalmente de las partidas de publicidad de su marca (como material de punto de venta y promociones).
6. Experimentar con revisiones recomendadas de envases.
7. Reunirse con cada director de distrito varias veces al año para analizar cualquier posible fallo en nuestros planes de promoción para ese territorio.

FIGURA 1.2

El sistema propuesto por McElroy fue impulsado para resolver «problemas de ventas», ya que analizaba ventas y beneficios para cada área de mercado con el objeto de identificar problemas. El responsable de marca conducía la investigación para comprender las causas del problema, desarrollar planes responsables para reconducir la situación y luego usar un sistema de planificación que contribuyera a asegurar que los planes se implementaban a tiempo. Las respuestas utilizadas no se referían sólo a publicidad, sino a otras herramientas de márketing como precios, promoción, material punto de venta, incentivos a la fuerza de ventas y cambios de envases o refinamientos del producto.

En parte, el sistema clásico de gestión de la marca resultó un éxito, no sólo en P&G sino en otras muchas compañías, debido a que fue integrado por planificadores excepcionales, ejecutores y motivadores. El proceso de gestionar un sistema complejo (a menudo involucra I+D, fabricación y logística además de publicidad, promoción y temas vinculados a canales de distribución) requiere capacidades de gestión y hacerlo éticamente. Los responsables de marca de éxito también debieron desarrollar capacidades de coordinación y motivación excepcionales, ya que típicamente no poseían autoridad sobre las personas de línea (tanto dentro como fuera de la compañía) vinculadas con la implementación de los planes de marca.

A pesar de no haber sido incluido específicamente en su memo, la premisa de que cada marca competirá vigorosamente con las otras marcas de la compañía (tanto para cuota de mercado como para obtención de recursos internos) resultó un aspecto importante en la conceptualización y pensamiento de McElroy para la gestión de la marca. Analistas contemporáneos sugieren que la fuente de la idea surgió desde General Motors, que tenía distintas marcas como Chevrolet, Buick y Oldsmobile compitiendo entre sí. El objetivo del director de marca era ver ganar a su marca, incluso si el éxito se generaba a expensas de otras de la compañía.

El sistema clásico de gestión de la marca usualmente limitaba su ámbito a un mercado relevante del mismo país. Cuando la marca se convierte en multinacional el sistema de marcas, generalmente, se replica en cada país con directores locales responsables.

Finalmente, en el modelo original de P&G, el director de marca tiende a ser táctico y reactivo, observando las actividades de los competidores y las actividades del canal al mismo tiempo que las ventas y tendencias de márgenes. Cuando se detectaba un problema, el objetivo del plan de respuesta era «poner hilo a la aguja» tan pronto como fuera posible, con el proceso principalmente conducido por ventas y márgenes. La estrategia, a menudo, era delegada a una agencia o simplemente ignorada.

Liderazgo de marca: nuevo imperativo

El sistema clásico de gestión de marca ha funcionado muy bien durante décadas para P&G y un grupo de imitadores. Gestiona la marca y hace que las cosas sucedan armonizando el trabajo de muchos. No obstante, puede que resulte insuficiente para tratar las complejidades emergentes del mercado, presiones competitivas, dinámicas del canal, fuerzas globales y entornos de negocios multimarcas, agresivas extensiones de marca y complejas estructuras de submarcas.

	El modelo clásico de gestión de marca	El modelo de liderazgo de la marca
De gestión táctica a estratégica		
Perspectiva	Táctica y reactiva.	Estratégica y visionaria.
Status del Brand Manager	Menos experimentado, orientado al corto plazo.	Importante en la organización, orientado al largo plazo.
Modelo conceptual	Imagen de marca.	Activo de la marca.
Enfoque	Resultados financieros a corto.	Índices de valor de la marca.
De enfoque limitado a amplio		
Producto-mercado	Productos y mercados únicos.	Productos y mercados múltiples.
Estructuras de la marca	Simple.	Arquitectura de la marca compleja.
Cantidad de marcas	Enfoque en marca única.	Enfoque en categorías: marcas múltiples.
Ámbito país	País único.	Perspectiva global.
Rol de comunicación del Brand Manager	Coordinador de opciones limitadas.	Líder de equipo de múltiples opciones de comunicación.
Enfoque de comunicación	Externa/clientes.	Tanto interna como externa.
De ventas a identidad de marca como estrategia conductora		
Conductor estratégico	Ventas y cuota.	Identidad de la marca.

FIGURA 1.3

Liderazgo de la marca: paradigma evolutivo

Como resultado, un nuevo modelo reemplazó gradualmente al sistema clásico de gestión de marcas de P&G y de otras compañías. El paradigma emergente, que denominamos *modelo de liderazgo de la marca*, es muy diferente. Como presenta la figura 1.3, enfatiza en estrategias y en tácticas, su marco es amplio y se conduce tanto por la identidad de la marca como por ventas.

DE GESTIÓN TÁCTICA A ESTRATÉGICA

El responsable en el modelo de liderazgo de la marca es estratégico y visionario en lugar de táctico y reactivo. Asume el control sobre la marca estratégicamente, definiendo su razón de ser con perspectiva de clientes y otros aspectos relevantes del mercado y comunica esa identidad consistentemente, eficientemente y efectivamente.

Para cumplir su rol, el responsable de la marca debe involucrarse en la creación estratégica del negocio y en su implementación. La estrategia de la marca debe estar influida por la estrategia del negocio y debe reflejar la misma visión estratégica y cultura organizativa. Además, la identidad de la marca no debe prometer aquello que la estrategia no pueda suministrar. No hay nada más insensato y perjudicial que desarrollar una identidad o visión basada en imperativos estratégicos que no serán financiados. Una promesa de identidad vacía es más perjudicial que no tener promesa.

Importante en la organización

En el sistema clásico de gestión de marca, el responsable de la marca era, a menudo, relativamente inexperto, ya que rara vez estaba en el puesto de trabajo más allá de dos o tres años. La perspectiva estratégica requiere que el *brand manager* (director de marca) se posicione en la alta dirección, con un horizonte de trabajo de largo plazo. En el modelo de liderazgo de la marca es generalmente el directivo de márketing de mayor relevancia. En aquellas organizaciones en que hay un talento de márketing al frente, el *brand manager* puede ser, y a menudo es, su presidente.

Enfoque en activo de la marca como modelo conceptual

El modelo emergente puede captarse, en parte, yuxtaponiendo la imagen de marca y el activo de la marca. La imagen de la marca es táctica (elemento que conduce a resultados a corto plazo y puede ser confortablemente delegada a especialistas de publicidad y promoción). El activo de la marca, por el contrario, es estratégico (un activo que puede ser la base de ventaja competitiva y rentabilidad a largo plazo, que debe ser monitorizada por la alta dirección). El objetivo del liderazgo de la marca es construir activos de marca más que simplemente gestionar sus imágenes.

Medidas de activo de la marca

El modelo de liderazgo de la marca promueve el desarrollo de medidas de activo que suplementen los datos de ventas y beneficios de corto plazo. Estas medidas, comúnmente observadas en el tiempo, deben reflejar las mayores dimensiones del activo de la marca, como reconocimiento, fidelidad, calidad percibida y asociaciones. Identificar los elementos de identidad de la marca que diferencian e impulsan las relaciones de la marca con los clientes constituye el primer paso para crear un conjunto de medidas de activo de la marca.

DE UN ENFOQUE LIMITADO A OTRO AMPLIO

En el modelo clásico de P&G, el enfoque del responsable de la marca se limitaba no sólo a una marca sino a un solo producto y a un único mercado. Además, los esfuerzos de comunicación tendían a ser más enfocados (con pocas opciones disponibles) y la comunicación interna sobre la marca era, a menudo, ignorada.
En el modelo de liderazgo de la marca, los desafíos y contextos son muy diferentes y las funciones han sido expandidas.

Productos y mercados múltiples

En el modelo de liderazgo de la marca, debido a que la marca puede cubrir múltiples productos y mercados, determinar el ámbito del producto y del mercado se convierte en un aspecto esencial de gestión.
La amplitud del producto involucra la gestión de extensión de la marca y planes de licencias. ¿A qué productos será aplicada la marca? ¿Qué productos se incorporan a los ámbitos actual y potencial de la marca? Algunas marcas, como Sony, obtienen visibilidad y energía de sus amplias extensiones. Los clientes saben que siempre habrá algo nuevo e interesante bajo el nombre de marca Sony. Otras marcas son muy proteccionistas del conjunto de asociaciones fuertes. Kingsford

Charcoal, por ejemplo, se ha consolidado en carbón y en productos directamente vinculados a la cocción con carbón.

La amplitud del mercado se refiere al estiramiento de la marca en mercados. Este estiramiento puede ser horizontal (como 3M en el mercados orientados al concepto de valor como a los de precios primados) o vertical (3M participa tanto en mercados orientados al valor o primados). Algunas marcas como IBM, Coca-Cola y Pringles utilizan la misma identidad en un conjunto de mercados. Otras situaciones, incluso, requieren múltiples identidades de marcas o marcas múltiples. Por ejemplo, la marca GE requiere asociaciones diferentes en el contexto de turbinas de aviación que en el contexto de electrodomésticos.

El desafío en la gestión de amplitud de productos y mercados es lograr suficiente flexibilidad para obtener éxito en productos y mercados diversos y, al mismo tiempo, conseguir sinergias cruzadas de estos productos y mercados. Una estrategia rígida de productos y mercados implica para la marca el riesgo de sufrir por efectos vigorosos de la competencia. Por otro lado, la anarquía de la marca crea ineficientes e inefectivos esfuerzos de márketing. Una variedad de enfoques, descritos en los capítulos 2 y 4, explican estos desafíos.

Arquitecturas complejas de marca

Mientras que el brand manager clásico rara vez tiene que ver con extensiones y submarcas, el responsable de liderazgo de la marca requiere de flexibilidad de arquitecturas complejas de marca. La necesidad de estiramiento de marcas y de apalancar totalmente sus fortalezas ha promovido la introducción de marcas respaldadas (como Post-it de 3M, Hamburger Helper de Betty Crocker y Courtyard de Marriott), submarcas (Campbell's Chunky, Wells Fargo Express y Hewlett-Packard's LaserJet, Open Bank de Banco Santander, Zumosol de Pascual) para representar diferentes productos mercados y, en algunas situaciones, también una marca organizativa. Los capítulos 4 y 5 examinan las estructuras de arquitecturas de marca, conceptos y herramientas.

Enfoque en categorías

El modelo clásico del sistema de gestión de marca de P&G provocó la existencia de marcas competidoras dentro de unas mismas categorías (Pantene, Head & Shoulders, Pert y Vidal Sassoon en cuidado para el cabello) para cubrir diferentes segmentos de mercado. Al mismo tiempo que se promovió la competencia interna en la organización para que ello fuera posible. Dos fuerzas, no obstante, han convencido a numerosas compañías a considerar la gestión de categorías de productos (esto es, agrupamiento de marcas) en lugar de carteras de marcas individuales.

En primer lugar, debido a que los detallistas de productos de consumo han incorporado tecnologías de la información y bases de datos para gestionar categorías como unidad de análisis, también esperan que sus suministradores se caractericen con perspectivas de categorías. De hecho, algunos distribuidores internacionales están demandando una sola persona que represente los contactos globales para la categoría, asumiendo que el representante de un país no puede ver lo suficiente de la gran fotografía que permita a los distribuidores locales entender las sinergias entre países.

En segundo lugar, a la vista de mercados que progresivamente se fragmentan, las marcas hermanas de una categoría lo tienen difícil para mantener su distinción debido a la confusión del mercado, canibalización y comunicación ineficiente (como resultados más frecuentes). Debilidades y posición confusa es lo que se manifiesta en la familia de marcas de General Motors. Cuando se gestionan las categorías de marcas, la claridad y eficiencia son fácilmente obtenibles. Además, pueden realizarse más desapasionadamente y estratégicamente las decisiones de asignación de recursos para los presupuestos de comunicación e innovación de productos debido a que la marca generadora de beneficios ya no controla automáticamente los recursos.

En el nuevo modelo, el enfoque del *brand manager* se expande desde una simple marca a una categoría de producto. El objetivo es hacer que las marcas en una categoría o unidad de negocio trabajen conjuntamente para suministrar el mayor impacto colectivo y las más relevantes sinergias. Por lo tanto, las marcas de impresoras de HP, las de cereales para el desayuno de General Mills o las de cuidado para el cabello de P&G necesitan gestionarse como conjuntos para maximizar eficiencias operativas y efectividad de márketing.

La gestión de categorías o unidades de negocio de marca pueden mejorar la rentabilidad y la salud estratégica tratando aspectos cruzados de marca. ¿Qué identidad de marca y posiciones resultarán como consecuencia del más coherente y menos redundante sistema de marcas? ¿Es la visión amplia consecuencia de las necesidades de los consumidores y del canal, la que suministra una oportunidad de ruptura? ¿Surgen oportunidades logísticas y de suministro en el conjunto de marcas involucradas en la categoría? ¿Cómo puede ser mejor usado el éxito de I+D en las marcas de la categoría?

Perspectiva global

La gestión de la marca multinacional en el modelo clásico implica a un responsable autónomo de la marca en cada país. A medida que se ha producido un cambio en las formas competitivas de éxito en el mercado internacional, esta perspectiva ha demostrado ser inadecuada. Ello explica por qué cada vez más las compañías están experimentando con estructuras organizativas que apoyan estrategias mundiales coherentes y que involucran a suministros, fabricación e I+D al mismo tiempo que a la marca.

El paradigma de liderazgo de la marca se caracteriza por una perspectiva global. Por lo tanto, un factor clave es gestionar la marca por mercados y países con el objetivo de obtener sinergias, eficiencias y coherencia estratégica. Esta perspectiva incorpora otro nivel de complejidad. ¿Qué elementos de la estrategia de la marca son comunes globalmente y cuáles deben adaptarse a los mercados locales? Implementar la estrategia involucra coordinación entre más personas y organizaciones. No obstante, desarrollar las capacidades para obtener ideas y construir las mejores prácticas en el mundo puede resultar complejo. Las diferentes tipologías de estructuras organizativas y sistemas usados para gestionar marcas en distintos países son analizadas en el capítulo 10.

Líder del equipo de comunicación

El brand manager clásico actuaba frecuentemente sólo como coordinador y organizador del calendario de los planes tácticos de comunicación. Más aún, los planes eran simples de gestionar, ya que podían emplearse medios masivos. Peter Sealey, profesor adjunto de la Universidad de California, Berkeley, ha puntualizado que en 1965 un product manager de P&G podía impactar en el 80% de las mujeres entre 18 y 49 años con un anuncio de 60 segundos. Hoy, este directivo requerirá 97 anuncios en horario de máxima audiencia para alcanzar el mismo resultado. La fragmentación de medios y mercados ha hecho de la comunicación una tarea compleja.

En el modelo de liderazgo de la marca, el *brand manager* necesita ser un estratega y un líder del equipo de comunicación, dirigiendo el uso de una gran variedad de vehículos, incluyendo patrocinio, la Web, márketing directo, *publicity** y promociones. Esta variedad de opciones impulsa dos desafíos: cómo acceder efectiva-

---

* Notas del traductor. Ver página 357.

mente a la opción de medios y cómo coordinar los mensajes entre medios que son gestionados por diferentes organizaciones e individuos (cada uno con perspectivas y objetivos diversos). Atacar los desafíos implica la generación de una identidad de marca efectiva y crear organizaciones preparadas para la gestión de la marca en entornos complejos.

Más aún, en lugar de delegar la estrategia, el *brand manager* debe ser propietario de ella, guiando el esfuerzo total de comunicación para poder alcanzar los objetivos estratégicos de la marca. Igual que un conductor de orquesta, el brand manager necesita estimular brillantez al mismo tiempo que mantiene a los componentes de comunicación disciplinados y ejecutando la misma partitura.

En la parte IV del libro se presenta una variedad de casos en los cuales se muestra cómo las estrategias de comunicación que usan diversos medios se coordinan para generar sinergias y eficiencias al mismo tiempo que impactos. En especial, los capítulos 7 y 8 suministran un análisis a dos vehículos cada vez más importantes: el patrocinio y la Web.

Comunicaciones tanto internas como externas

La comunicación, en el nuevo paradigma, adopta tanto un enfoque interno como el usual externo para influir a clientes. Si la estrategia no puede comunicar e inspirar a los asociados de la marca, tanto internos como externos a la organización, no será efectiva. La estrategia de la marca debería ser propiedad de todos los asociados a la marca. El capítulo 3 presenta una variedad de modalidades en que la marca puede apalancarse para cristalizar y comunicar valores y cultura organizativa.

DE VENTAS A IDENTIDAD DE MARCA COMO CONDUCTORA ESTRATÉGICA

En el modelo de liderazgo de la marca, la estrategia es guiada no sólo por índices de rendimientos de corto plazo, como ventas y beneficios, sino por la identidad de marca que claramente especifica la aspiración de la razón de ser. Con la identidad en su lugar, la ejecución puede ser gestionada en línea y efectivamente con los objetivos.

El desarrollo de la identidad de marca se basa en una profunda comprensión de los clientes, competidores y estrategias de negocio de la compañía. En definitiva, los clientes conducen el valor de la marca, y la estrategia de marca necesita basarse en una poderosa, disciplinada estrategia de segmentación igualmente que en un conocimiento profundo de las motivaciones del cliente. El análisis competitivo es otro factor clave, ya que la identidad de marca necesita tener puntos de diferenciación sostenibles en el tiempo. Finalmente, la identidad de marca, como ya ha sido manifestado, necesita reflejar la estrategia del negocio y la disponibilidad de la compañía a invertir en el plan necesario para lograr que la marca viva con su promesa a los clientes. El desarrollo y elaboración de la identidad de marca se examina en los capítulos 2 y 3.

La construcción de la marca paga

Debido a que el modelo clásico de gestión de la marca se enfoca en las ventas a corto plazo, las inversiones en marca son difíciles de justificar. O suministran ventas y beneficios o no lo hacen. Por el contrario, el paradigma de liderazgo de la marca se refiere a la construcción de activos que supondrán en beneficios a largo plazo, lo que en algunos casos resulta complejo o imposible de demostrar. La construcción de la marca puede requerir un refuerzo constante a lo largo de los años y sólo una pequeña porción de los retornos podrá ocurrir inmediatamente; de hecho, el proceso de construcción puede deprimir beneficios en el corto plazo. Más aún, la construcción de la marca a menudo se realiza en un contexto competitivo y de convulsión del mercado que crea numerosos problemas.

El modelo de liderazgo de la marca se basa en la premisa de que la construcción de la marca no sólo crea activos, sino que es necesaria para el éxito (y a menudo la supervivencia) de la organización. Los altos directivos de la compañía deben confiar en que la construcción de marcas promoverá la ventaja competitiva que rendirá financieramente.

El desafío de justificar inversiones para construir activos de marca es similar a justificar inversiones en cualquier otro activo intangible. Aunque, prácticamente en cada organización, los tres activos más importantes son las personas, tecnologías de la información y marcas, ninguno de ellos figura en el balance. Las medidas cuantitativas de sus efectos en la organización son prácticamente imposibles de obtener: como resultado, sólo están disponibles estimaciones generales de valor. El racional para toda inversión en intangibles debe, por lo tanto, apoyarse en un modelo conceptual del negocio que no siempre es fácil de generar o defender. Sin ese modelo, el movimiento hacia la marca podría inhibirse.

Al final del capítulo se analizan estudios que demuestran que la construcción de la marca ha promovido significativos crecimientos de activo y que tales inversiones afectan el rendimiento por acción. Antes, no obstante, se compara la construcción de la marca con su alternativa estratégica, la competencia en precios, ya que éste es el tema clave.

ALTERNATIVA A COMPETENCIA DE PRECIOS

Pocos directivos describirán su contexto del negocio sin mencionar capacidad ociosa y viciosa competitividad en precios. Excepto, quizás, para la operación del Canal de Panamá, ninguna compañía está asociada a la ausencia de competencia real. El escenario siguiente resulta para todos muy familiar: la presión en precios es causada por nuevos participantes, sobrecapacidad, disminución de ventas o poder de los detallistas. La caída de precios, descuentos y/o promociones les siguen. Competidores, especialmente de tercera o cuarta posición en el ránking, responden defensivamente. Los clientes comienzan a orientarse más a precios que a calidad y atributos diferenciados. Las marcas comienzan a parecerse a *commodities** y las compañías las tratan como tales. Los beneficios se erosionan.

Posición en acciones

Suponga que le será otorgado el 0,1% de las acciones de una de las siguientes compañías. ¿Qué acciones preferiría, dada la siguiente información sobre sus ventas, beneficios y activos (a enero de 1998)?

	(miles de millones de dólares)		
	Ventas	Activos	Beneficios
General Motors	166	229	7
Coca-Cola	19	17	4

Basado en estos datos, la mayoría preferirá a General Motors y dará la espalda a Coca-Cola. A enero de 1998, Coke tenía un valor de mercado más de cuatro veces superior al de GM, en parte debido al valor del activo de la marca Coke que sobrepasa al doble del valor total de General Motors.

---

* Notas del traductor. Ver página 357.

No se necesita ser un visionario para observar que cualquier situación que tienda a la categoría de *commodity* debe ser resistida. La única alternativa es construir marca.

El precio primado característico de la sal Morton (pocos productos resultan más *commodity* que la sal), Charles Schwab (servicios de intermediación financiera), Saturn (subcompactos de General Motors) o Perrier (agua mineral con gas) demuestra que salir del estatus de *commodity* no es imposible. En cada instancia, una marca fuerte ha sido capaz de resistir las presiones de sólo competir en precios. Otro caso distinto es Victoria's Secret, que vio cómo se incrementaban sus ventas y sus beneficios escalaban atractivamente cuando discontinuó la política de promociones y descuentos en precios del 40 y 50% cada semana.

La importancia del precio como conductor de atributos puede sobreestimarse. Las investigaciones demuestran que una minoría de consumidores basan sus decisiones de compra solamente en el precio. Incluso los clientes de aviones Boeing, que toman decisiones basadas en propuestas cuantitativas, en el análisis final consideran juicios subjetivos asociados con la afinidad y confianza de la marca Boeing. Uno de los caracteres de Charles Schultz trata este aspecto en forma irónica. Lucy, detrás de lo que parece un puesto de limonada, ha reducido el precio de sus servicios psiquiátricos de 5 dólares a 1 dólar y 25 centavos. Obviamente piensa que sus servicios se compran sólo por precio, una divertida premisa en un dibujo, aunque no es así como funciona en la vida real. Tom Peters lo ha mencionado bien: «En un mercado progresivamente poblado, sólo los tontos compiten en precios. Los ganadores encontrarán un camino para crear valor duradero en la mente de los clientes».

El valor de la marca

El valor de la marca no puede medirse precisamente, aunque sí puede estimarse aproximadamente (por ejemplo, con un más menos 30%). Debido al amplio margen de error, estas estimaciones no pueden usarse para evaluar planes de márketing aunque demuestren que el activo de la marca ha sido creado. Estas estimaciones pueden también suministrar un marco de referencia cuando se desarrollan planes de construcción de marca y se definen presupuestos. Por ejemplo, si una marca se valora en 500 millones de dólares un presupuesto de 5 millones para la construcción de marca puede considerarse como demasiado bajo. En forma similar, si 400 millones del valor de la marca se origi-

¿Qué es el valor de la marca?

El objetivo del paradigama del liderazgo de la marca es crear marcas poderosas, pero... ¿qué es una marca poderosa? En el libro *Gestión del valor de la marca* el valor de la marca fue definido como los activos (o pasivos) vinculados al nombre y símbolo de la marca que se incorporan (o sustraen) al producto o servicio. Estos activos pueden agruparse en cuatro dimensiones: reconocimiento de la marca, calidad percibida, asociaciones de la marca y fidelidad a la marca.

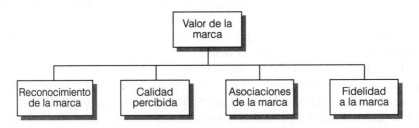

Estas cuatro dimensiones guían el desarrollo de la marca, su gestión y cuantificación.

— *Reconocimiento de la marca:* a menudo un activo infravalorado. No obstante, el reconocimiento ha demostrado afectar a las percepciones e incluso al gusto: las personas prefieren lo familiar y están preparadas a adscribir todo tipo de buenas actitudes a conceptos que les resultan familiares. La campaña Intel Incorporado ha transferido dramáticamente reconocimiento en percepciones de superioridad tecnológica y aceptación de mercado.
— *Calidad percibida:* es un especial tipo de asociación en parte debido a que influencia las asociaciones en numerosos contextos y en parte debido a que empíricamente se ha demostrado que afecta a la rentabilidad (medida tanto en términos de rendimiento de la inversión, ROI, como por rendimiento de acciones).
— *Asociaciones de la marca:* puede ser todo aquello que conecte al cliente con la marca. Puede incluir imaginería del usuario, atributos del producto, situaciones de uso, asociaciones organizativas, personalidad de la marca y símbolos. Mucho de la gestión de la marca se refiere a determinar qué tipología de asociaciones deben desarrollarse y luego crear un plan que vincule las asociaciones con la marca.
— *Fidelidad a la marca:* está en el corazón de todo valor de marca. El concepto es fortalecer el tamaño e intensidad de cada segmento fiel. Una marca con una base de clientes pequeña pero intensamente fiel puede tener un valor significativo.

nan en Europa y 100 millones en los Estados Unidos, la decisión de disgregar el presupuesto para construir la marca aún podría resultar más cuestionada.

Estimar el valor de la marca involucra una lógica precisa. En primer lugar, se identifica el flujo de ingresos de cada producto mercado principal de la marca (para Hewlett-Packard un producto mercado puede ser el de ordenadores para empresas en los Estados Unidos). Los ingresos se diferencian entre los atribuibles 1) a la marca, 2) a los activos fijos como instalaciones y equipos y 3) a otros activos intangibles como recursos humanos, sistemas, procesos o patentes. Los ingresos atribuibles a la marca se capitalizan, suministrando un valor para la marca en ese producto mercado. Agregar el valor de varios productos mercados suministra un valor total para la marca.

Los ingresos atribuibles a los activos fijos son relativamente fáciles de estimar; son simplemente un rendimiento fiable (por ejemplo, 8%) sobre el total de activos fijos. El equilibrio de los ingresos debe ser dividido entre ingresos producidos por la marca e ingresos atribuibles a otros intangibles. Esta división es subjetiva y basada en juicios de personas expertas de la organización. Uno de los determinantes clave para realizar esos juicios es la fortaleza de los restantes activos intangibles (para las líneas aéreas, por ejemplo, el valor de control de puertas de aeropuertos es un conductor significativo de ingresos). Otro factor determinante clave es la fortaleza de la marca en términos de su relativo reconocimiento, calidad percibida, fidelidad de clientes y asociaciones.

Interbrand es una compañía que produce valoraciones de marca usando la lógica anterior, aunque con sus refinamientos propios. En su estudio de junio de 1999 sobre marcas con fuerte presencia en mercados internacionales, la valoración llama poderosamente la atención por la magnitud de las cifras. El resultado para las primeras 15 marcas más otras seis con alto valor relativo con respecto a la capitalización de mercado de sus compañías se muestra en la figura 1.4.

Se ha estimado que 60 marcas poseen un valor superior a los 1.000 millones de dólares; el líder es Coca-Cola con 83.800 millones de dólares y Microsoft con 56.700 millones de dólares. En numerosos casos, el valor de la marca representa un significativo porcentaje del total de la capitalización de mercado de la compañía (a pesar de que la marca no represente a la totalidad de sus productos). En las primeras 15 marcas, sólo General Electric posee un valor de marca inferior al 19% del valor de mercado de la compañía. Por el contrario, nueve de las marcas entre las 60 primeras tienen valores que superan el 50% del valor total de la compañía, y marcas como BMW, Nike, Apple e Ikea poseen ratios marca/valor de la compañía superiores al 75%.

Orden	Marca	Valor en miles de millones dólares	Capitalización de mercado en miles de millones dólares	Valor de la marca como porcentaje de capitalización de mercado
1	Coca-Cola	83,8	144,2	59
2	Microsoft	56,7	271,9	21
3	IBM	43,8	158,4	28
4	GE	33,5	328,0	10
5	Ford	32,2	57,4	58
6	Disney	32,3	52,6	58
7	Intel	30,0	144,1	21
8	McDonald's	26,2	40,9	64
9	AT&T	24,2	102,5	24
10	Marlboro	21,0	112,4	19
11	Nokia	20,7	46,9	44
12	Mercedes	17,8	48,3	37
13	Nescafé	17,6	77,5	23
14	Hewlett-Packard	17,1	54,9	31
15	Gillette	15,9	42,9	37
16	Kodak	14,8	24,8	60
22	BMW	11,3	16,7	77
28	Nike	8,2	10,6	77
36	Apple	4,3	5,6	77
43	Ikea	3,5	4,7	75
54	RalphLauren	1,6	2,5	66

Fuente: Raymond PERRIER, «Interbrand's world's most valuable brands», informe de junio de 1999 patrocinado por Interbrand Citigroup, 1999.

FIGURA 1.4
Valor de las marcas globales según medición de Interbrand

Entre las primeras 60 marcas globales se manifiestan algunos comportamientos interesantes. Las 10 primeras (y alrededor de dos tercios del total) son marcas de Estados Unidos, un hallazgo que refleja el tamaño del mercado doméstico de Estados Unidos y las iniciativas tempranas para el tránsito global. Aproximadamente un cuarto del grupo (incluidas cuatro de las 10 primeras) pertenece a la industria de informática o telecomunicaciones; ello apoya la premisa de que las marcas son críticas en el mundo de la alta tecnología, a pesar de los argumentos de que el cliente «racional» compra principalmente según las especificaciones de los atributos del producto más que por marca.

El estudio de Interbrand ilustra claramente que crear marcas fuertes rinde financieramente y que las marcas han creado valores significativos. Es una importante consideración sobre la perspectiva y factibilidad de creación de activos de la marca.

EL IMPACTO DE LA CREACIÓN DE MARCA EN EL VALOR DE LAS ACCIONES

A pesar de que el estudio de Interbrand muestra que las marcas han creado valor no demuestra que esfuerzos específicos de la creación de marca resulten en beneficios o en rendimiento de la acción. Por ejemplo, el valor de la marca Coca-Cola puede basarse en su herencia centenaria y en fidelidad de clientes más que en los recientes esfuerzos de construcción de marca. ¿Qué evidencia demuestra que la construcción de la marca afecta directamente a los beneficios o valor de las acciones?

Muchos pueden relatar anécdotas de nombres como Coke, Nike, Gap, Sony y Dell, que han creado y apalancado la fortaleza de la marca. El libro *Gestión del valor de la marca* presentó cuatro casos de estudio que ilustran cómo se destruye o crea el valor de la marca. El fallo en el apoyo a clientes de WordStar (líder, en un tiempo, en *software* para procesos de datos) y la pérdida de calidad percibida de la cerveza Schlitz (segunda en cuota de mercado americano años atrás) generó un desastre para ambas por valor de 1.000 millones de dólares. El cambio de nombre de Datsun a Nissan se debió, solamente, a un desequilibrio en el valor de la marca. La creación y gestión de la marca Weight Watchers durante la década de 1980 produjo una historia de éxito por más de 1.000 millones de dólares.

Dos estudios, ambos realizados por Robert Jacobson, de la Universidad de Washington, y por David Aaker, de la Universidad de California, Berkeley, han ido más allá de la anécdota para demostrar vínculos causales entre valor de la marca y rendimiento por acción. El primer estudio considera la base de datos de EquiTrend producida por Total Research y el segundo parte de la base de datos Techtel de marcas de alta tecnología[1].

El estudio de EquiTrend

Desde 1989, basándose en 2.000 entrevistas telefónicas, EquiTrend ha suministrado un índice anual de poder de la marca para 133 marcas de Estados Unidos de 39 categorías. Desde 1992, la investigación ha incrementado su frecuencia y la cantidad de marcas consideradas. La dimensión clave de valor de marca es calidad percibida, que, según

LIDERAZGO DE MARCA: NUEVO IMPERATIVO

demuestra Total Research, está muy asociada con agrado de marca, confianza, orgullo y predisposición a recomendación. Es esencialmente el promedio de ponderación de calidad entre los que poseen opinión sobre la marca.

Se ha explorado hasta qué nivel las mediciones de valor de marca de EquiTrend influencian el rendimiento por acción analizando información de 33 marcas representantes de compañías que cotizan en bolsa y para las cuales significan un porcentaje sustancial de ventas y beneficios. Las marcas analizadas fueron American Airlines (AMR), American Express, AT&T, Avon, Bic, Chrysler, Citicorp, Coke, Compaq, Exxon, Kodak, Ford, GTE, Goodyear, Hershey, Hilton, IBM, Kellogg, MCI, Marriott, Mattel, McDonald's, Merrill Lynch, Pepsi, Polaroid, Reebok, Rubbermaid, Sears, Texaco, United Airlines, VF, Volvo y Wendy's. Además del valor de la marca se incluyeron en el modelo dos variables causales: inversiones en publicidad y rendimiento de la inversión (ROI).

Consistente con un amplio cuerpo de investigación empírica en finanzas, se halló una fuerte relación entre ROI y rendimiento de la acción. Sorprendentemente, la relación valor de la marca y rendimiento de la acción resultó muy similar en su fortaleza. La figura 1.5 muestra gráficamente el nivel de similitud entre los impactos de ROI y valor de la marca en el rendimiento por acción. Las compañías que experi-

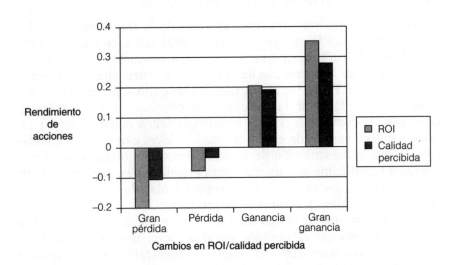

FIGURA 1.5

El estudio de EquiTrend

mentan las mayores ganancias en valor de la marca se corresponden con rendimiento de la acción promedio del 30%. Por el contrario, aquellas compañías con grandes pérdidas en valor de sus marcas experimentan un rendimiento promedio negativo del valor de la acción del 10%. El impacto por valor de la marca resultó distinto de aquel del ROI (la correlación entre los dos fue pequeña). Por el contrario, no se observó impacto de la publicidad en el rendimiento de la acción, excepto cuando fue capturado por el valor de la marca.

La relación de valor de la marca con rendimiento por acción puede ser causado, en parte, por el hecho de que el valor de la marca soporta un precio primado que contribuye a la rentabilidad. Un análisis de la extensa base de datos EquiTrend demuestra que el valor de la marca se asocia con precio primado. Por lo tanto, marcas con precios primados como Kodak, Mercedes, Levi Strauss y Hallmark poseen ventajas sustanciales de calidad percibida sobre competidores como Fuji, automóviles Buick, tejanos Lee y American Greeting Cards. Esta relación, indudablemente, está basada en dos flujos causales: la fortaleza de la marca comanda un precio primado y un precio primado constituye una señal importante de calidad. Cuando se ha creado (o puede crearse) un elevado nivel de calidad percibida, aumentar el precio no sólo suministra mayor margen, sino percepciones de apoyo.

El estudio de Techtel de marcas de alta tecnología

¿Qué relevancia muestra tener el valor de la marca en mercados de alta tecnología? Directivos y especialistas del sector argumentan que debido a la naturaleza diferencial de los productos de alta tecnología que afectan a su proceso de compra la construcción de la marca es menos crítica. En su lugar, los factores de éxito son innovación del producto, capacidades de fabricación y de distribución. La consecuencia es que las compañías de alta tecnología deben evitar transferir recursos e inversiones desde estas actividades claves a otras denominadas «soft» como la construcción de marcas. Debido a que las inversiones para crear reconocimiento, asociaciones organizativas, personalidad de la marca o símbolos se consideran como frívolas, la comunicación se concentra en detalles descriptivos de producto.

Estos argumentos giran alrededor de la creencia de que los compradores y el proceso de compra son más racionales en alta tecnología que en otros mercados. El objetivo organizativo se encamina a estimular pensamientos más racionales y menos emotivos asumiéndose que el riesgo personal/profesional involucrado en la compra de estos productos complejos motiva el procesamiento de información relevante (contradictorio con la mayoría de categorías de productos de consumo donde los productos resultan triviales a los consumidores, quienes desarrollan muy poca motivación para procesar información). Debido a que los productos están destinados a un ciclo de vida muy corto (en algunas ocasiones medido en meses) y cada nueva versión posee una cantidad significativa de nuevas asociaciones, comunicar esta nueva información parece constituirse en el imperativo principal.

No obstante, la iniciativa de construcción de marca ha sido parcialmente acreditada para el éxito que, en el mercado, han obtenido una creciente lista de marcas de alta tecnología. La campaña Intel Incorporado ha contribuido a un visible precio primado, asociaciones positivas y crecimiento de ventas a las marcas de Intel. Docenas de compañías de alta tecnología, incluyendo grandes compañías como Oracle y Cisco, han contribuido a duplicar este éxito. El especialista de marca Lou Gerstner ha aplicado enormes recursos detrás de la marca IBM y la transformación de la compañía, en parte, ha sido atribuida a esta decisión. Gateway y Dell han creado marcas que hacen la diferencia e incluso Microsoft ha lanzado, por primera vez, un significativo plan de marca. Estos ejemplos, no obstante, son insuficientes para demostrar una evidencia real de que la construcción de marca es atractiva en el sector de alta tecnología.

El estudio de Techtel ha sido desarrollado para explorar empíricamente las relaciones entre alta tecnología, construcción de la marca y rendimiento de la acción. Desde 1988, Techtel ha desarrollado análisis trimestrales en el mercado de ordenadores personales y de red. A los participantes en el estudio se les solicita que respondan si tienen una opinión positiva, negativa o neutra sobre una compañía. Utilizando esta información puede medirse el valor de la marca mediante la diferencia entre el porcentaje de respuestas positivas y negativas. Nueve marcas de conocidas compañías constituyen la base de datos (Apple, Borland, Compaq, Dell, Hewlett-Packard, IBM, Microsoft, Novell y Oracle).

Los resultados han sido muy similares a los mostrados en la figura 1.5. Nuevamente, el ROI posee una influencia significativa sobre el rendimiento de la acción y, nuevamente, se concluye que el valor de la marca tiene prácticamente la misma influencia (70% del impacto que genera el ROI). Demostrando que el valor de la marca rinde en términos financieros en el contexto de la alta tecnología (donde muchos argumentan que no es tan relevante) resulta verdaderamente atractivo e impresionante. La conclusión es clara: el valor de la marca, en promedio, conduce el rendimiento de la acción.

Cambios en el valor de la marca

La pregunta, no obstante, perdura: ¿Qué es lo que produce el cambio en el valor de la marca? ¿Es simplemente el anuncio de nuevos productos e innovaciones o se manifiesta más valor debido a la marca en el contexto de la alta tecnología que a los atributos del producto? Para explorar este tema se han examinado todos los principales cambios en valor de la marca y consultado a los expertos industriales, directivos de compañías y publicaciones especializadas. Se han encontrado evidencias de que el valor de la marca ha influido en los siguientes factores:

—Principales productos. A pesar de que miles de nuevos productos no poseen un impacto visible en el valor de la marca, el impacto positivo de productos como ThinkPad en IBM, la introducción inicial de Newton en Apple y de Windows 3.1 en Microsoft emerge con claridad.

—Problemas de producto. Mientras que la introducción de Newton ayudó a Apple, las desilusiones posteriores produjeron un efecto adverso en el valor de la marca Apple. La desafortunada gestión de un defecto en el chip Pentium afectó al valor de Intel.

—Cambios en la alta dirección. Tanto la llegada de Lou Gerstner a IBM como la recaptación de Steve Jobs en Apple fueron asociadas con mejoras en el valor de la marca. Esta visible articulación de cambios estratégicos debido a la incorporación de nuevos presidentes en las compañías claramente influyó sobre las marcas.

—Acciones competitivas. La disminución brusca de valor en la marca experimentada por Hewlett-Packard se debió en parte a una campaña de publicidad muy agresiva de un competidor, Canon. El impacto de Windows 95 en el valor de la marca Apple fue espectacular (como se ilustra en la figura 1.6) y tuvo su contrapartida en el incremento de valor de Windows 95, que llegó a neutralizar la propiedad de Apple de usuarios de uso de interface amigable. Este resultado fue, de hecho, consecuencia de un objetivo estratégico y táctico de Microsoft.

—Acciones legales. Microsoft, luego de disfrutar de un nivel estable en el valor de su marca por un largo período, sufrió un fuerte descenso debido al caso contrario de antimonopolio.

Uno de los inconvenientes de la investigación empírica es que, en general, el valor de la marca no cambia significativamente en el tiempo. Debido a que las muestras resultan reducidas como para ge-

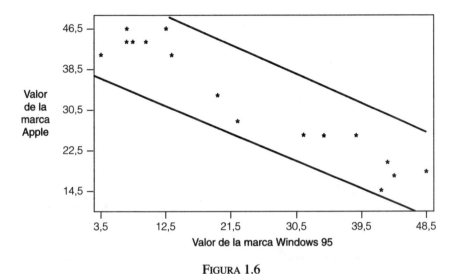

FIGURA 1.6
Valor de la marca: ascenso de Windows 95 y caída de Apple Computers por trimestres 1994-1997

nerar un factor de error sustancial, debe manifestarse un fuerte shock para observar su impacto. En este estudio de marcas de alta tecnología lo interesante es que pueden identificarse las causas que producen grandes cambios en el valor. Los hallazgos sugieren que el nombre de marca necesita ser gestionado y protegido en un sentido amplio. No es suficiente gestionar la publicidad. De hecho, mientras que las campañas publicitarias seguramente producen un impacto en el tiempo, sólo crean un cambio importante en el valor de la marca cuando coinciden con uno de los tres espectaculares cambios en nuevo producto (ThinkPad, Newton y Windows 3.1).

Funciones de liderazgo de marca

La construcción de marca rinde financieramente y el modelo de liderazgo de marca constituye una perspectiva necesaria para la construcción de poderío de la marca en la próxima década. ¿Qué implica alcanzar el liderazgo de marca? Existen cuatro desafíos, presentados en la figura 1.7. En primer lugar, crear la organización para construir la marca. El segundo imperativo es desarrollar una arquitectura de la marca completa, suministradora de dirección estraté-

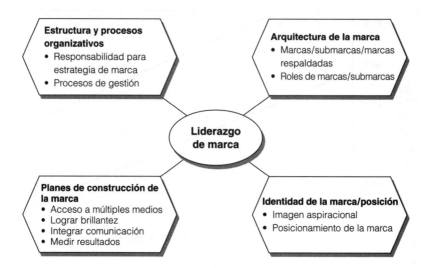

FIGURA 1.7
Funciones de liderazgo de marca

gica. En tercer lugar, habrá que desarrollar una estrategia de marca para los factores claves, que incluye una motivadora identidad de marca y un posicionamiento que la diferencie y la haga notoria entre los clientes. El cuarto desafío es diseñar planes eficientes y efectivos para la construcción de la marca junto con un sistema que analice los resultados.

DESAFÍO ORGANIZATIVO

El primer desafío, como se ha mencionado, es crear una estructura organizativa y procesos que lideren el poder de la marca. Alguien (o un grupo) necesita responsabilizarse para que la marca no quede a merced de decisiones ad hoc de aquellos que no poseen interés en el largo plazo por la marca. Cuando la marca representa a productos múltiples, mercados y/o países, cada uno con su responsable, el proceso organizativo necesita suministrar un conjunto homogéneo de inputs, outputs y vocabulario que todos usarán. El sistema de comunicación debe permitir compartir ideas, experiencias e iniciativas de construcción de marca. En síntesis, la organización debe establecer una estructura y cultura que nutra a la marca.

Desafío de arquitectura de la marca

La arquitectura de la marca requiere identificar a las marcas y submarcas que estarán soportadas por ella, sus respectivos roles y, lo más crítico, las relaciones entre cada una. Una arquitectura efectiva, bien concebida, contribuirá a clarificar la oferta a clientes, crear sinergias reales en las marcas y en sus planes de comunicación y un apalancamiento de los activos de la marca. Es destructivo y perjudicial tener un grupo de marcas vinculadas a un conjunto difuso de ofertas, rodeadas de monumentales ineficiencias de comunicación. Las compañías de alta tecnología y de servicios son particularmente susceptibles a la proliferación de marcas sin guía y disciplina o a cualquier política o plan de marca.

Una dimensión clave para la creación de una arquitectura de la marca eficiente es decidir cuándo estirar una marca existente, cuándo emplear una nueva marca, cuándo usar una marca respaldada y cuándo usar una submarca. Al producir estos juicios, es importante comprender el rol y gestión de las marcas respaldadas y submarcas. ¿Pueden usarse para contribuir al estiramiento sobre productos y mercados? Las submarcas y marcas respaldadas son particularmente relevantes para estiramientos verticales cuando la marca necesita acceder a mercados superiores o inferiores.

El rol de cada marca en la cartera constituye un elemento clave en la arquitectura de la marca. Éstas no deben ser gestionadas como si fueran silos, cada una independiente de la otra. Por el contrario, debe determinarse el rol relativo de cada marca en la cartera. Por ejemplo, las marcas estratégicas son aquellas que son más importantes para el futuro de la compañía y que deben recibir recursos adecuados para su éxito.

Identidad y posicionamiento de la marca como desafío

Cada marca gestionada activamente requiere una identidad (visión de cómo la marca debe ser percibida por la audiencia objetivo). La identidad de marca constituye el corazón del modelo de liderazgo de la marca debido a que es el vehículo que guía e inspira el plan de construcción de la marca. Si la identidad de la marca es confusa o ambigua, existirá una escasa oportunidad para que el plan efectivo de construcción de la marca ocurra.

El posicionamiento de la marca puede contribuir a priorizar y enfocar la identidad de la marca fijando los objetivos de comunicación. ¿Qué mensajes diferenciarán a la marca e impactarán en el segmento objetivo?

Plan de construcción de la marca como desafío

Los planes de comunicación y otros de construcción de la marca son necesarios para hacer realidad la identidad de la marca. De hecho, los planes de construcción de la marca no sólo implementan la identidad de la marca sino que contribuyen a definirla. Una ejecución publicitaria o patrocinio pueden suministrar claridad y enfoque a la identidad de la marca que de otra manera resultaría estéril y ambigua. Teniendo sobre la mesa elementos de ejecución se pueden diseñar estrategias más vívidas y menos ambiguas, además de suministrar confianza de que las estrategias son realizables.

La clave para la mayoría de las marcas poderosas es la ejecución brillante que las distingue de las demás, les suministra estímulo y produce un impacto acumulado en el tiempo. La diferencia entre buena y brillante no debe sobrestimarse. El desafío es lograr notoriedad, recuerdo, cambiar percepciones, reforzar actitudes y crear una profunda relación con clientes. La buena ejecución rara vez mueve la aguja a menos que se le apliquen grandes cantidades de recursos.

La ejecución brillante requiere de adecuadas herramientas de comunicación. Estas herramientas, a menudo, son más que sólo publicidad (de hecho, la publicidad desempeña un pequeño rol y, en algunos casos, el rol es nulo). Una clave es acceder a medios alternativos. Las marcas poderosas del futuro serán las que comprendan y utilicen medios interactivos, respuestas directas, promociones y otros alternativos que suministren experiencias en la construcción de relaciones. Otra clave es aprender a manejar el plan de comunicación resultante para que resulte sinergético y consistente con la estrategia.

La gestión de éxito involucra medición. Sin ella los presupuestos se convierten en arbitrarios y los planes no pueden evaluarse. La clave para una medición efectiva es tener indicadores que cubran todas las dimensiones del valor de la marca: reconocimiento de la marca, calidad percibida, fidelidad de clientes y asociaciones que incluyen tanto personalidad de la marca como asociaciones organizativas y de atributos. Confiar sólo en indicadores financieros de corto plazo constituye una receta para erosionar la marca más que para construirla.

Plan del libro

El concepto de identidad de marca y el análisis que lo apoya ha sido intensamente analizado en el libro *Construir marcas poderosas*. No obstante, la experiencia de trabajar con el modelo y de implementar planes de identidad de marca ha clarificado aquellos aspectos del modelo que pueden usarse productivamente. El capítulo 2 presenta una breve visión de identidad de marca y posicionamiento con ocho observaciones sugerentes para aquellos que deban implementar esos conceptos. En el capítulo 3 se presentan una variedad de caminos para elaborar la identidad de marca y posicionamiento con el objeto de guiar la comunicación y otros planes efectivos para elevar la marca.

Los aspectos de arquitectura de la marca son analizados en los capítulos 4 y 5. El capítulo 4 presenta el espectro relacional de la marca como vía de entendimiento y de uso de submarcas y marcas respaldadas. El capítulo 5 define a la arquitectura de la marca y describe y audita un sistema guía para los que necesiten mejorar la arquitectura de sus marcas.

La construcción de la marca, más allá de la publicidad, es el tema de los capítulos 6, 7, 8 y 9. El capítulo 6 suministra un caso de análisis de los nuevos enfoques de construcción de marca utilizados por Adidas y Nike. El empleo de patrocinio para la construcción de la marca es analizado en el capítulo 7 y la construcción de marca en la Web es analizada en el capítulo 8. El capítulo 9 suministra diversos casos de análisis de construcción contemporánea de marca al mismo tiempo que algunas guías generales.

Finalmente, el capítulo 10 presenta un estudio de cómo 35 compañías globales han estructurado sus organizaciones para crear marcas poderosas. Al mismo tiempo desarrolla un modelo de cuatro estructuras organizativas que son usadas con éxito por compañías globales.

PREGUNTAS PARA EL ANÁLISIS

1. Analice las dimensiones en la figura 1.3. Para cada dimensión, posicione a su organización en una escala de siete puntos que abarque: gestión de marca clásica/paradigma de liderazgo de marca. Compare su actual posición de cada dimensión con la que debería caracterizarla, dado su contexto competitivo y de mercado.

2. Examine las fuerzas que influyen la gestión de la marca en su sector, como presiones competitivas, dinámicas del canal, realidades globales y factores de mercado. ¿Cómo debe modificarse su estrategia de marca para tener éxito en un entorno emergente?

3. Comente sobre los estudios que demuestran cómo el valor de la marca afecta los rendimientos financieros.

Parte II

Identidad de la marca

Capítulo 2

Identidad de la marca, lo central en la estrategia de marca

La marca es la cara de la estrategia del negocio.

Scott Galloway, de Prophet Brand Strategy

No se puede ganar el corazón de los clientes a menos que uno tenga corazón.

Charlotte Beers, de J. Walter Thompson

La historia de Virgin Atlantic Airways

En 1970, Richard Branson y un reducido grupo de amigos fundaron Virgin Records, una pequeña compañía de envíos por correo en Londres, Inglaterra; un modesto local comercial en la calle Oxford se inauguró en 1971. Los socios seleccionaron el nombre Virgin debido a su juventud y falta de experiencia en el mundo de los negocios. Después de 30 años la compañía creció hasta ser una cadena de tiendas de discos convirtiéndose en el mayor sello independiente en Gran Bretaña con artistas tan diversos como Phil Collins, the Sex Pistols, Mike Oldfield, Boy George y los Rollings Stones. La década de 1990 vio cómo el negocio crecía para incorporar más de un centenar de supertiendas Virgin esparcidas alrededor del mundo. Muchas, como la tienda de Time Square, han producido un significativo revulsivo para la marca por su señalización, tamaño y diseño interior.

En febrero de 1984, un joven abogado contactó con Richard Branson con el propósito de crear una línea aérea. El consejo de administración de Virgin juzgó la idea como absurda, pero Branson consideró que su experiencia en el sector del entretenimiento podía incorporar un valor significativo a un negocio de línea aérea. Debido a que personalmente encontraba aburrido y poco placentero viajar en avión, su idea fue hacer que el vuelo resultara divertido, con una proposición de valor atractiva: «Suministrar un viaje a todo tipo de pasajeros con la mayor calidad al menor precio». Branson siguió su camino y, en tres meses el primer avión de Virgin Atlantic despegó del aeropuerto londinense de Gatwick.

Desafiando los vientos (y las vigorosas intenciones de British Airways para estrellarla), Virgin ha prosperado. Hasta 1997 había servido a 30 millones de clientes, superando los 3.500 millones de dólares en ventas anuales y convirtiéndose en la segunda línea aérea (en pasajeros) en la mayoría de sus mercados y rutas. A pesar de que Virgin Atlantic tiene la misma dimensión que Alaska Airlines, disfruta del mismo reconocimiento de sus clientes y prestigio o reputación que caracterizan a las grandes líneas aéreas. Por ejemplo, una investigación realizada en 1994 demostró que alrededor del 90% de los británicos conocían a Virgin Atlantic. Los grupos enfocados consistentemente han demostrado que Virgin es una marca fiable con productos innovadores y elevados estándares de calidad del servicio.

La identidad de Virgin

El éxito de Virgin se debe a una serie de factores, incluyendo a Richard Branson con su instinto emprendedor de nuevas aventuras comerciales, su visión estratégica, la calidad y temperamento emprendedor del equipo de gestión y de los asociados al negocio de Virgin y la buena suerte. Pero la marca Virgin aglutina a un imperio en expansión. Cuatro valores y asociaciones claramente definidos describen la identidad central: calidad del servicio, innovación, divertimento y valor por dinero. Virgin Atlantic Airways es, particularmente, un buen ejemplo de estos valores.

Calidad del servicio

Existen miles de momentos de verdad en la industria del transporte aéreo cuando lo que prevalece es la experiencia del cliente y la calidad del servicio. En este contexto, Virgin Atlantic se ha desarrollado extraordinariamente bien, como lo evidencian los múltiples premios y reconocimientos obtenidos por calidad. Por ejemplo, en 1997 Virgin fue reconocida como la mejor línea aérea transatlántica por siete años consecutivos y con la mejor clase preferente por nueve años consecutivos. Otros reconocimientos incluyen el mejor entretenimiento en vuelo, mejor selección de vinos y mejor personal de tierra. Las mediciones de Virgin superan a otras líneas aéreas orientadas al servicio como British Airways, Ansett Airlines y Singapore Airlines.

Innovación

La filosofía de Virgin en innovación es simple: ser la primera y deleitar al cliente. Virgin fue pionera en asientos cama en 1986 (British Airways le siguió nueve años más tarde con el asiento litera), masajes durante el vuelo, asientos para niños, pantallas individuales de vídeo para los pasajeros de clase preferente y nuevos servicios posicionados sobre los estándares tradicionales de clase turista y clase preferente ofrecidos por otras líneas aéreas. Pronto Virgin impulsó la innovación como ninguna otra línea aérea. El 3% de los ingresos se dedican a innovaciones en calidad del servicio (prácticamente el doble de lo que dedican en promedio las líneas aéreas de Estados Unidos).

Divertimento, entretenimiento

Las salas de Virgin en los aeropuertos ofrecen minigolf, masajistas, terapeutas de belleza, instalaciones para duchas, jacuzzi o siesta. En algunas rutas la línea aérea ofrece a los pasajeros de primera clase la confección de un traje que los espera en destino. Los clientes siempre tienen la posibilidad de registrarse en el aeropuerto mediante un ágil mostrador al estilo rápido de McDonald's. El objetivo es crear una experiencia memorable, divertida, entretenida. No constituyen unas mejoras impracticables en servicios estándares, como ofrecer menú especial vegetariano o una taza de café Starbucks.

Valor por dinero

La clase superior de Virgin Atlantic es un servicio con nivel de precio similar al de clase preferente de las otras líneas aéreas. En forma idéntica, la clase preferente ofrece los mismos servicios a precios más bajos y la mayoría de los billetes de clase turista están disponibles con descuento. Aunque el precio bajo puede ofrecer una clara ventaja al cliente, Virgin no enfatiza en posicionamiento de precio. Lo económico *per se* no es el mensaje de Virgin.

Mientras que las cuatro dimensiones centrales de identidad constituyen los principales conductores de la marca Virgin, la identidad de marca también incluye tres dimensiones extendidas de la marca: su modelo desamparado de negocio, su personalidad de marca y sus símbolos.

Desamparo

El modelo de negocio de Virgin es directo. La compañía, típicamente, ingresa en mercados y sectores poblados de jugadores establecidos (como British Airways, Coca-Cola, Levi Strauss, British Rail y Smirnoff) que suelen caricaturizarse como hasta cierto punto complacientes, burocráticos e insensibles a las necesidades de los clientes. Por el contrario, Virgin se percibe como una desprotegida que se preocupa, innova y suministra una alternativa atractiva a lo que los clientes han venido comprando. Cuando British Airways trató de prevenirse e impedir que Virgin ganara rutas, ésta asoció a British Airways con un intimidador interrumpiendo el camino de un niño que promete mejor valor y servicio. Virgin, personificado por Branson, es el moderno Robin Hood, el amigo del pequeño niño.

Personalidad de Virgin

La personalidad de la marca Virgin es fuerte, quizás inquieta y en gran parte refleja la abundante innovación del servicio y los valores y acciones de su fundador, Branson. Virgin como persona es percibida como alguien que:

—rompe las reglas;
—posee un sentido del humor que, ocasionalmente, es escandaloso;
—un desprotegido dispuesto a atacar lo establecido;
—competente, siempre hace las cosas con gran calidad y posee elevados estándares.

Es interesante cómo esta personalidad expande algunas características inconexas: divertido/encantador, innovador y competente. Muchas marcas desean hacer lo mismo aunque asumen que deben seleccionar personalidades extremas. La clave no es sólo la propia personalidad de Branson sino el hecho de que Virgin haya suministrado su personalidad en cada faceta.

IDENTIDAD DE LA MARCA, LO CENTRAL EN LA ESTRATEGIA DE MARCA 53

Símbolos de Virgin

El último símbolo de Virgin es, por supuesto, el propio Branson (ver figura 2.1). Representa mucho de la razón de ser de Virgin. No obstante, existen otros símbolos incluyendo al globo aerostático de Virgin, la isla Virgin (accesible a los clientes de Virgin Atlantic como máximo reconocimiento por viajero frecuente) y el logo de Virgin. Diseñado como firma manuscrita en ángulo, el logo suministra un contraste a las marcas que presentan sus nombres con fuentes más convencionales y desplegadas simétricamente. La firma manuscrita (recuerda a la de Intel Inside) suministra el sentido de que el propio Branson la ha hecho y el ángulo exagerado es una señal de que Virgin no es sólo otra gran compañía.

FIGURA 2.1
Richard Branson

ESTIRAMIENTO DE LA MARCA VIRGIN

Virgin constituye un extraordinario ejemplo de cómo una marca puede estirarse más allá de aquello que, en principio y por sus estándares, pudiera considerarse razonable. La marca Virgin ha sido extendida desde tiendas de discos a línea aérea, bebidas cola, preservativos y docenas de otras categorías. El grupo Virgin comprende 100 compañías en 22 países e incluye una línea aérea de descuentos (Virgin Express), servicios financieros (Virgin Direct), cadena de tiendas detallistas de cosmética (Virgin Vie), varias compañías de medios (Virgin Radio, Virgin TV), líneas férreas (Virgin Rail), bebidas refrescantes y otras bebidas (Virgin Cola, Virgin Energy, Virgin Vodka), línea de moda informal (Virgin Clothing, Virgin Jeans), nuevo sello de discos (V2 Records) y hasta un negocio de trajes nupciales (Virgin Bride).

De hecho, la decisión de extender Virgin, una marca asociada con música rock y juventud, a una línea aérea podría haberse convertido en un legendario desastre si hubiera fracasado. No obstante, debido a que la línea aérea resultó un éxito y fue capaz de suministrar valor y calidad, brillantez e innovación, la marca madre desarrolló asociaciones que no se restringen a una sola categoría de productos. Los elementos en la identidad de Virgin (calidad, innovación, divertimento/entretenimiento, valor, imagen de desamparo, una fuerte personalidad de marca y Branson) funcionan para un amplio conjunto de productos y servicios. Se ha convertido en una marca con estilo de vida con una actitud y relaciones poderosas con clientes que no sólo se basa en beneficios funcionales.

Una razón por la cual la marca funciona en todas las extensiones es que las submarcas de Virgin, Virgin Atlantic Airways y Virgin Megastores, actúan como anclas para el grupo. Debido a que cada una es una «bala de plata» (submarca que conduce la imagen de la marca madre), estas dos marcas reciben la mayoría de los recursos y gestión dedicada de Virgin.

Existen dificultades y riesgos para estirar la marca, pero también significativos beneficios, como han demostrado Sony, Honda, GE y otras marcas con carteras extendidas. En primer lugar, ofertas múltiples pueden obtener mayor visibilidad y reconocimiento para la marca. En segundo lugar, la extensión potencialmente puede incorporar y reforzar asociaciones clave (como calidad, innovación, divertimento y valor en el caso de Virgin). En tercer lugar, con una marca madre poderosa y flexible, el nuevo nombre no requiere que sea establecido cuando se introducen nuevos productos o servicios (por ejemplo, la marca Virgin puede utilizarse como descriptora para Virgin Cola o Virgin Rail).

COMUNICANDO LA MARCA: ROL DE LA *PUBLICITY*

La marca Virgin ha sido conducida, en parte, por pura visibilidad principalmente basada en la *publicity* que personalmente ha generado Branson. Considerando que Virgin Atlantic no podía competir en inversiones publicitarias con British Airways, Branson utilizó abundante *publicity* para crear reconocimiento y desarrollar asociaciones. Cuando el primer vuelo de Virgin Atlantic tuvo lugar en 1984 con amigos, celebridades y periodistas a bordo, Branson apareció en la cabina usando una chaqueta de cuero de la Primera Guerra Mundial. El vídeo de a bordo (previamente grabado) mostró a Branson y a dos famosos jugadores de cricket como pilotos saludando a los pasajeros desde la cabina[1].

Los esfuerzos de *publicity* de Branson no se han limitado sólo a Virgin Atlantic. Para el lanzamiento de Virgin Bride, compañía que organiza bodas, se presentó vestido de novio. En Estados Unidos, para la inauguración en 1996 del primer Virgin Megastore en Time Square, Nueva York, Branson (que ostenta varios récords mundiales de vuelo en globo) bajó de un enorme globo aerostático plateado suspendido a 30 metros sobre la tienda. Estas y otras historias han contribuido a *publicity* gratuita para la marca Virgin. A pesar de que algunas de estas historias son extravagantes, nunca cruzan la línea ni se sobrepasan. Virgin entusiasma, sorprende, incluso impresiona, pero nunca ofende. Por ejemplo, Virgin no cargará las tintas tanto como lo ha hecho Benetton con sus campañas publicitarias presentando dramáticas escenas sobre uso de preservativos, hambre y problemas raciales.

Branson ha mejorado su rol. Utilizando el estilo de humor británico y la popular crítica al sistema ha logrado generar simpatía en los consumidores. Sin desviarse nunca de los valores centrales de la marca de calidad, innovación, divertimento y valor por dinero, ha ganado su fidelidad y confianza. Abundan las evidencias de ese nivel elevado de confianza en Branson y en Virgin. Cuando la radio BBC preguntó a 1.200 personas quién creían como más calificado para reescribir los diez mandamientos, Branson surgió en cuarto lugar, luego de la Madre Teresa, el Papa y el arzobispo de Canterbury. Cuando un diario británico realizó un estudio de opinión sobre quién estaría más cualificado para convertirse en el próximo alcalde de Londres, Branson ganó con gran diferencia.

El desafío para una marca que se ha construido sobre una serie sucesiva de éxitos y excepcional innovación como Virgin es formidable (el próximo ejercicio de expansión puede convertirse en un ejemplo de desastre por ir demasiado lejos). El Waterloo de Virgin podría ser su negocio de Virgin Rail. Con alrededor de 30 millones de viajes anuales, el negocio de ferrocarril es muy visible y la capacidad de suministrar un alto servicio de calidad no está totalmente bajo el control de Virgin, ya que la compañía depende de operaciones ferroviarias e incluso de otras compañías de ferrocarril. Durante el primer año Virgin Rail tuvo significativos y visibles problemas con la puntualidad y el servicio. Retrospectivamente, semejante aventura arriesgada podría haberse rodeado con otra marca para ofrecer medidas de protección a la marca Virgin.

El tema crítico para Virgin es gestionar la marca, sus clientes (y Branson) en un amplio espectro de negocios. ¿Puede Virgin preservar su identidad central en todas sus categorías de producto y mantener su enérgica personalidad en el tiempo? Una identidad clara de marca será la clave para responder al desafío.

Modelo de planificación de la identidad de marca

Una marca poderosa debe caracterizarse por una identidad rica y clara (un conjunto de asociaciones que el estratega de la marca debe aspirar a crear o mantener). Al contrario de la imagen de marca (las asociaciones actuales de la marca), la identidad de marca es aspiracional y puede implicar que la imagen requiera ser cambiada o aumentada. En un sentido estricto, la identidad representa lo que la organización aspira a que sea la razón de ser de la marca.

Los involucrados con la marca (el equipo de la marca y sus asociados) deben ser capaces de articular la identidad de marca y deben protegerla. Si alguno de los elementos flaquea, a la marca le costará lograr su potencial y será vulnerable a las fuerzas del mercado, principalmente a la indiferenciación de productos y competencia en precios. Muchas marcas resultan «insulsas» y no parecen estar para nada particular. Siempre están descontando precios, en rebajas, vinculadas a alguna oferta o vinculadas en expansiones de canal promiscuas (síntoma de su falta de integridad).

La identidad de marca, como se demostró en el capítulo 1, es uno de los cuatro pilares para la creación del poderío de la marca (junto a arquitectura de la marca, planes de construcción de marca y estructuras y procesos organizativos). Los temas vinculados a la construcción de la identidad de marca fueron presentados en detalle en el libro *Construir marcas poderosas*. Aquí se revisarán y extenderán esos conceptos para incluir la esencia de la marca, una síntesis de la razón de ser de la marca. Además, se presentan ocho consejos prácticos para desarrollar y usar la identidad de marca surgidos de nuestra experiencia de aplicarlos en numerosas compañías y marcas.

El proceso de planificación de la identidad de marca se sintetiza en la figura 2.2. Suministra una herramienta para comprender, desarrollar y usar los constructores de identidad. Además de la propia identidad de marca, incluye otros dos componentes: el análisis estratégico de la marca y el sistema de implementación de identidad de la marca.

ANÁLISIS ESTRATÉGICO DE LA MARCA

Para ser efectiva, la identidad de marca debe resonar en los clientes, diferenciarse de las competidoras y representar lo que la organización puede o hará en el tiempo. El análisis estratégico, por lo tanto, ayuda al responsable de la toma de decisión a comprender al cliente, los competidores y a la propia marca (incluyendo a la organización que la produce).

El *análisis de clientes* debe ir más allá de lo que los clientes opinan hasta comprender lo que hacen. La investigación cualitativa original y creativa es, a menudo, útil para este objetivo. Otro desafío es desarrollar un esquema de segmentación que pueda orientar a la estrategia. Para hacerlo, el responsable debe descubrir aquellas variables de segmentación que poseen apalancamiento real y comprender el tamaño y dinámicas de cada segmento.

El *análisis de la competencia* examina a los actuales y potenciales competidores para asegurarse de que la estrategia diferenciará a la marca y de que los planes de comunicación serán singulares, alejados de lo común y significativos. Estudiando las fortalezas de los competidores al mismo tiempo que sus estrategias y posicionamiento, podrán obtenerse ideas para el proceso de construcción de la marca.

El *autoanálisis* identificará si la marca posee los recursos, capacidades y la disponibilidad de suministrar. El análisis no sólo debe cubrir la herencia de la marca e imágenes actuales sino las fortalezas, limitaciones, estrategias y valores organizativos para la creación de la marca. Por último, la estrategia de marca de éxito necesita captar el alma de la marca que reside en la propia organización.

SISTEMA DE IMPLEMENTACIÓN DE LA IDENTIDAD DE MARCA

La identidad de marca se implementa mediante el desarrollo y medición de los planes para la construcción de la marca. Como se muestra en la figura 2.2, existen cuatro componentes para implementar el plan: elaboración de la identidad de marca, posición de la marca, planes de construcción de la marca y seguimiento.

La elaboración de la identidad de marca es un conjunto de herramientas diseñadas para añadir riqueza, textura y claridad a la identidad de marca. Sin esta elaboración, los elementos de la identidad de marca (como liderazgo, amistad, confianza y relaciones) pueden resultar muy ambiguos como para guiar las decisiones sobre qué tipo de acciones apoyarán a la marca y cuáles no. El capítulo 3 explora la elaboración de la identidad de marca y analiza algunas técnicas como imperativos estratégicos, roles modelos y desarrollo y uso de metáforas visuales. Los capítulos 2 y 3, en su conjunto, han sido diseñados para ayudar al desarrollo de la marca y al uso de la construcción de la identidad de marca.

Con una clara y elaborada identidad, la tarea de implementación conduce a la *posición de la marca* (la parte de la identidad de marca y proposición de valor que debe comunicarse activamente a la audiencia objetivo). De esta forma, la posición de la marca que debería demostrar una ventaja sobre la de las competidoras, representa los objetivos actuales de comunicación. Algunos elementos de la identidad de marca puede que no sean parte de la posición de la marca, ya que no se diferencian. O la marca puede que no esté en condiciones de suministrar la promesa o la audiencia no estar preparada para aceptar el mensaje. A medida que el suministro de elementos más aspiracionales de la identidad de marca se convierte en posible y creíble, la posición de la marca se convierte en más ambiciosa.

Con la posición y la identidad de marca en su sitio, *el plan de construcción de la marca* puede desarrollarse. Una mala interpretación frecuente es que construir la marca sólo es publicidad. De hecho, la publicidad sólo desempeña un rol menor en todo el proceso. Las marcas pueden ser construidas por una variedad de medios, incluyendo promoción, *publicity*, *packaging*, márketing directo, tiendas insignia, la Web y patrocinio. La comunicación involucra todos los puntos de contacto entre la marca y la audiencia, incluyendo diseño de producto, nuevos productos y estrategia de distribución.

Un desafío que no puede delegarse sólo a una agencia de publicidad es la decisión sobre qué opción de medios será más efectiva en la construcción de la marca. Otro es crear una estrategia de comunicación brillante y una ejecución que rompa lo tradicional y produzca la diferenciación. La parte IV del libro trata de estos aspectos.

El paso final en la implementación es el *seguimiento* del plan de construcción de la marca. El libro *Construir marcas poderosas* presentó 10 dimensiones de valor como marco estructural para enfocar el problema. Los «diez del valor de la marca» incluyen dos conjuntos de medición de fidelidad de la marca (precio primado y satisfacción), dos juegos de calidad percibida/medida de liderazgo (calidad percibida y liderazgo/popularidad), tres juegos de medidas de asociaciones (valor percibido, personalidad de la marca y asociaciones organizativas), un juego de medidas de reconocimiento y dos juegos de medidas de comportamiento del mercado (cuota de mercado y cobertura de precio/distribución). Estas mediciones suministran un sistema de seguimiento que funciona a lo largo de productos mercados y como punto de partida para aquellos que necesitan de un instrumento hecho a la medida de contextos específicos de marca.

El análisis estratégico, desarrollo de identidad de marca e implementación de la identidad se tratan secuencialmente en el modelo de planificación de la identidad de la marca. En la práctica, no obstante, hay una superposición y resulta complejo separar la estrategia de la ejecución. En gran medida, la ejecución define la estrategia y demuestra su factibilidad, por lo que hay que introducirse en la ejecución para saber si la estrategia es óptima.

IDENTIDAD DE MARCA: REVISIÓN

La identidad de marca es un conjunto de asociaciones de la marca que el estratega de marca aspira a crear o mantener. Estas asociaciones implican una promesa a los clientes por los integrantes de la organización. Debido a que la identidad de marca se utiliza para conducir todos los esfuerzos de construcción de la marca, debe caracterizarse por su profundidad y riqueza; no es un criterio publicitario o incluso una promesa de posicionamiento.

Cuando se realiza, la identidad de marca debería establecer una relación entre la marca y el cliente, generando una proposición de valor que potencialmente involucre beneficios funcionales, emocionales o de autoexpresión o suministrando credibilidad a las marcas respaldadas (como Betty Crocker's Hamburger Helper). El rol de la respaldadora es contribuir a crear credibilidad para la marca respaldada (Hamburger Helper), más que suministrar directamente una proposición de valor. Algo similar ocurre con la marca Patagon.com respaldada por el banco Banco Santander Central Hispano (BSCH).

La figura 2.2 suministra una perspectiva general de la identidad de marca y de sus contructores relacionados. Existen 12 categorías de identidad de marca organizadas alrededor de cuatro perspectivas: *la marca como producto* (alcance del producto, atributos del producto, calidad/valor, experiencia de uso, país de origen), *organización* (atributos organizativos, local-global), *persona* (personalidad de la marca, relaciones cliente/marca) y *símbolo* (imaginería visual/metáforas y herencia de la marca). Aunque cada categoría posee relevancia para

FIGURA 2.2

Modelo de planificación de la identidad de la marca

algunas marcas, virtualmente ninguna marca posee asociaciones en las 12 categorías.

Puede observarse cómo la estructura de identidad de marca incluye una *identidad central*, una *identidad extendida* y una *esencia* de marca. Típicamente, la identidad de marca requerirá de 6 a 12 dimensiones para describir adecuadamente las aspiraciones de la marca. Debido a que este gran juego es complejo de manejar, es conveniente obtener enfoque identificando la identidad central (el elemento más importante de la identidad de marca). Todas las dimensiones de la identidad central deberían reflejar la estrategia y valores organizativos, y al menos una asociación debería diferenciar a la marca y resonar en los clientes. La identidad central debería permanecer constante a medida que la marca se traslada por nuevos mercados y productos (si el cliente percibe a la marca según su identidad central, la batalla se ha ganado).

La identidad central crea enfoque tanto para el cliente como para la organización; por ejemplo, para Mobil es liderazgo, asociacionismo y confianza y para Saturn es automóvil de clase mundial y trato a los clientes con respeto y como amigos. Estas identidades centrales son fáciles de comunicar tanto interna como externamente a la organización; mucho más que las alocadas identidades extendidas.

La identidad extendida incluye todos los elementos de la identidad de marca que no están en la central, organizados en grupos coherentes. A menudo la identidad central es una concisa descripción de la marca, lo que puede generar ambigüedad; como resultado, las decisiones de implementación de la marca se benefician de la textura y complementariedad suministrada por la identidad extendida. Más aún, existen elementos útiles de la identidad extendida (como la personalidad de la marca y las especificaciones de lo que no es la marca) que no de modo necesario encajan confortablemente en la identidad central.

La figura 2.3 presenta la identidad de marca de Virgin. La identidad central contiene cuatro conceptos: calidad, innovación, divertimento/entretenimiento y valor. La identidad extendida incorpora la posición alcanzada, personalidad de la marca y símbolos.

Esencia de la marca

La identidad central usualmente posee de dos a cuatro dimensiones que sintetizan, de forma compacta, la visión de la marca. Es muy útil para suministrar aún más enfoque en la creación de la esencia de

Esencia de la marca

—*Iconoclasta*

Identidad central

—*Calidad del servicio*
Considerada la mejor de la categoría, suministrada con humor y aptitud.
—*Innovación*
La primera con verdaderos atributos y servicios innovadores e incorporadores de valor.
—*Divertida y entretenida*
Una compañía divertida y entretenida.
—*Valor por dinero*
Suministra valor en todas sus ofertas, nunca es la opción de mayor precio.

Identidad extendida

—*Desprotegida*
Desafiando a las compañías burocráticas establecidas con nuevas y creativas ofertas.
—*Personalidad*
- Rompe las reglas.
- Sentido del humor, incluso provocativa.
- Desprotegida, dispuesta a atacar lo establecido.
- Competente, siempre hace bien su trabajo, elevados estándares.

—*Símbolo de Virgin*
- Branson y su estilo de vida percibido.
- El globo aerostático de Virgin.
- Logo manuscrito de Virgin.

Proposición de valor

—*Beneficios funcionales*
- Valor ofrecido con calidad más innovadora, extras suministrados con humor y desparpajo.

—*Beneficios emocionales*
- Orgullo en vincular lo desprotegido con una actitud.
- Divertida, buenos momentos.

—*Beneficios de autoexpresión*
- Disponibilidad de ir contra lo establecido, ser algo escandalosa.

Relaciones

—Los clientes son compañeros divertidos.

FIGURA 2.3

Identidad de la marca Virgin

la marca: una simple idea que capte el alma de la marca. En algunos casos no es posible o práctico desarrollar la esencia de la marca, pero en otros puede constituirse en una herramienta poderosa.

Una buena descripción de la esencia de la marca no se circunscribe a integrar un par de palabras de identidad en una frase, ya que suministrará escaso valor más allá de la identidad central. Por el contrario, debe suministrar una directa y distinta perspectiva cuando capta más a la razón de ser de la marca. La esencia de la marca puede ser observada como aglutinadora que integra a los elementos de la identidad central o como un eje de rueda que vincula a todos los elementos de la identidad central.

La esencia debería poseer varias características: debe resonar entre los clientes y conducir la proposición de valor. Debe posibilitar su apropiación, suministrar diferenciación de competidores persistente en el tiempo. Y debe ser lo suficientemente provocadora como para dar energía e inspirar a los recursos humanos y asociados de la organización (incluso una esencia poco establecida como «Simplemente trabaja mejor» o «Tome una ruta diferente» puede inspirar a los que la consideran seria y reconocen su propuesta).

Las propuestas de esencia de las marcas fuertes usualmente tienen múltiples interpretaciones, lo que las hace mucho más efectivas. Para Nike la esencia de la marca podría ser «Sobresaliendo», que puede acompañarse por diversos componentes de la identidad de Nike como tecnología, atletas de elite, personalidad agresiva, herencia de calzado deportivo y submarcas como Air Jordan, al mismo tiempo que clientes que tratan de sobresalir. Lo que se expresa en American Express con «Hacemos más» es la confianza de la organización que realiza un extra, un producto que ofrece más que la competencia y una base de clientes que no está satisfecha con un estilo de vida convencional y que se vincula en más y diferentes actividades.

ESENCIA DE MARCA E IDENTIFICACIÓN

La esencia de marca es distinta de la identificación. Cuando se busca una esencia de marca es contraproducente evaluar candidatos según produzcan una buena identificación. La esencia de marca representa la identidad y una de sus funciones clave es comunicar y energizar a los propios miembros de la organización. Por el contrario, la identificación de la marca representa la posición de la marca (u objetivos de comunicación) y su función es comunicar con las audiencias externas. Una esencia de marca debe ser duradera o, al menos, perdurable por un largo período, mientras que una identificación puede caracterizarse por una vida más limitada. Además, la esencia de marca debe ser relevante en mercados y productos, mientras que la identificación tiene un área más confinada. Por ello será eficiente contar con una proposición de la esencia de la marca que también funcione como identificación. Insistir en este criterio que las candidatas a proposiciones cumplan con ambos criterios es estimulante por lo positivo (contraproducente por lo negativo).

La esencia de la marca IBM («Magia en la que puedes confiar») incluye los aspectos aspiracionales de sus productos y servicios, combina confianza generada por la herencia de la compañía, tamaño y capacidad. Debido, no obstante, a la diversidad de sus mercados, IBM utiliza diversas identificaciones: «Soluciones para un pequeño planeta» es relevante para aquel cliente que busca soluciones e inspira a aquellos con una visión global, mientras que «E-Business» posiciona a IBM como la alternativa dominante para los que buscan ayuda en comercio electrónico. La esencia de la marca Sony, («Sueños digitales infantiles») capta bien la identidad central de Sony pero no se utiliza como identificación, mientras que «Señor Sony» está alejada de la esencia pero funciona como identificación para una parte específica de los negocios de Sony. La mayonesa Hellmann's (Best Foods) usa la esencia «Simplemente buena con algo de indulgencia», la cual es más rica que la identificación «Brindamos lo mejor».

Entre el conjunto de identificaciones que pueden ser apropiadas para proponer la esencia de la marca podrían mencionarse las siguientes:

¿Haces Yahoo?
Nos movemos a la velocidad de los negocios (UPS).
¿Alguien dijo McDonald's?
Como rocas (Camiones Chevy).
En la vida de las carreteras hay pasajeros y conductores: buscamos conductores (Volkswagen).

Qué es la marca y qué hace la marca

Para la esencia de la marca habrá que tomar una serie de decisiones: ¿Debe basarse en asociaciones propietarias (Volvo: auto práctico, seguro) o debe ser aspiracional (Volvo: auto con estilo)? ¿Debe inferirse (Compaq: simplemente lo hace mejor) o basarse en sueños (Compaq:

enriquece tu vida)? Una alternativa clave es si la esencia debe enfocarse en lo que *es* la marca o en lo que *hace* para el cliente. ¿Se vincula a apelaciones racionales que enfatizan beneficios funcionales (Mercedes suministra calidad y confianza) o estimula sentimientos que conectan con la marca (Mercedes es éxito)?

Una esencia de la marca que se base en beneficios funcionales significativos intentará apropiarse de los atributos relevantes del producto. Este tipo de asociación puede suministrar una ventaja sostenible significativa, pero también puede ser limitada y empaquetar la marca. Por esta razón, una estrategia de marca generalizada es evolucionar a la marca desde una orientación de producto a otra más general. Una esencia de la marca que se base en beneficios emocionales y de autoexpresión suministra un mayor orden y bases para las relaciones. Incluso puede ser menos vulnerable a los cambios relacionados con el producto y más fácilmente aplicada a nuevos contextos.

Qué es la marca: beneficios funcionales:

VW: «Ingeniería alemana»
BMW: «La última máquina de conducir»
Abbey National Bank: «Seguridad muy especial»
Xerox: «La compañía digital del documento»
3M: «Innovación»
Banana Republic: «Lujo informal»
Compaq: «Mejores respuestas»
Lexus: «Sin compromiso»
Belcor: «Lencería para cada momento»

Qué hace la marca: beneficios emocionales y de autoexpresión:

American Express: «Hace más»
Pepsi: «La generación de Pepsi»
HP: «Extendiendo posibilidades»
Apple: «El poder de ser lo mejor» (o «Pensamos diferente»)
Sony: «Sueños digitales infantiles»
Schlumberger: «Pasión por la excelencia»
Nike: «Sobresaliendo»
Microsoft: «Ayudamos a las personas a alcanzar su potencial» (o «¿Adónde quieres ir hoy?»)
Fa: «El frescor»
Sanex: «Piel sana»

Proposición de valor y relaciones de la marca con el cliente

El sistema de identidad de la marca incluye la proposición de valor creada por la identidad de marca. Además de los beneficios funcionales, la proposición de valor puede incluir beneficios emocionales y de autoexpresión.

Un *beneficio emocional* se refiere a la capacidad de la marca para hacer que un comprador o usuario de la marca sienta algo durante el proceso de compra o experiencia de uso. Las identidades fuertes a menudo incluyen beneficios emocionales, como la forma en que un cliente se siente seguro en un Volvo, importante cuando compra en Nordstrom o Harrods, cariñoso cuando compra o lee una postal Hallmark o fuerte y rudo cuando usa Levi's.

Los beneficios emocionales incorporan riqueza y profundidad a la propiedad y uso de la marca. Sin los recuerdos que evoca Sun-Maid Raisins, y postres Royal, las marcas bordearían el estatus de *commodity*. Los familiares envases vinculan a muchos usuarios a los días felices cuando ayudaban a la madre en la cocina (o a una idealización para aquellos que desearían haber disfrutado de esa experiencia). El resultado puede ser una experiencia de uso distinta (con sentimientos) y una marca más fortalecida.

El *beneficio de autoexpresión* se manifiesta cuando la marca suministra un vehículo que permite a la persona proclamar un perfil particular de autoimagen. Por supuesto, todos tenemos múltiples roles (una persona puede ser esposa, madre, escritora, jugadora de tenis, entusiasta de la música o deportista). Cada rol tendrá una asociación de autoconcepto que la persona puede desear expresar. La compra y uso de marcas es una forma de satisfacer esta necesidad autoexpresiva. Una persona puede expresar su autoconcepto de ser aventurera y orgullosa por poseer esquíes Rossignol, actualizada por comprar ropa Gap o Zara, sofisticada cuando usa moda Ralph Lauren, exitosa y segura conduciendo Lincoln o BMW, frugal y no pretenciosa comprando en Kmart o Día, competitiva utilizando Microsoft Office o esmerada preparando a los niños por la mañana cereales para el desayuno Quaker Oats o Kellogg's.

Finalmente, el sistema de identidad de la marca también incluye la *construcción de relaciones*. Uno de los objetivos de la marca será crear relaciones con sus clientes, de forma tal que asemejen relaciones personales. Así la marca puede ser amiga (Saturn), mentora (Microsoft), consejera (Morgan Stanley), hacedora (Schwab), madre (Betty Crocker), vívida (Bud Light) o hija (Good News de Gillette). La relación de la marca Saturn/cliente basada en tratar inteligentemente a éstos como amigos no es captada adecuadamente por los beneficios funcionales o emocionales, a pesar de estar presentes.

Al desarrollar un sistema de identidad de marca, superar los clásicos errores

Por experiencia propia al desarrollar y asesorar a otros para que desarrollen identidades de marca, se han identificado ocho guías sintetizadas en la figura 2.4 y explicadas a continuación. Como puede concluirse,

FIGURA 2.4

Crear un sistema efectivo de identidad

debería enfocarse en las sugerencias más relevantes en el contexto que sea congruente para su marca.

1. Evitar una perspectiva limitada de marca

Un error común en la gestión de la marca es observarla en forma estrecha. Algunas personas sucumben a la «trampa de la identificación» creyendo que la identidad de la marca debe captarse en una frase de tres palabras. Pero incluso la propuesta de la esencia de la marca puede que no sea la única (o dominante) parte de la identidad de la marca, ya que la marca es más compleja que la simple frase que la representa. Por ejemplo, 3M no es sólo innovación. Se apoya en una larga serie de asociaciones, incluyendo calidad, adhesivos y productos adhesivos, cintas de vídeo y audio y una personalidad del Medio Oeste.

Otro problema típico es la trampa por la fijación en los atributos del producto, que ocurre cuando la marca es observada como un simple conjunto de atributos suministradores de beneficios funcionales. Las compañías de alta tecnología y el mundo de márketing industrial son particularmente susceptibles a la creencia de que los clientes, en su proceso, sólo procesan información de hechos sobre las marcas y que basan sus alternativas sólo en aquellos atributos que les resultan relevantes. De hecho, es más riguroso e interesante concebir a la marca como lo que ha dejado después del impacto de sustraer los atributos.

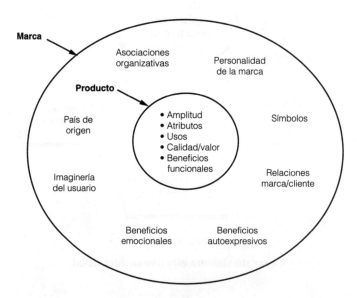

Figura 2.5

La marca es más que un producto

La figura 2.5 presenta las distinciones entre producto y marca. El producto incluye características como amplitud (Crest y Colgate hacen productos de higiene dental), atributos (*Vogue* presenta noticias de moda), calidad/valor (Kraft suministra productos de calidad), usos (Subaru produce automóviles para conducir en la nieve) y beneficios funcionales (Wal-Mart y Carrefour suministran valor extra). Una marca incluye estas características y muchas más:

—imaginería del usuario (aquellos que usan ropa Armani);
—país de origen (Audi posee artesanado alemán);
—asociaciones organizativas (3M es una compañía innovadora);
—personalidad de la marca (Bath and Body Works es una marca detallista con energía y vitalidad); (Intima Cherry es una marca de lencería divertida y joven);
—símbolo (la diligencia de Wells Fargo Bank o toro de Osborne);
—relaciones marca/cliente (Gateway es un amigo Ikea se preocupa).

Además de los beneficios funcionales, una marca potencialmente suministra:

—beneficios de autoexpresión (el usuario de Hobart expresa la autoimagen de ser el mejor);
—beneficios emocionales (los usuarios de Saturn sienten orgullo por conducir un automóvil fabricado en Estados Unidos).

Todos esos elementos de la marca son potencialmente útiles, aunque tres necesitan de comentario: asociaciones organizativas, personalidad de la marca y símbolos.

Las *asociaciones organizativas* tienden a ser más relevantes en el sector de servicios, alta tecnología y marcas de productos duraderos, donde la organización responsable y propietaria de la marca tiene un fuerte y visible vínculo con los clientes. Las compañías que desarrollan el prestigio de ser innovadoras, responsables socialmente, líderes, fuertes o preocupadas por el cliente pueden resistir la competencia con una ventaja temporal de producto o valor. Estas asociaciones organizativas son poderosas, ya que tienden a ser intangibles y, por lo tanto, difíciles de ser atacadas competitivamente. Usualmente, es más simple superar a un competidor que se posiciona en base a atributos y mucho más complejo competir contra las asociaciones de una compañía como Hewlett-Packard o GE basadas en planes, valores, herencia y recursos humanos organizativos.

Las asociaciones organizativas necesitan reflejar la estrategia del negocio. Una marca global posee los siguientes elementos de identidad: liderazgo global, estándares industriales de excelencia por calidad y servicios, compromiso con el servicio en todos los mercados internacionales y la posición de más bajo precio. La estrategia del negocio, en situaciones, no está adecuada para apoyar la posición de bajo precio; es complejo obtener liderazgo mundial, excelencia en calidad y un compromiso de servicio global y al mismo tiempo ser un suministrador de valor. La estrategia y la marca deben adoptar posiciones y realizar algunos intercambios.

La *personalidad de la marca* puede contribuir al suministro de la necesaria diferenciación, incluso en un mercado paritario, además de incorporar valor en distintas formas. En primer lugar, la personalidad puede hacer de la marca algo interesante y memorable. Piense en ello. El peor comentario que puede hacerse sobre una persona es que no tiene personalidad. Una marca sin personalidad tendrá problemas para obtener reconocimiento y desarrollar relaciones con los clientes. En segundo lugar, la personalidad de la marca estimula la consideración de constructores como enérgico y juvenil, que pueden ser muy útiles a numerosas marcas. En tercer lugar, la personalidad de la marca puede contribuir a sugerir relaciones marca/cliente como amiga, compañera de fiesta o consejera. Con la metáfora de personalidad en su sitio, el desarrollo de relaciones se convierte en más claro y motivador.

Una prueba sugerente para el desarrollo estratégico de la marca consiste en analizar si la personalidad de la marca ha sido considerada y si aparece en la proposición de identidad. Si la respuesta es negativa, la marca, probablemente, ha sido concebida como demasiado estrecha.

El *símbolo* puede elevarse al nivel de estrategia de marca más que delegarse a la comunicación táctica. Un símbolo fuerte puede suministrar cohesión y estructura a la identidad, hacer más fácil la obtención de reconocimiento y recordación. Los símbolos pueden ser todo aquello que represente a la marca: proposición («A nadie le desagrada Sara Lee»), personaje (los muñecos de Pillsbury o de Michelin), metáfora visual (la roca de Prudential o el árbol de National Netherlanden), un logo (la pipa de Nike), color (amarillo de Kodak), gesto («echar una mano» de Allstate's), nota musical (mayonesa Hellmann's), envase (cilindro azul de la sal Morton o la botella de cristal de Coca-Cola) o un programa (caridad de Ronald McDonald House). En numerosos casos, el símbolo desempeña un papel clave en la creación y mantenimiento del valor de la marca y debe ser parte de la identidad extendida u, ocasionalmente, la identidad central. El carruaje de Wells Fargo Bank desempeña un papel estratégico en el nivel de reconocimiento de la marca y en las asociaciones de confiabilidad e innovación.

Una identidad extendida puede contribuir a «desempaquetar» a la marca evitando la fijación en los atributos del producto y trampas en ciertas proclamas publicitarias. Hay una serie de ventajas al desarrollar una identidad de marca ricamente extendida:

—Primero, una identidad de marca rica es una reflexión más rigurosa de la marca. Así como una persona no puede describirse en una o dos palabras, tampoco puede hacerse sobre una marca. Una proposición de tres palabras o una identidad limitada a atributos, simplemente, no resultará rigurosa.
—Segundo, lo vital de la identidad de marca es suministrar una guía real a los responsables de la toma de decisión sobre la razón de ser de la marca. Cuanto más completa resulte, menos ambigüedad se manifestará sobre lo que debe y no debe hacer la marca. Si la identidad de la marca es excesivamente concisa, omitiendo por su brevedad constructores clave, será mayor la probabilidad de que los elementos de comunicación resulten inconsistentes con la marca.
—Tercero, debido a que la identidad de la marca es aspiracional, debe involucrar a la totalidad de la organización, captando valores y cultura. Liderazgo y preocupación por el cliente, por ejemplo, puede que no estén en la esencia de la marca, pero pueden resultar vitales para la guía de la estrategia de marca.
—Cuarto, la extensión de la identidad suministra un ambiente para la construcción y ayuda a la marca a moverse más allá de los atributos. Particularmente, la personalidad de la marca y los símbolos suelen fallar cuando se desarrolla una posición de marca, concisa, aunque ambos son sumamente útiles tanto estratégica como tácticamente.

2. Vincular a la marca con un beneficio funcional convincente siempre que sea posible

La trampa de la fijación en los atributos del producto es muy real, y resulta útil (más aún, crítico) ampliar la marca para incluir personalidad, asociaciones organizativas, símbolos y beneficios de autoexpresión. No significa, no obstante, que los atributos (particularmente los nuevos y diferenciados) y los beneficios funcionales deban ser ignorados sobre la base de que una marca «real» no se enfoca en atributos. Cada marca debe observar a su propio beneficio funcional que es relevante para los clientes, como BMW lo hace para el rendimiento de conducir, Volvo para seguridad y Gap para ropa de moda informal. Tener propiedad sobre una posición superior de atributos clave puede otorgar poder.

Una ventaja del beneficio funcional sobre los competidores puede aumentarse o incluso crearse mediante gestión o por otras asociaciones que la refuercen. De hecho, el objetivo sería crear una personalidad y suministrar beneficios emocionales de autoexpresión obtenibles de un atributo o beneficio funcional.

La asociación rica en símbolos de personalidades establecidas constituye una excelente forma para crear o reforzar asociaciones de atributos y beneficios funcionales. Entre los numerosos símbolos que apoyan los beneficios funcionales se encuentran los siguientes:

—el muñeco Michelín (neumáticos con poder y energía);
—el conejito Energizer (baterías que duran... y duran);
—el muñeco Pillsbury (alimentos frescos y ligeros).

De hecho, es más fácil usar símbolos para comunicar un atributo que utilizar información sobre hechos. Un caso típico lo constituye el poder del impecable mecánico de Maytag para comunicar, efectiva y eficientemente, seguridad. En ausencia de ese mecánico como símbolo, le hubiera resultado complejo a Maytag tener propiedad sobre seguridad como atributo.

Una metáfora visual fuerte puede explicar un beneficio funcional complejo de forma viva y memorable. La filosofía de Andersen Consulting es que su diferencia radica en observar a la compañía como un todo, mientras que la mayoría de sus competidores son especialistas que generalmente producen mejoras marginales al observar sólo problemas específicos (los cuales sólo constituyen síntomas del problema principal). Su agencia de publicidad, Young & Rubicam, creó una serie de metáforas visuales que ilustran brillantemente estos aspectos y suministran las bases para la campaña de publicidad mundial iniciada en 1995. El anuncio ilustrado en la figura 2.6 muestra a un colectivo de peces que, trabajando conjuntamente, crean la imagen de un gran tiburón. Esta metáfora visual no sólo es poderosa, sino independiente de factores culturales e idiomáticos; traslada el mensaje a cualquier lugar.

Un estudio de laboratorio conducido por Stuart Agres, de Young & Rubicam, muestra el valor de combinar beneficios emocionales con beneficios funcionales[2]. El estudio, referido a champú, halló que los beneficios emocionales (usted se sentirá y estará mejor) eran menos efectivos que los beneficios funcionales (tu cabello será fuerte y lleno de vida), pero la combinación de ambos resultó significativamente superior a cada uno de ellos *per se*. Un seguimiento del estudio demos-

Figura 2.6
Proposición visual de Andersen Consulting

tró que 47 anuncios de televisión que incluían beneficios tanto emocionales como funcionales tenían una valoración sustancialmente superior (usando un procedimiento estandarizado de prueba de laboratorio para anuncios) que 121 anuncios que sólo presentaban un beneficio. El mensaje es aumentar en lugar de reemplazar identidades basadas en beneficios funcionales.

3. USAR CONSTRUCCIONES QUE ENCAJEN Y AYUDEN, IGNORAR LAS OTRAS

Además de las 12 dimensiones organizadas debajo de la marca como producto, organización, persona y símbolo, el modelo de identidad de la marca contiene tres tipos de beneficios y relaciones entre el cliente y la marca, produciendo un total de 16 dimensiones potenciales de identidad. Todas ellas pueden ser útiles en algunos contextos, pero ninguna es tan útil como para que pueda aparecer en la totalidad de contextos. A menudo existe la tentación de usar todos los constructores. El resultado puede ser una identidad de marca forzada, conteniendo elementos que resultan triviales, irrelevantes y, en ocasiones, ridículos.

Todas las dimensiones no necesitan aparecer en una identidad de marca determinada. Una identidad de marca no es un formulario que requiera una respuesta en cada renglón ni tampoco es un cuestionario en que cada pregunta deba contestarse para obtener un resultado perfecto. En su lugar, cada dimensión debe ser evaluada siguiendo estándares para observar si puede ser de ayuda.

— ¿Incluye un elemento importante para la marca y para su capacidad de suministrar valor al cliente o apoyar relaciones con el cliente?
— ¿Contribuye a diferenciar a la marca de las competidoras?
— ¿Resuena entre los clientes?
— ¿Moviliza a los recursos humanos?
— ¿Es creíble?

Una dimensión puede aprobar si puntúa muy alto en sólo una de las preguntas; no es necesario que apruebe en todas ellas. La dimensión que no contribuya significativamente en cada una de las cinco áreas no debería incluirse. La cuestión final es si ayuda y encaja en la identidad de la marca.

Qué dimensión utilizar dependerá del contexto. En servicios, alta tecnología y productos duraderos, las asociaciones organizativas son generalmente interesantes, pero en productos de consumo son menos relevantes. Un beneficio de autoexpresión tiende a ser más relevante en marcas que puntúan muy alto en una de las cinco dimensiones principales de personalidad (sinceridad, entusiasmo, competencia, sofisticación y rudeza); la personalidad es también más relevante cuando se manifiesta baja diferenciación de producto. Los símbolos son más importantes cuando son fuertes y crean una metáfora visual. Si el símbolo es débil el simbolismo puede que no sea conductor de la marca (algunas marcas fuertes no han definido símbolos que necesiten ser activamente gestionados).

4. GENERAR PROFUNDAS IDEAS SOBRE CLIENTES

El desarrollo de una identidad de marca se basa en un conjunto de tres análisis: análisis del cliente, de la competencia y autoanálisis. Toda organización que los menosprecie puede entrar en zona de peligro.

Un error frecuente es el fracasar en las relaciones del cliente con la marca. Aunque la investigación cuantitativa referida a la importancia de los atributos es a menudo útil, no siempre suministra ideas sólidas que estimulen una fuerte identidad de marca. De hecho, frecuentemente estimulan la trampa de fijación en atributos. De la misma forma, la investigación basada en grupos enfocados puede contribuir a evitar grandes errores, pero frecuentemente resulta superficial para descubrir las bases de una relación real marca/cliente. Afortunadamente, existen caminos para generar ideas frescas y relevantes. Los siguientes son algunos sugeridos[3]:

—Considerar entrevistas en profundidad próximas al contexto de compra y uso. Los investigadores de Procter & Gamble, por ejemplo, en ocasiones dedican todo un día en los hogares para obtener información sobre el uso de sus productos. Solicitan a sus entrevistados que usen micrófonos y analizan con ellos los problemas y reacciones a medida que realizan sus actividades cotidianas. Levi's acompaña a clientes en la tienda con un grabador. Los comentarios sobre referencias compradas y marginadas son muy iluminadores, en parte porque son espontáneos y porque representan una experiencia activa.
—La investigación del problema puede ser beneficiosa. ¿Cuál es el problema asociado a la experiencia específica de uso? ¿Alguno de esos problemas es lo suficientemente significativo y expandido como para suministrar la base de la estrategia de marca? Un estudio sobre una muestra representativa de clientes puede cuantificar qué grado de aceptación puede ser una solución para los clientes y qué tamaño puede adquirir el segmento involucrado. Investigación sobre problemas de alimentos para perros, por ejemplo, conduce al desarrollo de productos a la medida según la edad y tamaño de los perros.
—La investigación sobre arquetipos usa una técnica radical introducida por el pionero médico antropólogo Dr. Rapaille. Los participantes son invitados a estirarse en un ambiente con luz difusa y bombardeo musical para luego considerar las preguntas de interés. La idea es que sus defensas cognitivas disminuyen y que las conexiones emocionales emergerán con mayor facilidad. Aplicado a la marca Folgers, los participantes fueron entrevistados y requeridos a que se trasladaran a la infancia para evocar cómo el café se vinculaba a sus vidas. La idea de que el aroma es vinculado con sentimientos hogareños llevó a Folgers a un posicionamiento exitoso vinculado a la proposición «¡Lo mejor al levantarte... es Folgers en tu taza!».
—Otra idea generadora es obtener emociones asociadas con la experiencia de uso. La investigación sobre experiencias de uso ha demostrado que existen 20 emociones que los clientes tienden a desarrollar: rabia, descontento, preocupación, tristeza, temor,

vergüenza, culpabilidad, envidia, soledad, romanticismo, amor, paz, bienestar, satisfacción, impaciencia, optimismo, alegría, entusiasmo, sorpresa y orgullo[4]. Pueden usarse escalas basadas en esas emociones para explorar clientes o para suministrar algún apoyo cuantitativo a la investigación emocional.

—Con investigación de escala, los clientes suministran un perfil de relevancia de los beneficios emocionales y de autoexpresión asociados con la compra y uso de la marca. El proceso comienza preguntando sobre las razones para la decisión de compra o para las preferencias de la marca; la respuesta generalmente involucra un atributo. Una sucesión de preguntas del «porqué» lleva hacia algunas emociones básicas y beneficios de autoexpresión. Por ejemplo, los viajeros de líneas aéreas pueden ser entrevistados sobre por qué es preferido un atributo como «amplitud del asiento». Si la respuesta es «confort físico», se le interroga por qué es deseado. La respuesta puede ser «para hacer más», desde la cual otra pregunta del porqué puede conducir a un beneficio emocional: «sentirme mejor conmigo mismo/a». En forma similar, el atributo «servicio en tierra» puede conducir a una serie de respuestas como «ahorrar tiempo», «reducir tensión», «tener control» y «sentirme seguro/a».

—Observar al cliente fiel para ideas de la marca. Los clientes frecuentes y fieles desean tener una relación con la marca que resulte claramente comprensiva, ya que representa el potencial que la marca es capaz de lograr. El desafío es reforzar esa relación y expandir la base fiel de clientes.

5. COMPRENDER A LA COMPETENCIA

Otro error natural es menospreciar a los competidores. Parece natural enfocarse en lo que, como marca o compañía, se es capaz de hacer y en lo que desean los clientes. El problema es que existen vigorosos competidores y otros potenciales, que deben considerarse. Una clave para suministrar una marca diferenciada es comprender sus enfoques, lo que normalmente comienza con un análisis de sus estrategias de posicionamiento, pasadas y actuales.

—Un ejercicio interesante es coleccionar anuncios representativos de cada competidor (más algunos históricos, si la estrategia hubiera cambiado) y obtener estimaciones de su presupuesto publicitario. Agrupar los anuncios en juegos. Por ejemplo, la comunicación de compañías de seguros generalmente se agrupa en tres tipos genéricos:

- fortaleza (Prudential, Fortus, Traveler's, Northwestern Mutual);
- preocupación/estamos aquí para usted (Allstate, State Farm, Cigna Group);
- miramos el futuro/le ayudamos a planificar (UNUM, Mass Mutual, Equitable).

—Pueden existir siempre algunos aislados, como Transamerica (el símbolo de la pirámide) y MetLife (los personajes Peanuts). Una comprensión de cómo se posiciona la competencia y sus relativos presupuestos suministrará una guía estratégica y un toque realístico. ¿Es correcto, después de todo, creer que un mensaje similar al de los mayores anunciantes romperá la regla?

—Otro ejercicio es analizar las memorias anuales de los competidores de los últimos cuatro o cinco años. Una proposición de identidad puede inferirse, a menudo, de la información suministrada, específicamente de marcas corporativas (como Sony). Más aún, la estrategia futura y el compromiso hacia la marca son, a menudo, analizados en la memoria anual.

—Investigar las imágenes de las marcas competidoras puede ser también valioso. ¿Qué piensan los clientes de las otras marcas? ¿Les agradan o desagradan? ¿Cuáles son sus personalidades? ¿Sus asociaciones organizativas? ¿Sus símbolos? La investigación cuantitativa de imagen puede suministrar un *benchmark*, pero las ideas obtenidas de una singular investigación cualitativa en profundidad usando el ejercicio de creación de metáforas (como, por ejemplo, si la marca fuera un animal, ¿qué animal sería?) siempre son de gran utilidad.

Es importante ampliar la pantalla del radar para incluir a todos los competidores reales (aquellos que captarán a los clientes tanto en la actualidad como en el futuro). Una compañía de ordenadores en busca del mercado del hogar, por ejemplo, puede tentarse a observar a Dell, Compaq, Gateway, IBM, Apple y Packard Bell como a sus competidores primarios. Observando detalladamente el mercado del hogar, no obstante, aparecen Sony, Kodak, Microsoft, TCI y Nintendo, todas preparadas para la batalla por el control de interfaces digitales y acceso a Internet que constituyen el corazón del nuevo negocio digital del hogar. Cualquier identidad de marca o visión de futuro debe considerar a estos competidores.

6. Permitir identidades múltiples de marca

Es sumamente deseable poseer una simple identidad de marca que funcione para distintos productos mercados. Coca-Cola ha usado durante mucho tiempo una identidad central en segmentos y países diversos. British Airways ambicionó que su identidad de marca y proposición «La línea aérea favorita del mundo» funcionara en países de todo el mundo. La marca de champú Pantene utiliza la misma identidad, posición y proposición («cabellos tan sanos que brillan»), apoyada por una imagen visual de una cabellera fantástica, en cada país. Cuando puede aplicarse en todos los contextos una identidad de marca única, la tarea de comunicación (tanto interna como externa) no sólo será más fácil y menos costosa, sino más efectiva y más sólidamente vinculada a la cultura organizativa y a la estrategia del negocio.

Lograr una identidad común debería ser el objetivo y constituir la estrategia básica, resistiendo a los que sostienen que su contexto, tanto un país como una línea de producto, es diferente y requiere de una identidad especial más que de una ejecución diferente (como una interpretación diversa de estilo de vida o una vía distinta de representar un beneficio emocional). Alejamientos de la identidad central deberían evitarse y, en caso de producirse, deberían ser justificados por teoría y datos convincentes.

Por supuesto, el objetivo superior es crear marcas poderosas en todos los contextos. Si para crear el poder de la marca son necesarias múltiples identidades entonces deberían ser consideradas. Por ejemplo, Hewlett-Packard necesita separar identidades para adaptar la marca HP a ingenieros que compran estaciones de trabajo, profesionales de negocios que compran miniordenadores e impresoras láser y consumidores que compran ordenadores para uso personal. En este caso, una simple identidad podría resultar inadecuada.

En ocasiones, no obstante, una simple identidad puede estirarse sobre diferentes contextos. Un enfoque es usar la misma identidad pero enfatizando en diferentes elementos en cada mercado. Por ejemplo, en un mercado la personalidad de la marca puede ser relevante mientras que en otro la asociación organizativa puede ser prominente. Otro enfoque es poseer la misma identidad pero interpretándola de modo diferente según mercados. La relación de la identidad central de un banco podría presentarse con un toque más personal para el mercado de la familia y con un toque más profesional para el mercado empresarial, aunque el espíritu y la cultura de apoyo no cambien.

Cuando se necesitan identidades múltiples, el objetivo sería desarrollar un juego de asociaciones comunes, algunas de las cuales estarán en la identidad central. La identidad será adaptada en cada mercado, pero de forma consistente con los elementos comunes. El solapamiento de asociaciones debe evitarse, ya que son inconsistentes.

La identidad de la marca debería trabajar en un nuevo contexto si se amplía. Una importante compañía de petróleo necesitó aumentar su identidad para algunas de sus localizaciones en América del Sur para incluir rigor en los surtidores, ya que algunos de sus competidores locales no suministraban a los clientes finales los litros indicados. Una aplicación específica, como el Walkman de Sony, puede aumentar la identidad de Sony de tecnología digital y entretenimiento para incluir algunos beneficios funcionales apropiados al producto en cuestión.

Pueden existir casos en que la identidad central necesite cambiar según mercados, donde la interpretación y aumento no resulte suficiente. Por ejemplo, Levi's es una marca de prestigio en Europa y Extremo Oriente, representando lo mejor de las importaciones desde Estados Unidos y soportando un precio elevado. En Estados Unidos, por el contrario, la identidad refleja más beneficios funcionales y la auténtica herencia del tejano. Citibank, en forma similar, necesita distinguir entre Extremo Oriente, donde es una marca de prestigio, y los Estados Unidos, donde los beneficios funcionales desempeñan un papel relevante.

Cuando son potencialmente viables identidades múltiples, pueden emplearse dos procedimientos. El procedimiento de arriba-abajo crea una identidad para toda la organización a la que luego se adapta a diferentes mercados. La ventaja es una identidad común desde la cual los mercados individuales se atraen para que no queden alejados.

El procedimiento abajo-arriba establece productos o definidas unidades organizativas de mercado que son libres de crear la identidad que mejor se adapte a las necesidades. Estas identidades diferentes pueden, entonces, reconciliarse, quizás por equipos representando a las diferentes unidades organizativas. Cuando lo hizo, Harley-Davidson halló que una amplia variedad de equipos creaban virtualmente la misma identidad; el resultado fue una identidad con grandes coincidencias y compromisos en la organización. En una compañía de informática, cuatro grupos de productos diferentes generaron sus propias identidades. En la reunión de consenso, no obstante, tres decidieron que una identidad general de la marca funcionaría mejor, por lo que la cuarta perspectiva sólo requirió de una pequeña modificación. Nuevamente, la aceptación resultó total, ya que el resultado fue generado por los propios responsables de la toma de decisiones más que desde el exterior.

7. LOGRAR QUE LA IDENTIDAD CONDUZCA LA EJECUCIÓN

Obtenida la identidad de la marca como base estratégica, el próximo paso es implementar la estrategia. Debido a problemas organizativos podría ocurrir alguna desconexión entre la identidad de la marca y la implementación. Una agencia de publicidad, por ejemplo, puede desarrollar una posición de la marca que no sea conducida por la identidad. O el grupo de comunicación podría tener débil conexión con el nivel operativo encargado de ejecutar la estrategia del negocio.

Una forma de aliviar estos problemas es asegurar que hay un compromiso en la organización. Los ejemplos previos ilustran cómo se puede crear un compromiso permitiendo que los responsables de la organización e implementación participen en el proceso de desarrollo de la identidad de la marca. Otra solución es asegurar que la identidad de la marca se comunica correctamente; la identidad elaborada puede desempeñar un papel importante en esta tarea. Es trágico cuando la marca no ha sido adecuadamente comunicada a las personas clave en agencias o compañías especializadas en patrocinio, quienes deciden reinventarla.

Otro procedimiento útil es desarrollar y refinar la identidad de la marca en el contexto de la ejecución. Se ha dicho que la estrategia es ejecución, e iniciar algunas conceptualizaciones sobre la ejecución mientras se crea la identidad de la marca constituye una vía para garantizar cohesión. Esto puede involucrar la expresión visual de la identidad de la marca y la identificación de una o más vías alternativas de ejecución.

8. ELABORAR LA IDENTIDAD DE LA MARCA

La identidad de la marca, a menudo, es ambigua, especialmente cuando se reduce a unas pocas palabras o frases. Podrá, por lo tanto, desempeñar un papel difuso al comunicar la razón de ser de la marca, inspirar a los recursos humanos y asociados de la organización y guiar el proceso de decisión. En este caso, elaborar la identidad de la marca puede ser apropiado e incluso necesario. El próximo capítulo analiza una serie de aspectos para elaborar la identidad de la marca.

PREGUNTAS PARA EL ANÁLISIS

1. Desarrolle proposiciones alternativas para la esencia de la marca Virgin Airlines.
2. Evalúe las proposiciones presentadas en el texto. ¿Cuál es el criterio apropiado? ¿Cuál parece ser el mejor? Identifique algunas propo-

siciones que son particularmente buenas para la esencia de la marca. ¿Por qué?

3. ¿Posee su marca una posición fuerte o un beneficio funcional? ¿Cómo ha sido explotado? ¿Ha circulado su marca sobre atributos del producto y beneficios funcionales? ¿Cómo?

4. ¿Qué idea de clientes motiva su estrategia de marca?

5. Use anuncios o proposiciones para identificar el posicionamiento de sus competidores. ¿Cómo se diferencia su marca?

6. ¿Tiene su marca identidades múltiples? ¿Por qué? ¿Cómo?

7. ¿Es consistente la ejecución con la estrategia? Suministre un buen ejemplo de estrategia de ejecución consistente e inconsistente para su marca y para las competidoras.

Capítulo 3

Clarificar y elaborar la identidad de la marca

> *Todo presidente que no pueda articular claramente los activos intangibles de su marca ni comprender su relación con los clientes se encuentra en un problema.*
>
> Charlotte Beers, de J. Walter Thompson

> *Las historias constituyen el arma simple más poderosa en el arsenal de la literatura de los líderes.*
>
> Howard Gardner, profesor de Harvard y autor de *Leading minds*

Las identidades centrales de Saturn e incluso de Gateway Computers incluyen la dimensión relacional (la marca es amiga para sus clientes). Pero ¿qué clase de amigo es? ¿Un amigo para fiestas? ¿Un amigo que está siempre dispuesto? ¿Un compañero de viaje? ¿Un amigo para ir al estadio? ¿Un amigo de negocios? ¿Es esta amistad diferente de la asociación (Chevron) o de las relaciones (Chase)? ¿Qué papeles modelos, imágenes visuales, metáforas y símbolos significan amistad?

La identidad central frecuentemente se sintetiza con un pequeño conjunto de palabras como en Saturn (automóvil de clase mundial que trata a sus clientes como amigos) o Mobil (liderazgo, compromiso y confianza). Conceptos como calidad, innovación, vigor, energía, sabor agradable, uso amigable y relaciones (amistad, liderazgo, compromiso y confianza) constituyen elementos clave en la identidad central de las marcas prominentes. Desafortunadamente, estos términos (cuya tersura los hace fáciles de comunicar y recordar) pueden tambien ser ambiguos y, en consecuencia, fracasar en el suministro de guía e inspiración.

Una identidad extendida puede contribuir a resolver esta ambigüedad, en ocasiones indirectamente. Cuando la personalidad de la marca se basa en amistad y ésta es detallada, el tipo de amistad emerge. Debido a que podría permanecer cierto tipo de ambigüedad, puede ser útil explicitar elaboradas palabras y frases que representen la identidad central. La elaboración puede también ser útil para clarificar elementos de la identidad extendida (por ejemplo, las dimensiones de la personalidad de la marca como sentido del humor o confiable).

Una elaboración explícita de la identidad de la marca se caracteriza por tres objetivos. En primer lugar, debe reducir la ambigüedad incorporando interpretación y detalles a los elementos de la identidad de la marca y facilitando la definición decisional y planificación para fortalecer a la marca. En segundo lugar, fortalecerá la capacidad de la toma de decisión para identificar las capacidades de las dimensiones de identidad en cuanto a resonancia con los clientes y diferenciación de la marca. En tercer lugar, la elaboración puede suministrar ideas y conceptos útiles en el desarrollo de esfuerzos adecuados y efectivos para la construcción de la marca.

Definir el liderazgo

El liderazgo, por buenos motivos, es parte de la identidad central para numerosas marcas, especialmente de las marcas institucionales. Puede inspirar a los recursos humanos y asociados proponiendo una elevada aspiración de marca; el objetivo de situarse al frente del mercado hace que la construcción de la marca resulte estimulante. Para muchos clientes, el liderazgo de marca puede suministrar reforzamiento, mientras que para otros implica calidad y/o innovación que se traslada en sólidos beneficios funcionales. Comprar y usar una marca verdaderamente líder también suministra beneficios de autoexpresión (sentimiento de importancia y de satisfacción por producir buenos juicios).

El liderazgo también suministra un paraguas que cubre una variedad de perspectivas y actividades. Al igual que un amplio significado puede ser beneficioso, también puede convertirse en tan acompasado

que finalice sin suministrar dirección (demasiados enfoques de comunicación encajan y sólo pocos —o ninguno— son excluidos).
Pueden considerarse algunas interpretaciones de liderazgo:

—Líder *competente* con capacidades superiores de gestión (Citigroup).
—Líder *autoritario* que logra hacer las cosas por decreto (Microsoft).
—Líder *colaboracionista* que motiva con reforzamientos positivos (Nordstrom).
—Líder *orientador* que suministra las herramientas y técnicas para lograr objetivos (Schwab).
—Líder *rompedor de reglas* que introduce inusuales y provocadores planes y acciones (Virgin).
—Líder *innovador*, líder evolutivo que modifica las barreras tecnológicas (3M).
—Líder *exitoso* con gran cuota de mercado (Coca-Cola).
—Líder de *calidad* que fija estándares de excelencia (Lexus).
—Líder *inspiracional* que articula valores y misiones (Levi Strauss).

La riqueza del concepto de liderazgo de marca se ilustra claramente en un estudio sobre 29 categorías de producto desarrollado por la agencia de publicidad DMB&B bajo la dirección de Joe Plummer. En la investigación se solicitó a los entrevistados que determinaran cuál era la marca líder en cada categoría y por qué se seleccionaba la marca. Luego se examinaron las estrategias para las marcas seleccionadas.

Otro hallazgo se vincula a que las marcas líderes no son percibidas según posean alta cuota de mercado (a pesar de que algunas son marcas con elevada cuota de mercado) sino, más bien, por la confianza y calidad percibida que suministran. Otra conclusión es que se manifiestan cuatro tipos de liderazgo de marca:

—*Marcas poderosas:* poseen propiedad sobre el beneficio central de la categoría y realizan continuas mejoras para mantener ese liderazgo, por ejemplo Gillette (mejor afeitado), Crest (dientes sanos), Federal Express (envíos rápidos y seguros) y Volvo (seguridad).
—*Marcas exploradoras:* atrapan los deseos personales de crecer y aprender para alcanzar su potencial, por ejemplo Microsoft («¿Dónde quieres ir hoy?»), Nike («Just do it»), Body Shop (expresa conciencia social).
—*Marcas iconos:* simbolizan algún aspecto de la imagen del país de origen e historias que los clientes comparten emotivamente, por ejemplo Disney (magia infantil), Coca-Cola (amistad uni-

versal), Marlboro (libertad del Oeste norteamericano) y McDonald's (niños, familia, valores).
—*Marcas de identidad:* que construyen una conexión mediante imaginería del usuario contribuyendo a que las personas expresen su personalidad, por ejemplo Levi's (urbano, rudo), BMW (éxito, clase, conocedor), Birkenstock (orientado a la naturaleza, valores y calidad de vida).

En el mismo estudio, cuando se solicitó a los entrevistados a que mencionaran líderes emergentes sobresalieron dos tipos:

—Marcas oportunísticas, que se apropian del liderazgo por adaptar directamente su estrategia lográndolo hacer mejor o más barato. Estas marcas están diferenciadas, en parte, por hacer las cosas agresiva y entusiastamente, por ejemplo MCI (ahorra más dinero que con AT&T con planes innovadores) y Pepsi (el Desafío de Pepsi, «La Próxima Generación»).
—Marcas paradigmáticas, que básicamente ignoran al líder al que consideran irrelevante para el «nuevo paradigma», por ejemplo Schwab (operaciones financieras seguras sin intermediarios), Southwest Airlines (vuelos punto a punto suministrados con buen valor y personalidad divertida) y Amazon (la librería de Internet).

Existen otras perspectivas de liderazgo además de las enunciadas. La oportunidad para toda marca es refinar y clarificar el concepto para hacerlo útil en el suministro de dirección. Incluso cuando diferentes unidades de negocio necesiten tener una variedad de perspectivas sobre el mismo concepto, será beneficioso realizar una conceptualización clara. Este capítulo trata de estos temas.

Definir la personalidad de la marca: historia de L.L. Bean

L.L. Bean fue fundada en 1912 por León Leonwood Bean, vendedor ambulante que vivía en Freeport, Maine. El primer producto de la compañía fueron botas con suela de goma a prueba de agua y de cuero delgado, que representaron un gran avance sobre las de cuero pesado de la época. Cuando los 100 primeros pares que vendió por correo tuvieron un problema de adaptación, Bean devolvió el dinero de los clientes y comenzó de nuevo; una decisión que dio origen a la legendaria garantía «100% satisfacción» de L.L. Bean y a su tradición de calidad y honestidad. Las botas fueron complementadas por una

variedad de otros productos para la actividad de caza, pesca y cámping. El propio Bean fue muy activo proponiendo y probando productos en la década de 1960.
El negocio de L.L. Bean en la actualidad genera ingresos anuales por más de 1.000 millones de dólares basándose siempre en venta por catálogo. La pequeña tienda de Main Street en Freeport que se inauguró en 1917 para servir a clientes de paso ha crecido hasta convertirse en su buque insignia, una tienda que promueve la marca. Abierta las 24 horas del día (para servir mejor a los cazadores y pescadores madrugadores), se ha convertido en una atracción turística de Maine con más de 3,5 millones de turistas por año. A pesar de que L.L. Bean se especializa en cámping, caza y pesca, la compañía en los últimos años ha extendido su ámbito hasta incluir ropa informal, deportiva y otros productos compatibles con la vida al aire libre. Su identidad central incluye productos de alta calidad y funcionales, servicio solícito y clientes y empleados que adoran la vida al aire libre.

FIGURA 3.1
L.L. Bean: celebración al aire libre

Recientemente, L.L. Bean ha querido refrescar y actualizar su imaginería visual de pescadores y acampadores algo pasados de moda por sus equipos anticuados para aproximarse a una celebración más amplia de la naturaleza, el paisaje y la pasión por las experiencias al aire libre. La portada del catálogo de la figura 3.1 ilustra este objetivo.

El perfil de personalidad de la marca, desarrollado para apoyar las actividades de construcción de la marca L.L. Bean, incluyó las siguientes dimensiones: amistad, honestidad y solícita para toda la familia, práctico y económico, sentido del humor, guía y con estilo de vida sano. Como esta terminología demostró ser demasiado abstracta para suministrar la esencia de la marca L.L. Bean, con el tiempo, se las elaboró de la siguiente manera:

- —*Amistad:* L.L. Bean es fácil de contactar ya que se ocupa de sus clientes. Es confortable y familiar, sin pretensiones.
- —*Honestidad:* L.L. Bean es correcta y abierta; nunca defraudará a un cliente. La compañía siempre se presenta a sí misma y a sus productos formalmente, nunca de forma irrespetuosa.
- —*Solícita:* El servicio a clientes de L.L., Bean es legendario. Tratar bien a los clientes es primordial para la forma en que hacen los negocios y así ha sido desde la fundación de la compañía. Los empleados harán todo lo que puedan para ayudar a los clientes a que seleccionen el producto de L.L. Bean más apropiado para cada situación y suministrando respuestas a preguntas sobre actividades al aire libre.
- —*Para toda la familia:* Aunque la imagen masculina emerge de su herencia de cazadores y pescadores y de su fundador, L.L. Bean ahora ofrece productos y servicios para toda la familia orientada a la vida al aire libre.
- —*Práctica y económica:* L.L. Bean se especializa en aquel tipo de productos y atributos característicos por su funcionalidad. Sus productos son diseñados en el espíritu de la ingenuidad norteamericana, con precios justos, rendimiento y honestidad y estilo propio.
- —*Sentido del humor:* L.L. Bean siempre ha tenido una perspectiva clara del papel que cumple en la vida de sus clientes. Nunca se toma a sí misma con demasiada seriedad y mantiene el clásico sentido del humor norteamericano.
- —*Guía:* L.L. Beans se apropia de una serie de características típicas de alguien experto y conocedor de las irregularidades del terreno.
- —*Estilo de vida sano:* Los clientes y recursos humanos de L.L. Bean poseen una profunda convicción en los beneficios de la vida al

aire libre y deportiva. Consideran que el tiempo dedicado a este tipo de actividades es la mejor contribución para su forma física, mental y consiguiente calidad de vida.

Esta elaborada dimensión de personalidad clarifica la razón de ser de la marca y suministra guía al plan de su construcción. Por ejemplo, la trabajada dimensión de amistad puede sugerir un despliegue no pretencioso y familiar de productos en catálogos y tiendas. En forma similar, la honestidad también sugiere presentar productos con un cierto orden. La dimensión práctica y económica se traslada a productos y atributos diseñados para aumentar la funcionalidad. Finalmente, la marca como guía suministra una metáfora que sugiere experiencia, fundamental en la herencia de Bean.

La elaborada personalidad también sugiere cómo la imagen de L.L. Bean puede necesitar expandirse. La marca se percibe como muy masculina, pero el perfil de personalidad sugiere incluir a la totalidad de la familia. Más aún, la imagen de informal no debería implicar que la marca no se lo toma demasiado en serio. Finalmente, la herencia de la marca con origen en Nueva Inglaterra no debería sugerir vejez o campesino pasado de moda sino una persona contemporánea apasionada por la vida al aire libre.

Ejercicios de elaboración de identidad

Para recapitular, la identidad de la marca, particularmente la identidad central y la esencia de la marca, se representa a menudo con simples palabras o frases compactas. La elaboración puede hacer la identidad menos ambigua y más útil como guía para el diseño del plan de construcción de la marca.

En las siguientes páginas se elaboran diferentes ejercicios de identidad de la marca. Estos ejercicios pueden ser desarrollados por grupos en los que estén integrados los recursos humanos o asociados que conozcan la razón de ser de la marca e involucrados en implementar la visión.

Las cuatro categorías de ejercicios se presentan en la figura 3.2. La *auditoría de programas de apoyo* a la identidad analiza la sustancia característica de la aspiración de la identidad de marca. Los *papeles modelos de identidad* son acciones y planes que comunican la marca. El desarrollo de *metáforas visuales* suministra otra vía para hacer la identidad más viva. La *priorización de la identidad* de la marca determina qué dimensiones deberían constituir el enfoque de posicionamiento y de los esfuerzos de construcción de la marca.

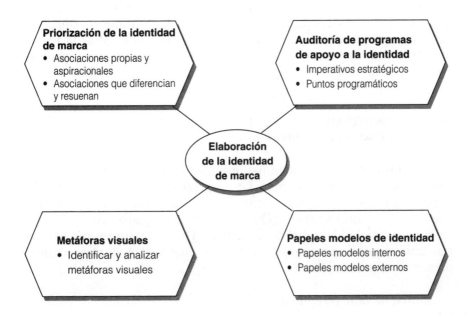

FIGURA 3.2
Elaboración de la identidad de marca

Por último, debería emerger alguna tipología de comunicación a la que podría denominarse como «presentación de la elaboración de identidad». Puede tomar la forma de libro, vídeo, *collage* visual o carpeta. Algunos conceptos referidos a la creación de estos instrumentos se presentan al final del capítulo.

Auditoría de programas de apoyo a la identidad

La identidad necesita ser verdadera para la compañía y caracterizarse por tener sustancia; debería no ser sólo un simple ejercicio de marca y publicidad. Efectivamente, comunicar una clara, diferenciada visión de marca que resuene entre los clientes no es suficiente. La organización necesita ser capaz de apoyar la identidad con inversiones sustanciales en planes reales. Identificar la sustancia y planes de apoyo a la marca suministra una elaboración de la identidad de la marca que puede ser viva y tangible.

Dos tipos de planes e inversiones pueden apoyar a la marca: planeadas y actuales. La primera comprende a las estrategias imperativas, planes futuros que deben desarrollarse para suministrar la identidad de la marca. Pruebas de planes catalogados, iniciativas y activos que apoyen la identidad de la marca describen a los segundos.

IMPERATIVOS ESTRATÉGICOS: VINCULAR LA IDENTIDAD DE MARCA A LA ESTRATEGIA DEL NEGOCIO

Una proposición de identidad implica una promesa al cliente y un compromiso a la organización. Un imperativo estratégico es una inversión en activos o planes que resulta esencial si la promesa al cliente debe suministrarse[1]. ¿Qué capacidades organizativas y activos se implican en la identidad de la marca? ¿Qué inversiones son necesarias para suministrar una promesa a los clientes? A continuación se presentan algunos ejemplos.

Marca de banco regional:

La identidad central incluye:

—Relaciones personales y profesionales con cada cliente.

Los imperativos estratégicos incluyen:

—Base de datos de clientes. Dotar a cada cliente de una persona de contacto con acceso a todas las cuentas de clientes para que la gestión de las relaciones con el cliente se integre con la de los demás.
—Servicio a clientes. Desarrollar e implementar un plan de mejora de las capacidades interpersonales de todo el personal de contacto con clientes. Incluir un sistema de medición.

Nueva submarca «premium» de equipos de audio:

La identidad central incluye:

—Mayor calidad.
—Liderazgo tecnológico.

Los imperativos estratégicos incluyen:

—Fabricación propia en sustitución de subcontratación para controlar la calidad.
—Planes ambiciosos de I+D en tecnología digital.

Valiosa submarca de productos de limpieza para el hogar:

La identidad central incluye:

—El valor de la marca con calidad competitiva.

Los imperativos estratégicos incluyen:

—Convertirse en el fabricante de bajo coste.
—Desarrollar una unidad organizativa con cultura de costes.

El imperativo estratégico representa pasos y acciones necesarios para suministrar la sustancia característica de la identidad de marca. Estas acciones constituyen un claro aspecto de los esfuerzos de construcción de la marca (de hecho, estos esfuerzos para revitalizar o reposicionar la marca en ocasiones se demoran ex profeso para sincronizarlos con las iniciativas estratégicas). En todo caso, la construcción de la marca debe ser más que un sueño o un plan de comunicación o de *packaging*; debe constituirse en un plan de inversiones con su calendario y presupuesto.

Quizás lo más importante, el imperativo estratégico representa un real compromiso donde las inversiones necesarias se hagan visibles y se estime la factibilidad de la estrategia de marca. ¿Están disponibles los recursos para la inversión? ¿Existe un verdadero compromiso de la organización? ¿Es capaz la organización de llevar a cabo las iniciativas requeridas? Si la respuesta a cualquiera de estas preguntas es negativa, la organización será incapaz de suministrar la promesa de la marca. En esa situación, la promesa se convertirá en un vacío eslogan publicitario despilfarrador de recursos que, en el peor de los casos, creará un pasivo en lugar de un activo de la marca.

En los ejemplos previos, si el banco regional no es capaz de invertir las decenas de millones de dólares necesarios para crear la base de datos que permita interacciones apropiadas con los clientes, debería repensar el concepto. Si la compañía de componentes de audio no es capaz de diseñar y fabricar sus productos, no podrá lograr una marca de prestigio. Si el fabricante de productos de limpieza para el hogar no puede crear una unidad con cultura de coste, tratar de ingresar en el mercado orientado al valor será una receta de fracaso.

Ed Resic, presidente de márketing de la marca de ropa informal The Limited, sostiene que no puede superarse al líder igualando a su marca con productos equilibrados. Hay que vencerlo con real y decisiva sustancia, que, comúnmente, implica inversiones guiadas por imperativos estratégicos. Una nueva marca, posición o personalidad e incremento en visibilidad raramente será suficiente *per se*. Cuando hay sustancia, sin embargo, una marca fuerte puede constituir la diferencia entre ganador y perdedor.

El concepto de imperativo estratégico sugiere que la identidad de marca debería conducir la estrategia del negocio. Esto puede parecer un tanto extremo, pero en ocasiones es una descripción rigurosa del proceso. El mejor escenario, por supuesto, es cuando el imperativo estratégico involucra iniciativas que ya están bajo consideración. En este caso existe una clara compatibilidad entre la estrategia de la marca y la estrategia actual del negocio. Si la estrategia del negocio no está desarrollada claramente, un esfuerzo serio de desarrollo de identidad puede constituirse en catálisis para un enfoque nítido. El imperativo estratégico desempeña un rol clave debido a que normalmente introduce decisiones relevantes e implica considerar importantes opciones así como aspectos centrales que afectan a la organización.

Cuando una organización posee una bien articulada estrategia del negocio apoyada por fuertes valores culturales, la identidad y la estrategia de la marca resultarán relativamente sencillas de desarrollar. Cuando la estrategia organizativa y la cultura son difusas el esfuerzo para desarrollar la identidad de la marca puede resultar agónico y extremadamente difícil. La identidad de la marca, en estas situaciones, puede servir no sólo para estimular sino para articular gran parte de la estrategia del negocio y de la cultura organizativa.

PUNTOS PROGRAMÁTICOS

Mientras que los imperativos estratégicos constituyen iniciativas organizativas que requieren de inversiones importantes, los puntos programáticos están naturalmente vinculados a las dimensiones de identidad de la marca. Los puntos programáticos son planes, iniciativas y activos existentes que suministran sustancia a la identidad central, contribuyendo a comunicar su significado. Mientras que los imperativos estratégicos suelen ser pocos, aunque costosos y arriesgados, los puntos programáticos son numerosos y operativos. Una estrategia de identidad de marca basada sólo en lo que sucederá en el futuro constituye un riesgo por dos motivos: el imperativo puede no ser financiado o ejecutado adecuadamente, e incluso si lo fuera, algunas percepciones de clientes podrían no cambiar. Por ello, los puntos programáticos constituyen cimientos esenciales.

Por ejemplo, la dimensión de identidad central de Nordstrom podría ser orientación a clientes. Los puntos programáticos podrían ser cualquier activo, capacidades, planes o iniciativas que apoyen el compromiso con clientes, incluyendo lo siguiente:

— el prestigio actual por servicio a clientes;
— la política de devoluciones, que es muy valorada y creíble;
— el programa de compensación orientado a premiar y reconocer el servicio al cliente;
— la calidad de los recursos humanos y el programa de contratación;
— la política de apoderamiento del personal que hace posibles respuestas innovadoras a las preocupaciones de clientes.

L.L. Bean posee una identidad dimensionada por su equipamiento para los entusiastas de la vida al aire libre. Los puntos programáticos, en este caso, incluyen la herencia y los activos de la marca, políticas y planes orientados a diferenciar a L.L. Bean en las siguientes dimensiones:

— una tienda buque insignia que permanece abierta las 24 horas del día para la conveniencia de los clientes orientados a la vida al aire libre;
— la experiencia y profesionalismo del personal en contacto con los clientes, que permite ofrecer asesoramiento sobre actividades al aire libre con valor añadido.

Cuando grandes compañías, como GE, Hewlett-Packard o Sony, poseen múltiples negocios vinculados a la marca, pueden determinar en qué condiciones un elemento de identidad central (por ejemplo, liderazgo) encajará en todos los sectores analizando los puntos programáticos con responsables de los diferentes grupos de producto o distintas áreas geográficas. Si todos los grupos pueden suministrar puntos programáticos que demuestren que el liderazgo es creíble como elemento de identidad, la organización podrá confiar en su uso como base para el posicionamiento.

Identificación del papel modelo de identidad

Comunicar la identidad de la marca con una lista de conceptos puede resultar ambiguo y poco interesante debido a que el listado puede fallar en la captación de emociones y visión de la marca. Identificar papeles modelos puede suministrar significados y emociones contributivos y guiar el esfuerzo de construcción de marca. Se consideran dos tipos: papeles modelos internos (los propios de la organización) y externos.

Papeles modelos internos

Los papeles modelos internos son historias, planes, acontecimientos o personas que representan perfectamente la identidad de marca (dan en el blanco). De cinco puntos programáticos apoyando la identidad, puede que uno sea el mejor en reflejarla. Por ejemplo, la política de devoluciones de Nordstrom puede ser la más viva demostración de su enfoque de clientes. Un acontecimiento como el patrocinio de un encuentro en Spring Hill, Tennessee, para todos los propietarios de Saturn dice mucho sobre las relaciones de la marca con sus clientes y cómo Saturn es una compañía de clase diferente.

Las historias pueden comunicar la identidad incorporando elementos aspiracionales y emociones. Algunas de esas acciones pueden ser leyendas que son parte de la herencia de la marca (la historia de un ingeniero volando a Alaska para reemplazar un asiento defectuoso, por ejemplo, refleja el respeto de Saturn por sus clientes). O la historia de cómo se creó el concepto de Post-it de 3M iniciado por un ingeniero que necesitaba un señalador que no cayera al suelo cuando cantaba en el coro de la iglesia, refleja la innovación como parte de la identidad central de la compañía. La historia de cómo Johnson & Johnson respondió a la crisis por envenenamiento de Tylenol retirando del mercado todo su stock y rediseñando su envase indica, claramente, cómo la compañía valora su prestigio y reputación de confiable y segura.

Las historias y otros papeles modelos internos pueden constituirse en armas de comunicación poderosas. Los psicólogos sostienen que se puede suministrar tres veces más información comunicando con el formato de historia que utilizando conceptos organizados. Las historias pueden ser profundas, ricas y sin ambigüedad, cualidades frecuentemente ausentes en otros tipos de argumentos. No obstante, la mayoría de la comunicación se realiza con conceptos organizados. La emoción que caracteriza a una historia es importante, ya que los que deben implementar la marca deben conocer y tomar consciencia de su razón de ser. De hecho, las historias no sólo representan a la marca sino que influyen en la cultura. Como sostiene Richard Stone, director del StoryWork Institute: «Para cambiar una organización deben cambiar sus historias»[2].

En ocasiones, particularmente cuando es necesario un cambio de imagen de marca, habrá que encontrar nuevos papeles modelo. Para identificarlos, la compañía Mobil organiza un concurso para que sus recursos humanos contesten sobre aquellos planes y actividades que mejor representan los elementos de identidad central de liderazgo, asociacionismo y confianza. El ganador tiene acceso a los *boxes* de una competición automovilística en donde Mobil es patrocinador oficial. El concurso recibe más de 300 respuestas y logra que toda la organización se movilice detrás de la identidad de la marca. El éxito de venta de un producto fue resultado de un conjunto de papeles modelo que contribuyó a elaborar la identidad de la marca identificando y suministrando profunda emoción.

Personalizar la marca

Personas como el fundador o un fuerte y visible presidente con una clara visión de marca pueden ser poderosos papeles modelos. Williams-Sonoma, fundada por Chuck Williams y Howard Lester, tiene una clara y articulada visión de la razón de ser de la compañía (experta culinaria, cocina elaborada, mejor oferta de la categoría, estilo que refleja buen gusto y creatividad e innovación en cocina, decoración de mesa y recepción). Williams-Sonoma confía primero en las funciones sin trucos publicitarios. Personalizar la identidad de marca otorga a los recursos humanos y asociados tanto claridad como compromiso emocional: ¿Chuck o Howard incluirían este concepto en el catálogo o en la tienda o la presentarían de esta manera? Esta pregunta, muchas veces, resuelve el problema.

El impacto de los fundadores puede ser más vívido cuando su imagen personal se convierte en símbolo, como es el caso de Charles Schwab (intermediario financiero), Norton Software (ahora Symantec) y Smith Brothers (gotas para la tos). Cuando el nombre y la imagen personal «están en la puerta y hablan», el fundador no sólo está allí en espíritu sino que parece «observar» todo lo que se hace. Algunos fundadores como Bill Gates, de Microsoft, y Richard Branson, de Virgin, no sólo se incorporan formalmente al símbolo de marca sino que sus caras también resultan familiares (y no sólo para los recursos humanos), por lo que el resultado es similar.

El toque personal de los fundadores de Williams-Sonoma todavía es visible y, por el contrario, L.L. Bean es ahora una leyenda más que presencia física. No obstante, la identidad de L.L. Bean está enraizada en los valores y conceptos del fundador: práctico, innovador uso al aire libre, 100% garantía de satisfacción, calidad y honestidad. Envasar la identidad de la marca L.L. Bean junto al fundador otorga credibilidad y claridad.

Bath and Body Works no se caracteriza por un fundador como Chuck Williams o L.L. Bean, asociados estrechamente con la marca; por ello decidió crear su usuaria típica: Kate, una señora de 32 años, madre de dos hijos, que vive en un área rural y realiza artesanía (parte de la identidad central de Bath and Body Works es «hecho a mano y simpático»). Graduada por la Miami University de Ohio, tiene un estilo de vida sano y atesora valores del Medio Oeste norteamericano. Kate adora la prueba y uso de Bath and Body Works. En otra compañía, Victoria's Secret, el fundador está representado en todas las tiendas por la simbólica figura de Vickie. La pregunta «¿Vickie haría esto?» conlleva un gran significado. Dicha personificación de la estrategia de marca contribuye al desarrollo de una mayor disciplina en la implementación estratégica. No sólo todos saben mejor qué es lo que deben hacer (y no hacer), sino que están más convencidos y dedicados como efecto carismático del símbolo del fundador.

Existen numerosas formas de personalizar la marca. Cuando el programa de fútbol de la Universidad de California en Berkeley tuvo a un jugador que representó todo aquello de la razón de ser, se le utilizó como papel modelo, guía del plan de reclutamiento futuro. Una marca también puede ser, personificada por un portavoz visible y vinculado a la marca durante años. Los ejemplos incluyen al mecánico de Maytag, Bill Cosby para Jell-O, Michael Jordan para Nike y Peter Lynch para Fidelity. También los recursos humanos pueden representar a la marca, como lo demuestra Saturn al presentar a los operarios de ensamblaje en sus anuncios para demostrar su compromiso de construir automóviles de clase mundial y trato considerado a los clientes.

La identificación de papeles modelos internos se inicia con lo que es visible. Los candidatos deben ser usualmente bien conocidos o notorios, especialmente a los veteranos de la organización. La dificultad en identificar papeles modelos, de hecho, podría ser una señal de apoderamiento inadecuado en la organización.

Papeles modelos externos

Aunque los papeles modelos internos pueden resultar extremadamente útiles y poderosos al estar ya sumergidos en el contexto de la marca, están limitados a lo que se haya hecho en la organización. Observar a docenas o cientos de organizaciones puede contribuir a identificar también papeles modelos con más impacto e imaginación.

Otras marcas poderosas, bien posicionadas en diversos sectores, pueden constituir papeles modelos y, como tales, resultar magníficas metáforas para la marca. La búsqueda de papeles modelos externos a la marca puede ser amplia: ¿Qué marcas admira? ¿Cuáles son las más próximas a la percepción deseada?

Un banco que ofrezca una amplia variedad de servicios suministrados de forma próxima y competente y que aspire a ser percibido como asesor de confianza puede observar como papel modelo a Home Depot. Estos almacenes ofrecen un amplio surtido, tienen una imagen accesible y amigable y suministran al cliente asistencia fiable y natural. Otro banco que aspire a comunicar a sus clientes su enfoque en equipos de trabajo para suministrar servicios financieros puede observar a Y&R que suministra servicios de comunicación utilizando equipos multifuncionales organizados según las necesidades de los clientes.

Cuando Tony Blair se convirtió en primer ministro del Reino Unido, conceptualizó a la «Nueva Bretaña» como una marca cuya identidad incluye elementos como apertura, Europa y tecnología, multiculturalismo y poder de la mujer[3]. El equipo de Blair también observó aquellas marcas que más representaban a la Nueva Bretaña. Las identidades de las marcas sobresalientes en esta escala (helados Häagen-Dazs, té Twinings, Hooch, sopa New Covent Garden, alimentos Linda McCartney, yogur Shape, y Phileas Fogg) no sólo clarificaron la marca Nueva Bretaña, sino suministraron dirección para promociones cruzadas de construcción de marca.

Una marca de artículos deportivos que aspire a ser próxima a con los entusiastas de la vida al aire libre puede observar productivamente a marcas como L.L. Bean o REI para obtener ideas de construcción de la marca. Un perfume que aspire a sofisticación puede observar a *Vogue* o Tiffany's como papel modelo. Una línea de yogur helado deseosa de posicionarse como saludable puede observar a clubes de gimnasia.

Luego de identificar a un papel modelo exterior el próximo paso es conocer lo máximo posible: ¿Por qué es un buen papel modelo? ¿Cómo ha desarrollado autenticidad y credibilidad? ¿Cuáles son sus historias y papeles modelos internos? ¿Sus puntos programáticos? ¿Qué tipo de cultura? ¿Hay algo que pueda aprenderse o emularse?

Otra vía es enfocar en alguno de los elementos de la identidad central de la marca (por ejemplo, liderazgo o relaciones) y luego identificar un grupo de marcas que también estén enfocadas en dimensiones similares. Estas marcas deberían provenir de una serie de clases de producto para generar el mayor espectro de interpretaciones de los elementos de la identidad central, así como posibles caminos para obtener los efectos deseados de imagen.

Ahora podríamos preguntarnos: ¿Cuáles de estas marcas son papeles modelos positivos? ¿Cuál representa la interpretación de los elementos de la identidad central que la marca aspira a alcanzar? ¿Cuál es la más efectiva en la comunicación de su identidad? Por ejemplo, innovación es un elemento central en la identidad de marca para 3M,

Kao, Sony, HP y Williams-Sonoma. ¿Qué pueden aprender estas marcas de los otros esfuerzos de identidad? Preguntas como éstas casi siempre provocan pensamientos e ideas frescas.

De la misma forma, ¿qué marcas no constituyen buenos papeles modelos, aunque enfaticen en los mismos elementos de identidad? ¿Por qué no? ¿Qué marcas son ineficientes en comunicar la imagen correcta y por qué? Determinar en qué perspectivas sobre dimensiones como liderazgo o innovación no encaja la marca contribuirá a higienizar la perspectiva correcta.

Límites

Es apropiado identificar no sólo los papeles modelos que estén próximos a los objetivos, sino también aquellos que definen los límites o fronteras de la identidad de marca. En una categoría dada de papel modelo, ¿qué objetos son «demasiados» y cuáles «escasos» con respecto a la personalidad de la marca? Por ejemplo, una marca de *snack* clarifica su identidad posicionando a otras marcas, a jugadores de baloncesto, sabores de helados y estrellas de cine con respecto a su identidad[4]. La tabla adjunta muestra los resultados.

Personalidad de la marca

	Insuficiente	Equilibrada	Demasiado
Bebidas refrescantes	Coke	Pepsi	Mountain Dew
Golosinas	M&M (tradicional)	M&M (almendras)	Skittles
Jugador de baloncesto	David Robinson	Michael Jordan	Dennis Rodman
Helados	Vainilla	Chocolate Chip	Chunky Monkey
Estrella de cine	Tom Hanks	Mel Gibson	Jim Carrey

En otro ejemplo, un grupo de directivos concluyó que su gran almacén necesitaba revitalizarse para competir con tiendas especializadas que estaban erosionando su mercado. Resultó claro que la imagen del gran almacén necesitaba de mayor energía y vitalidad. Se diseñaron una serie de planes para lograr la diferenciación, incluyendo una sección de deportes con énfasis en demostraciones, una sección de audio con demostraciones involucradoras y una sección de moda con despliegue de real buen gusto. Cuando la identidad incluyó dimensiones de energía y vitalidad, la pregunta fue ¿qué *nivel* de energía y vitalidad? Se concibió un espectro en donde las demás marcas detallistas fueron posicionadas (ver la siguiente tabla).

Experiencia en la tienda

Aburrida:	Subway, Staples, Costco, ALDI, Kmart, CVS
Placentera:	Macy's, Toys-R-Us, Pizza Hut, Ethan Allen, ShellShop, Benetton
Encantadora:	Saks, Wal-Mart, Foot Locker, McDonald's, Ikea, Hallmark
Maravillosa:	Nordstrom, Gap, Victoria's Secret, Hard Rock Café, Williams-Sonoma, Barnes & Noble
¡Guauu!:	NikeTown, Urban Outfitters, Starbucks, Crate & Barrel, Virgin Megastore, Harrod's

«¡Guauu!» puede ser un audaz e inspirador objetivo, pero no realista en el tiempo. La tienda tendrá que renovarse permanentemente para retener su etiqueta de «¡Guauu!». Por otro lado, «encantadora» no parece lo suficientemente ambiciosa. «Maravillosa» es más correcta. La conceptualización de la escala y el posicionamiento de papeles modelos produjeron que los directivos refinaran la ejecución de sus planes de identidad de la marca.

Autoridad

	Personal Comunicación bidireccional				Profesional Comunicación unidireccional		
Papel modelo	Compañero	Mentor	Maestro	Experto	Innovador	Institucional	Religioso
Ejemplos	Kate	Lynette Jennings	Bill Walsh	Martha Stewart	Steve Jobs	Alan Greenspan	El papa
Características	Válido Tratable	Aspiración Saber	Conocimiento Admiración	Capacidad Credibilidad	Visionario Innovación	Lógico Poderoso	Respeto Fuerza espiritual

Una marca de artículos de regalo, Red Envelope, incluye «autoritario» en sus elementos de identidad central. Para determinar exactamente el significado en este contexto de «autoritario», la consultora Prophet Brand utilizó una escala analítica de comunicación personal, comunicación bidireccional y comunicación profesional unidireccional. Se posicionaron siete papeles modelo a lo largo de la escala y se sugirieron características de cada uno. Como resultado, los conceptos de profundo, visionario, tratable y válido fueron seleccionados como representativos de deseo de postura autoritaria. Lo interesante es que no se agruparon en la escala.

Desarrollo de metáforas visuales

A la identidad central se la define verbalmente (pocas palabras o frases tratan de representar la razón de ser de la marca). Pueden considerarse las siguientes premisas, estructuradas por el prominente profesor de conducta del consumidor de Harvard, Gerald Zaltman, y basadas en su investigación en psicología y lingüística[5]:

—La mayoría de la comunicación (70 a 90% de todas las estimaciones) es no verbal. La imaginería visual ha demostrado ser, en una serie de contextos, mucho más poderosa que la comunicación verbal para afectar tanto a percepciones como a memoria.

—Las metáforas (explicación relacionada de algo en términos deducibles; por ejemplo: graciosa como un gato) son básicas para representar un pensamiento o idea. Los lingüistas han demostrado cómo las metáforas constituyen importantes herramientas de comunicación. Según Zaltman, «una implicación de esta premisa es que los métodos diseñados para ensalzar y analizar metáforas sistemáticamente aumentan el conocimiento obtenido de investigaciones con enfoques más literales».

Estas premisas sugieren que existen una serie de verdades científicas en el dicho o adagio «una imagen vale más que mil palabras». Por lo tanto, ¿por qué no intentar trasladar la identidad central verbal a metáforas visuales?

Supongamos que la identidad central de una compañía de servicios financieros es fortaleza. La metáfora visual potencial podría ser una viga de acero, una caja fuerte, las pirámides de Egipto o una fortaleza. A pesar de que todas ellas inspiran fuerza, algunas probablemente reflejarán mejor que otras la imagen deseada. A menudo, las metáforas visuales pueden revelar un espectro considerable detrás de lo que parece un concepto simple.

Una estrategia basada en una metáfora visual puede tremendamente comunicar la identidad central a los responsables de implementar la identidad de marca. Además, el proceso de trabajo con metáforas visuales posee el beneficio de lograr que los miembros del equipo piensen en lo que representa y no representa la marca.

IDENTIFICAR METÁFORAS RELEVANTES

El primer paso consiste en identificar metáforas visuales que o bien representen a la marca o a su identidad o bien representen lo opuesto. A los clientes, por ejemplo, puede solicitárseles que sugieran metáforas visuales representativas de elementos de identidad (amistad o liderazgo). Estas imágenes, obtenidas de publicaciones u otras fuentes, podrían involucrar una gran variedad de estímulos, incluyendo animales, revistas, personas, actividades o paisajes. Incluso, a los participantes pueden entregárseles cámaras fotográficas solicitándoles que hagan fotografías de imágenes que piensen son congruentes con la estrategia. Además, pueden coleccionar imágenes que signifiquen lo opuesto a la identidad central de la marca (lo más extravagante que puedan hallar).

Para obtener metáforas visuales sin participación de los clientes, pueden examinarse las marcas que posean imágenes próximas a las deseadas. ¿Qué elementos visuales se asocian con cada una de ellas? ¿Qué colores, imágenes, metáforas o sentimientos? El color oro es asociado con *premium* en la mayoría de categorías de producto. Gap usa el blanco directo en sus diseños e interiorismo para sugerir estilo contemporáneo y fresco. Eddie Bauer usa una serie de tonalidades terracota, con paisajes, nieve y movimiento para representar vida al aire libre.

Para sintetizar las numerosas metáforas visuales en un conjunto gestionable, éstas deben agruparse en juegos. Los elementos representativos de cada juego se ordenan según lo bien que representen los elementos de identidad.

ANÁLISIS DE METÁFORAS

El próximo paso consiste en analizar las imágenes que se han seleccionado. ¿Qué las acerca o aleja de la estrategia? ¿Cuáles son las características clave? El último objetivo no es tanto identificar una metáfora clave, sino más bien entender qué es lo que la hace apropiada o desapropiada para la estrategia y su comunicación.

Posicionamiento visual

La compañía de diseño SHR utiliza una metodología de posicionamiento visual para desarrollar e interpretar metáforas. Comienzan con un elemento clave de identidad central (fortaleza, afectuoso, liderazgo o rudeza) e identifican alrededor de una docena de imágenes relevantes al concepto, aunque con tópicos y tono diverso. Se realiza una investigación y a los participantes se les solicita que prioricen esas imágenes desde la más perfecta representación de la construcción objetivo hasta la inferior y luego deben explicar el orden seleccionado. Este ejercicio provee no sólo una visión enriquecedora de la construcción estratégica, sino un conjunto de estímulos visuales capaces de proveer dirección al posterior esfuerzo creativo. El mejor resultado, aunque inusual, es descubrir una metáfora visual que resulte propiedad de la marca.

Priorización de la identidad de marca

Al ser una descripción multidimensional, la identidad de marca puede ser compleja. La marca puede tener asociaciones que reflejen atributos del producto, dimensiones de personalidad, asociaciones organizativas, símbolos e imágenes de uso. ¿Cómo priorizar esta amplia descripción? Analicemos algunos conceptos.

La identidad central desempeña un relevante papel en el suministro de enfoque a la identidad de la marca, al igual que la esencia de la marca (palabra o frase que representa, prácticamente, la razón de ser de la marca). Otro enfoque de priorización, casi siempre útil, consiste en comparar la imagen con la identidad describiendo la capacidad de apalancamiento en cada dimensión.

APALANCAMIENTO FRENTE A CAMBIO DE ASOCIACIONES

Cada elemento de identidad debería compararse con la imagen actual y herencia de la marca para claramente especificar las tareas de comunicación. ¿Qué asociaciones necesitan modificarse o añadirse? Una decisión importante al fijar prioridades referidas a la identidad de marca es cómo apalancar las asociaciones propietarias (la imagen actual/herencia) o cómo trasladarse hacia la nueva estrategia modificando esas asociaciones.

Por ejemplo, consideremos a una compañía de suministro de servicios y tecnología para la exploración y extracción de petróleo, conocida como la mejor de su sector que siempre suministra innovación y solución de problemas. Una opción de comunicación es reflejar el rendimiento superior y los recursos humanos que lo hacen posible; la esencia de la marca como «Suministramos» o «Innovación y calidad» sonará verdadera y recordará a los suministradores de servicio con tradición de calidad. Supongamos ahora que en el futuro la compañía necesita ser más sinérgica, operando con grupos multifuncionales integrados por clientes y miembros de diferentes unidades de la compañía. ¿Debe la esencia de la marca reflejar el nuevo compromiso estratégico aunque la compañía no haya adquirido aún esta experiencia? En este caso, una esencia aspiracional como «El equipo de suministro» podría ser parte del plan de cambio cultural. En modo alguno una tarea fácil. Numerosas marcas con herencia fuerte (como Sears, John Deere, Oldsmobile, AT&T, Maytag, Merrill Lynch, L.L. Bean y Kodak) poseen asociaciones de confiabilidad, suministro de gran calidad y tecnológicamente sólidas aunque un poco pasadas de moda y burocráticas. La mayoría clasificaría estas asociaciones como sigue:

—Mantener: confiable, responsable, creíble, alta calidad y ética.
—Aumentar y apalancar: sólida tecnológicamente, conocedora y global.
—Reducir o eliminar: pasada de moda, lenta, precio alto y burocrática.
—Incorporar: contemporánea, dinámica e innovadora.

Desafortunadamente, pocas identidades de marca pueden alcanzar todos esos objetivos al mismo tiempo. ¿Qué asociaciones priorizar? Nuevamente, la decisión no es sencilla.

Decidir cómo apalancar asociaciones propietarias o desarrollar otras nuevas requiere dos aspectos. En primer lugar, ¿pueden las asociaciones propietarias ser congruentes en el actual escenario competitivo o es imperativo que otras asociaciones sean desarrolladas? En segundo lugar, ¿es posible diseñar una proposición convincente con asociaciones deseadas o la proposición carecerá de credibilidad y sustancia (con el consiguiente riesgo de dañar la asociación central)?

Construir sobre asociaciones propietarias significa reforzar y recordar a los clientes algo que ya conocen y en lo que creen (tarea relativamente fácil). Buscar un nuevo territorio para la marca es un trabajo algo más complejo y costoso. Apalancar asociaciones propietarias es el camino preferido, asumiendo que son efectivas. Si son fuertes pero algo cansadas y familiares, quizás necesiten ser refrescadas en mensaje y sustancia para suministrar una ventaja competitiva revitalizada. IBM, por ejemplo, usa la submarca e-negocios para producir una asociación que es de su propiedad, liderazgo tecnológico, más dinámica, relevante y contemporánea.

En algunos casos, las nuevas asociaciones pueden ser tan significativas y trascendentes para el futuro de la marca en el mercado que lograrlas se convierte en vital. Puede ser absolutamente necesario, por ejemplo, que el Bank of America sea percibido como más humano, TCI como más innovador tecnológico o J. Walter Thompson como más capaz de suministrar soluciones amplias de comunicación. Si fuera así, sería productivo enfatizar en asociaciones aspiracionales aun cuando la organización no pudiera todavía suministrarlas.

Enfocar en nuevas asociaciones exige tratar un aspecto de credibilidad. ¿Es posible crear la proposición en la forma convincente que merecen las nuevas asociaciones? La respuesta, parcialmente, dependerá de la sustancia. ¿Los planes y activos están en su sitio para apoyar la proposición? Si no fuera así, antes de trasladar la marca será prudente (incluso necesario) esperar hasta que los planes y resultados se materialicen. Mientras tanto, podrá desarrollarse un plan interno de comunicación de la marca basado en las nuevas asociaciones, luego introducir estas asociaciones en el programa de comunicación externo hasta que la sustancia logre su sitio y el plan de construcción interna de la marca fructifique.

Mediante estiramiento para incluir nuevas asociaciones, la marca por supuesto puede arriesgar su posicionamiento de imagen central. Lexus posee asociaciones de calidad, suave conducción y confort en sus modelos de automóviles, apoyadas por la proposición «Implacable búsqueda de la perfección». No obstante, la compañía cree haber perdido algo de energía y vitalidad en su marca. Por lo tanto, decidió aceptar el riesgo de trasladarse desde ese seguro escenario a otra dirección más moderna que sugiriera la experiencia de conducir como BMW y que fue apoyada por la proposición «Implacable búsqueda de estímulo». El ejercicio consistió en que la marca debía retener calidad y confort mientras estiraba el producto y la imagen y, por lo tanto, este estiramiento podía hacerse en forma creíble. Volvo realizó un movimiento análogo estirando su identidad de marca desde seguridad hacia algo más estilizado con el objetivo de hacer que la compra fuera aceptada por una audiencia mayor. La clave frecuentemente consiste en estirar sin perder de vista o ser inconsistente con la herencia de la imagen central.

La imagen interna de marca

La identidad de la marca necesita guiar también los esfuerzos internos de comunicación. Los recursos humanos y asociados deben jugar armónicamente. Si la identidad de la marca pierde consenso y claridad, será improbable su realización. Regis McKenna, asesor de márketing en Silicon Valley, analiza los tiempos críticos en la vida de Apple cuando se dudaba entre orientarla internamente al modelo Sony (vívida y divertida) o al modelo IBM (un socio serio para las organizaciones[6]). Es complejo construir una marca con semejante dicotomía sobre la mesa.

Para analizar, si la imagen interna necesita de apoyo, pueden considerarse los siguientes aspectos sugeridos por Lynn Upshaw, analista estratégico de publicidad en San Francisco. Interrogar a los recursos humanos y asociados en comunicación sobre dos cuestiones:

— ¿Conoce la razón de ser de la marca?
— ¿Le interesa?

Si se desea lograr la proposición de la marca, la respuesta a ambas preguntas debería ser positiva.

La comunicación interna debe adoptar alta prioridad para las nuevas asociaciones debido a que necesitan adecuarse internamente antes de convertirse en un factor externo. El desafío es comunicar, motivar e inspirar a los recursos humanos y asociados para que entiendan y se interesen por las nuevas asociaciones. La identidad de marca es la estrella guía y eliminar desde el inicio las percepciones internas que puedan desorientar a la estrategia debe constituirse en prioridad.

ENCONTRAR ASOCIACIONES QUE DIFERENCIEN Y RESUENEN

Los elementos de identidad también necesitan priorizarse con respecto a su capacidad de diferenciar la marca de sus competidoras y para que resuenen en los clientes. La decisión de construir sobre asociaciones existentes o moverlas a nuevas direcciones dependerá de qué nivel de apalancamiento producirá la respectiva dimensión de identidad sobre la creación de interés y fidelidad de clientes. Este apalancamiento, de hecho, depende de cuánto diferencia y resuena en los clientes. Priorizar cada dimensión de identidad sobre estos dos criterios es un ejercicio valioso.

Algunos elementos de identidad que son importantes impulsores de la estrategia de la marca pueden no resultar diferenciadores o relevantes para la decisión del cliente. Son el precio de entrada, características que se espera posean y suministren todas las marcas participantes. Por ejemplo, un nivel aceptable y consistente de calidad es absolutamente crítico, pero es algo que no necesariamente diferencia a la marca. La cuestión es identificar o crear asociaciones que diferencien y resuenen.

Diferenciación

Usando la base de datos de «Valoración de activo de la marca» de Young & Rubicam, que incluye a más de 13.000 marcas en 33 países y que cuantifica en 35 dimensiones, Stuart Agres (veterano de Y&R) argumenta persuasivamente que la diferenciación es clave para el poder de la marca[7]. Marcas de éxito como Kinko's, calzado Teva y Swatch puntúan con elevada diferenciación y relativamente bajas en relevancia (apropiación personal de la marca), estima (calidad percibida y popularidad), conocimiento (cuánto se conoce a la marca), y las marcas que fracasan o se deterioran es por pérdida de diferenciación. Algunas, incluso, pierden su estado de salud cuando la diferenciación disminuye (aunque sea elevado el valor de la estima y conocimiento). En síntesis, la diferenciación es el motor de la dinámica de la marca.

Dos marcas competidoras que compartan un elemento de identidad común pueden diferenciarse suministrando interpretaciones y asociaciones divergentes. Por ejemplo, las relaciones constituyen un elemento central de identidad que numerosas compañías de servicios financieros pueden adoptar. Una relación de marca podría basarse en ser amigo solícito, mientras que otra se basa en profesional competente. Por lo tanto, dos planes y personalidades de marca bien distintos pueden crecer con el mismo concepto.

Además, para ser capaz de crear puntos de diferenciación, la marca deberá tener propiedad sobre ellos en el tiempo. Será de escaso valor la diferenciación si no es sostenible. Cada dimensión debería, por lo tanto, ser evaluada en términos de diferenciación:

— ¿Puede la asociación suministrar un punto de diferenciación?
— ¿Puede esta asociación ser propiedad de la marca en el tiempo?

Resonancia en clientes

Una asociación que resuene en los clientes debido a que sea tanto relevante como significativa presenta un gran potencial para la construcción de la marca. Después de todo, la marca necesita suministrar una proposición de valor (beneficios funcionales, emocionales y/o de autoexpresión). Por lo tanto, una dimensión de identidad que suministre beneficios relevantes y significativos debe adquirir un papel central en la construcción de la marca. Spectracide (herbicida líder de Home Depot) y Gillette son marcas que poseen elevada resonancia debido a que su proposición de valor a clientes es relevante.

Por lo tanto, una segunda característica de alta prioridad para la dimensión de identidad es su capacidad de crear resonancia en los clientes:

— ¿Resuena esta asociación con los clientes?
— ¿Contribuirá suministrando beneficios funcionales, emocionales y/o de autoexpresión?

Diferenciación más resonancia

Las marcas poderosas suelen poseer diversas asociaciones elevadas tanto en diferenciación como en resonancia en clientes. La identidad de la marca Virgin (servicio innovador a clientes, desenfadada, divertida y oferta de valor real) es altamente diferenciadora y resuena en los clientes. Una asociación que sólo posee una de las dos propiedades puede resultar no tan poderosa. Por ejemplo, la proposición de Ford «La calidad es nuestro primer trabajo», importante asociación para los clientes, puede haber dejado de diferenciar a la marca, ya que otras han incrementado sus calidades significativamente. Por el contrario, un grupo musical excelente o una marca legendaria como Rolls-Royce pueden ser diferenciados aunque con baja relevancia. Cuando se prioriza la identidad de la marca, el objetivo es identificar asociaciones que tanto diferencien como resuenen en los clientes.

Presentar la identidad elaborada

Un aspecto clave en la implementación de la identidad de marca es comunicarla a los miembros de la organización y asociados. Para que esta comunicación sea efectiva, necesita crear exposición, provocar comprensión y resultar motivadora. Esta comunicación puede adoptar diversos formatos, incluyendo presentaciones de portavoces de la marca, grupos de trabajo, vídeos, libros o manuales.

Producción de vídeos

El vídeo es interesante para comunicar la identidad de marca. El equipo de márketing de The Limited, compañía con una docena de marcas de distribución detallista como The Limited, Victoria's Secret, Express, Bath and Body Works y Structure, comprendió que sus recursos humanos (y asociados) necesitaban desarrollar una comprensión más profunda de la identidad de marca de sus tiendas. Adecuadamente, se produjo un vídeo para cada marca sin diálogo, con música y una colección de representaciones visuales sobre la razón de ser de la marca. Los vídeos desempeñan un interesante papel para comunicar la marca a aquellos que la deben representar, particularmente a los nuevos vendedores.

Saturn produjo un vídeo de dos horas de duración sobre la identidad y herencia de su marca, con la intervención de su presidente, líder sindical, presidente de la agencia de publicidad, operarios de montaje e ingenieros que participaron en la fundación de la compañía para captar la filosofía de la marca («Una compañía diferente, una clase de automóvil diferente»). El esfuerzo de Saturn parece irónico, ya que la marca es tan joven que prácticamente no tiene historia y deberían ser las marcas de General Motors las que tuvieran que preocuparse porque sus grupos internos no conocieran su herencia y filosofía. El vídeo, no obstante, contribuye a que Saturn no padezca nunca este problema.

PRODUCIR UN LIBRO

Cuando Volvo decidió expandir su identidad de marca más allá de la seguridad de conducción y para la familia, produjo un libro de 20 páginas titulado «Comunicación de los automóviles Volvo: una de las mejores marcas del mundo». El objetivo del libro, más un suplemento de 30 páginas con definiciones y guías, fue elaborado para explicar la razón de ser de la marca y cómo debe comunicarse la identidad a las personas e instituciones involucradas con el proceso de comunicación.

El libro de Volvo comienza con una descripción de lo que la marca es en la actualidad, incluyendo su fuerte prestigio por seguridad, calidad y preocupación por el medio ambiente. Otra sección describe el mercado objetivo de «progresivos afluyentes» como modernos, bien educados, socialmente conscientes, cosmopolitas, activos y

Elemento de identidad de marca	Expresado por
Líder y seguridad	Reverencia/respeto por la vida/amor, preocupación por los demás, paz espiritual
Calidad de clase mundial	Autenticidad, integridad, autoestima
Entre los líderes de preocupación ambiental	Responsabilidad, preocupación por los demás, autoestima
Diseño atractivo y distinguido	Personalizado, sofisticación, gusto
Placer de conducir	Confort, control, libertad, disfrute
Placer de posesión	Paz espiritual, conveniencia
Maximización de valor percibido	Económico, satisfacción

con una fuerte necesidad de expresar individualismo, aunque indiferentes a los símbolos tradicionales de prestigio y estatus. Como indicador indirecto del deseo de cambio de identidad, no se incorporó una sola ilustración de familias. La tercera sección trata sobre las asociaciones que resultan del origen escandinavo de Volvo (naturaleza, valores humanos, seguridad y salud, elegancia natural, ingeniería creativa y el espíritu de funcionalidad estilista/innovadora).

Los siete elementos de la nueva identidad de marca se describen en el libro junto a una elaboración que demuestra cómo cada elemento es expresado.

La síntesis de la identidad de marca es:

«estilo, placer de conducir y gran experiencia por su posesión, al mismo tiempo que celebración de valores humanos y respeto por el medio ambiente».

¡Bien alejados de seguridad!

El libro también sugiere el tono que debe emplear la comunicación (denominado «el amor por la vida, humanidad, cordialidad, inteligencia y honestidad») como otro aspecto de la estrategia de Volvo para mover la aguja sobre el estilo, cordialidad y placer de conducir. El libro va más allá de comunicar el mensaje verbalmente; de hecho incluye tres docenas de ilustraciones (algunas espectaculares) que no incluyen automóviles.

PRODUCIR EL MANUAL DE LA MARCA

Algunas organizaciones producen un manual detallado que indica exactamente cómo comunicar la marca en el mercado internacional. Una marca ha creado un manual de 350 páginas con guías detalladas de comunicación, incluyendo especificaciones para audiencias objetivo, identidad de marca, identidad central, esencia de la marca, elaboración de identidad y usos para la reproducción de logos y otros símbolos (colores de tintas, formato, etc.). Los anuncios a usar y los que deben evitarse también se explican en su contexto. Con respecto a la construcción de la marca global se identifican tres categorías de enfoques, vinculadas a la autonomía del responsable de cada país:

—directriz no negociable (presentación de logo-sin autonomía);
—directriz negociable (implementación publicitaria local-algo de autonomía);

—autoridad local (desarrollo de promociones bajo ciertos parámetros-autonomía considerable).

Un manual de este tipo suministra las guías completas para la gestión de la marca en el mundo. Necesita, no obstante, convertirse en un proceso de trabajo continuo (el director internacional o global debe actualizar constantemente a medida que evolucione el mercado y se dejen de cubrir las mejores prácticas). Más aún, si la marca no encuentra una estrategia que realmente funcione, el manual debe ser menos explícito. Sólo cuando una marca se haya coronado con una identidad, posicionamiento y ejecución de éxito tendrá sentido que el manual sea muy detallado, ya que suministrará la historia institucional y la disciplina necesaria para mantener a la identidad de marca consistente en el tiempo.

PRESERVAR HISTORIAS

Las historias constituyen magníficas formas de comunicar vivamente la identidad y herencia de la marca. Muchas son fuentes de leyendas y han pasado, mientras que otras se pierden para la posteridad a menos que la organización las preserve activamente. PriceWaterhouseCoopers ha desarrollado un formato digital de presentación de historias basado en alrededor de 70 vídeos breves obtenidos de películas, fotos y vídeos[8]. Un presentador, sobre esta base de información, explica historias que reflejan la identidad de la marca en forma entretenida.

MATERIALES DE ESTUDIO EN EL HOGAR

Berendsen es una compañía de Dinamarca que ha comprado docenas de pequeñas operaciones de lavandería y está creando una organización que suministrará no sólo servicios de lavandería sino acopio y distribución de artículos textiles. El concepto del negocio requiere que los recursos humanos comprendan la nueva identidad de marca, proposición de valor y relaciones con los clientes. Para ello, Berendsen ha creado un programa de estudio en el hogar de cuatro semanas mediante el cual los participantes reciben materiales de estudios simples que incluyen texto e ilustraciones. Cada semana los empleados deben estudiar el material para luego participar en evaluaciones que califican para reconocimientos. El programa ha permitido a Berendsen vincularse con todos los integrantes de la organización a la vez que involucrarlos en la nueva marca.

Revisión de identidad de la marca

Para que pueda ser comunicada efectivamente, la identidad de la marca debe ser fuerte, memorable, enfocada y motivadora. Una descripción excesivamente tersa puede producir ambigüedad y arriesgar que la identidad no cumpla el papel de guía que debiera. Además, pasar directamente de la creación de identidad a su comunicación puede producir un programa desenfocado estratégicamente, sin un vínculo real con la identidad. Extendiendo y elaborando la identidad, una organización puede suministrar la riqueza y textura necesaria que guiará efectiva y consistentemente los planes de comunicación.

PREGUNTAS PARA EL ANÁLISIS

1. Piense en una marca con identidad bien definida. Analice su identidad, usando cada uno de los enfoques presentados. ¿Cuál es el más apropiado?
2. Haga lo mismo con su marca.
3. Analice un elemento de identidad como confianza. Identifique papeles modelos y metáforas visuales. Agrúpelos en juegos e interprete los resultados.
4. Diseñe una presentación de elaboración de identidad de marca.

Parte III

Arquitectura de la marca: claridad, sinergia y apalancamiento

Capítulo 4

Espectro relacional de la marca

> *Cuando todos entonan la misma nota, no hay armonía.*
> Doug Floyd
>
> *Cuanto más alto el edificio, más profundos los cimientos que hay que construir.*
> Thomas Kempis, monje agustino del siglo XV

Historia de los electrodomésticos de General Electric

Numerosas marcas reconocidas y primadas se enfrentan a sobrecapacidad e incremento del poder en el canal de distribución, provocándoles deterioro de márgenes comerciales y mayor presión sobre la cuota de mercado. La mayor hostilidad del mercado origina uno de los más complejos desafíos de arquitectura de la marca (cómo extender marcas verticalmente, tanto en el segmento primado como en el orientado al valor). Un análisis de la estrategia de marca de GE Appliances suministra claridad sobre estos aspectos útiles para la introducción de submarcas en determinados contextos.

Típicamente y a medida que el mercado primado se convierte en maduro, emerge un segmento superprimado de atractivo crecimiento. Este segmento disfruta de mayores márgenes e inyecta interés y vitalidad del producto a una categoría cansada. Cerveza artesanal, café de mezcla especial, agua mineral de lujo, automóviles de prestigio y revistas especializadas representan nichos atractivos de menor sensibilidad al precio que sus propios mercados generales. Algunas marcas primadas suelen tener conflictos para diferenciarse y para comunicar con credibilidad un mensaje superior a su segmento.

Cuando GE se enfrentó a esta situación en el competitivo mercado primado de electrodomésticos, consideró diversas opciones para ingresar en el segmento superprimado y captar ingresos marginales. La creación de una nueva marca (como hizo Toyota con Lexus) no resultaba posible debido a que las inversiones requeridas no podían justificarse en ese contexto de mercado. Otra opción, estirar hacia arriba la marca GE (por ejemplo, con el «modelo 800c»), no suministraba ni la distinción ni el impacto necesarios. Por el contrario, GE decidió apalancar su propia marca introduciendo dos submarcas de electrodomésticos: línea GE Profile (posicionada por encima de la línea primada GE Appliance) y la línea de diseño GE Monogram (orientada al mercado de arquitectos y diseñadores).

Una organización que use una submarca para trasladarse hacia arriba corre el riesgo de que la marca madre pierda credibilidad y el prestigio necesario para competir en el mercado superprimado. De hecho, la línea Monogram de GE no tuvo el resultado esperado en el inicio al estirar demasiado la marca GE. No obstante, la línea Profile fue bien recibida por el segmento.

Tres factores explican el rendimiento superior de la marca GE Profile. En primer lugar, la nueva línea mejoró la otra existente y familiar, más que tratar de simbolizar prestigio. Posicionándola alejadamente de sus marcas, GE redujo el problema de credibilidad. En segundo lugar, la línea GE Profile resultó visiblemente diferente de la línea primada GE Appliance, con mejores componentes y atributos y diferente diseño, estilo y sentimiento. Si el producto es más difícil de ser diferenciado (películas fotográficas, fertilizantes o aceite de motor), la estrategia de submarca resultará más compleja de implementar. En tercer lugar, los mercados distintivos para las tres líneas de GE redujeron la potencial confusión en los segmentos no interesantes. Por ejemplo, la línea GE Profile, sustancialmente superior en precios y distribución, resultó menos visible a la generalidad del mercado.

Al mismo tiempo que GE decidió trasladarse hacia arriba en el mercado de electrodomésticos, tuvo también que moverse hacia abajo. El crecimiento de detallistas agresivos orientados al valor como Circuit City provocó que GE tuviera que ingresar también en ese segmento. El uso de la marca GE en el mercado de valor, incluso con una submarca o una marca respaldada, presentaba el riesgo de canibalización (atrayendo a clientes de la línea primada GE Appliance a una alternativa más económica) y de daño de imagen. Pareció prudente crear una nueva marca para ese segmento orientado al valor que evitase los riesgos. Debido a que la similitud de precios es crucial en esas circunstancias y a que los márgenes son reducidos una nueva marca no puede obtener un presupuesto suficiente para su creación. Por lo tanto, establecer una nueva marca es mucho más difícil en contextos de segmentos orientados al valor que en el mercado superprimado.

GE condujo la situación usando marcas compradas en el pasado. Por ejemplo, GE había adquirido la marca superprimada de electrodomésticos Hotpoint, caracterizada por un valor sustancial. Reposicionarla como línea secundaria y orientada al valor suministró la entrada necesaria en el mercado sin arriesgar a la marca GE. Al hacerlo, la calidad percibida de Hotpoint disminuyó, provocando que su adscripción al estatus primado sólo pudiera recuperarse en el futuro. A pesar de ello, su introducción en el segmento de valor produjo una línea muy completa de electrodomésticos para GE. El caso de Hotpoint ilustra lo valioso de utilizar marcas establecidas para acceder al segmento de valor, sean propias, compradas o «alquiladas».

Para crear otra marca posicionada en precio inferior a Hotpoint, GE, nuevamente para combatir en los lineales, utilizó a RCA, otra marca comprada (gran nombre en el sector del entretenimiento y de baja credibilidad en electrodomésticos). Arriesgar por competir en precios tratando de dañar a RCA en otro mercado constituyó una acción cuestionable. Quizás afortunadamente, el mercado y el volumen resultaron reducidos. GE por último discontinuó la línea RCA.

Marca		Mercado objetivo
GE Monogram	Monogram	Diseñadores/arquitectos
GE Profile	Profile	Superior, ingresos altos
GE Appliances	GE Appliances	Masivo-orientados a la calidad
Hotpoint	HOTPOINT	Masivo-orientados al precio

FIGURA 4.1
Arquitectura vertical de las marcas GE de electrodomésticos

La línea de electrodomésticos de GE logró una cobertura en cuatro niveles incorporando dos submarcas y otra distintiva, según se muestra en la figura 4.1.

La historia de Marriott

La marca Marriott se inició con una sólida franquicia en el mercado hotelero del centro de la ciudad. Luego fue extendida horizontalmente para crear Hoteles Marriott, Resorts & Suites y Marriott Residence Inns. La organización de Marriott atravesó por las mismas circunstancias de extensión vertical que GE. La estrategia resultante, muy similar a la de GE, suministra ideas adicionales al estiramiento vertical de la marca.

Marriott, como marca primada, no participa en el mercado superior del sector hotelero. Debido a que el segmento superprimado demanda prestigio y beneficios de autoexpresión, hubiera resultado muy difícil trasladar la marca Marriott a esa posición. Un caso interesante es Crowne Plaza, marca inicialmente respaldada por Holiday Inn, que fracasó al intentar evitar trasladar sus asociaciones de posición en el mercado de bajo precio, lo que obligó a discontinuar el respaldo después de varios años de intentos fallidos.

Más aún, si Marriott hubiera tenido éxito en su posicionamiento superior de mercado, las expectativas de precio de su cadena de hoteles se habrían también afectado y su segmento actual podría haberse inhibido de considerar a los Hoteles Marriott. Por lo tanto, se decidió un movimiento hacia el segmento de lujo mediante la compra de Ritz-Carlton sin tener necesidad de asociar esta marca de prestigio con Marriott, aunque ello hubiera contribuido a que la marca creara sinergias operativas.

A inicios de la década de 1980, Marriott se enfrentó a la necesidad de expandir su presencia con nuevas marcas para atraer a viajeros más conscientes y orientados al precio. El tamaño y crecimiento de ese segmento erosionó al mercado primado en donde Marriott estaba posicionada. Debido a que el mercado orientado al valor era atractivo y a que una línea de productos más completa suministraría sinergias operativas con respecto a reservas y sistemas de reconocimientos, ingresar en él con éxito se convirtió en una necesidad estratégica para la organización de Marriott.

La alternativa preferida hubiera sido ingresar en el mercado de valor creando una nueva marca o comprando otra existente al estilo de GE. No obstante, las marcas disponibles eran una mezcolanza con falta de consistencia y definición. Crear una nueva marca hubiera resultado algo extremadamente difícil y costoso debido al desorden existente en ese mercado. Con considerable arrojo, Marriott decidió apalancar la marca Marriott respaldando dos nuevas marcas de valor, Courtyard y Fairfield Inn (la arquitectura resultante se presenta en la figura 4.2).

FIGURA 4.2
Arquitectura parcial de la marca Marriott

Luego de una amplia investigación sobre deseos y necesidades de los viajeros de negocios, se introdujo Courtyard en 1983 como hotel para este segmento y caracterizado por limitadas instalaciones de restaurante y localizado en los suburbios. El concepto Courtyard fue seguido en 1987 por Fairfield Inn, hotel para la familia compitiendo en valor y localizado también en áreas suburbanas fácilmente accesibles por autopistas. El respaldo de estas dos marcas orientadas al valor empañó a la marca Marriott, aunque existen numerosas fuerzas que influencian a la marca y es complejo aislar el impacto del respaldo en sí mismo. Por el contrario, el valor del respaldo de Marriott a Courtyard y Fairfield Inn es significativo. Promotores, operadores de hotel y comunidades recibieron muy favorablemente las propuestas de estas marcas al reconocer que Marriott estaba detrás del concepto. Más aún, la costosa y compleja tarea de atraer a nuevos viajeros a probar el hotel se redujo debido a que el nombre Marriott disminuyó el riesgo de la marca desconocida.

Tres factores minimizaron el daño a la marca Marriott por el respaldo a las marcas orientadas al segmento inferior. En primer lugar, en cada caso el respaldo ofrecido era distinto al de los hoteles buques insignias de Marriott permitiendo que las expectativas se gestionaran mediante diferentes localizaciones, entretenimientos, estilos y sentimientos. En segundo lugar, existen dos marcas Marriott: Hoteles Marriott y la organización Marriott. El respaldo claramente indica que la organización Marriott (no los hoteles primados) está detrás de Courtyard y Fairfield Inn. En tercer lugar, los elementos de identidad central de consistencia y amistad funcionan en todos los mercados y suministran un puente entre marcas.

Diseñar la arquitectura de la marca: respaldadoras y submarcas

La arquitectura de la marca organiza y estructura la cartera de marcas especificando los papeles y la naturaleza de las relaciones entre marcas (por ejemplo, Citibank y MasterCard) y entre diferentes productos-mercados (por ejemplo, entre camiones y automóviles Ford). Una arquitectura de la marca bien concebida y gestionada puede producir claridad, sinergia y apalancamiento de la marca evitando un enfoque difuso, confusión en el mercado y pérdida de construcción virtuosa de la marca. En el capítulo 5 se define, ilustra, analiza y aplica la arquitectura de la marca.

El objetivo de este capítulo es centrarse en las relaciones entre marcas (bloque clave para el diseño arquitectónico de la marca) y en el papel que las respaldadoras y submarcas desempeñan en la definición de esas relaciones. ¿Cuál es la relación entre Courtyard y Marriott o entre GE y la marca Profile y entre GE y NBC (compañía en propiedad de GE)? Se inicia el análisis presentando formalmente a las respaldadoras, submarcas y el concepto central de su papel conductor.

RESPALDADORAS

El respaldo de una marca establecida otorga credibilidad y sustancia a la oferta. En el ejemplo anterior, Marriott es una respaldadora de Courtyard de Marriott. Básicamente este respaldo significa que la organización Marriott afirma que Courtyard suministrará la promesa de la marca (diferente de la de Hoteles Marriott). Las marcas respaldadoras generalmente representan a la organización más que a productos, ya que asociaciones como innovación, liderazgo y confiabilidad resultan relevantes en contextos de respaldo. No obstante, debido a que las respaldadoras suelen resultar un tanto aisladas de las marcas a las que apoyan, estas asociaciones pueden no estar afectadas por el rendimiento de la marca respaldada.

SUBMARCAS

Las submarcas están conectadas a la marca madre (madre, paraguas o grupo), por lo que aumentan o modifican las asociaciones de ella. La marca madre constituye el marco primario de referencia, que se amplía por las asociaciones que incorporan las submarcas (por ejemplo, Walkman de Sony), la personalidad de marca (Miata de Mazda o Scenic de Renault) e incluso energía (Nike Air Force). Un papel común de la submarca es extender la marca madre a un segmento nuevo y significativo (por ejemplo, Ocean Spray Craisins amplía Ocean Spray de zumos de fruta a *snacks*. Muesly de Hero amplía Hero de mermeladas de fruta a barritas de cereales).

Las submarcas descriptivas (también conocidas como descriptoras) simplemente explican la oferta. En la marca GE Appliances, la marca «Appliances» (electrodomésticos) es descriptora; es una marca, aunque con responsabilidad muy limitada. El mismo ejemplo surge de considerar a Fisher-Price All-In-One Kitchen Center, donde la submarca «All-In-One Kitchen Center» simplemente describe la oferta.

PAPELES CONDUCTORES

El papel conductor refleja el nivel por el cual la marca conduce la decisión de compra y experiencia de uso. Cuando una persona es interrogada sobre qué marca compra (o usa), normalmente la respuesta se referirá a aquella que posee responsabilidad en el papel conductor para la decisión. Las submarcas respaldadas y descriptivas potencialmente pueden tener una responsabilidad conductora, aunque inferior en algunos contextos. ThinkPad, por ejemplo, es la conductora para el ordenador IBM ThinkPad; las investigaciones indican que sus usuarios verbalizan la posesión de un ThinkPad más que de un IBM. De la misma forma, los compradores de Hershey's Sweet Escapes dirán que tienen (o que han comprado) una barra de chocolate Sweet Escapes más que Hershey (que se relega a un papel conductor inferior). Courtyard es el conductor de la oferta de Courtyard de Marriott debido a que sus asociaciones formaron las influencias primarias para la selección del hotel (además de aumentar la experiencia de uso incorporando riqueza y contenido emocional y de autoexpresión).

Las submarcas y respaldadoras constituyen las más importantes variables relacionales, debido a que fundamentalmente hacen valer la naturaleza del *contexto relacional producto-mercado* entre dos marcas. El uso de estos constructores es muy interesante, ya que en ciertos contextos suministran herramientas para:

—reconocer necesidades estratégicas conflictivas de marca;
—conservar, en parte, recursos para la construcción de marca apalancando activos de marca existentes;
—proteger a la marca de diluirse por sobreestiramiento;
—señalar que la oferta es nueva y diferente.

Sin estas herramientas, la alternativa de una nueva oferta será limitada especialmente para construir una nueva marca (proposición cara y compleja) o extender una existente (arriesgando disolución de imagen).

En especial este capítulo se dedica al análisis del espectro relacional, herramienta útil para comprender y seleccionar papeles en contextos de producto mercado. El próximo capítulo se centra en el desafío que presenta la arquitectura de la marca e introduce su auditoría.

Vincular marcas: espectro relacional de la marca

El espectro relacional de la marca, presentado en la figura 4.3, contribuye a la opción posicional de papeles en contextos diversos producto-mercado. Se asume que estas opciones definen un continuo que involucra cuatro estrategias básicas y nueve subestrategias. Las cuatro estrategias básicas son:

—casa de marcas,
—marcas respaldadas,
—submarcas debajo de la marca madre,
—casa con marcas.

El posicionamiento de cada estrategia en el espectro de la figura 4.3 refleja el nivel al cual las marcas (por ejemplo, la marca madre y la submarca o la marca respaldadora y la respaldada) se diferencian o separan en la estrategia de ejecución y, por último, en la mente del cliente. La máxima separación en el espectro ocurre en la casa de marcas, donde las marcas se mantienen a sí mismas (por ejemplo, GE y Hotpoint). En el extremo opuesto se manifiesta una relación entre la

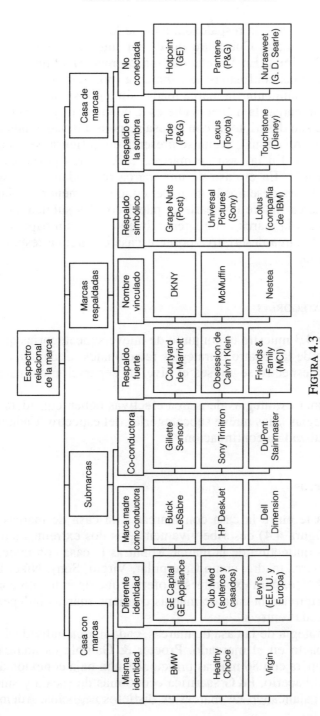

FIGURA 4.3
Espectro relacional de la marca

marca respaldadora y la respaldada, aunque las marcas están muy separadas (por ejemplo, Courtyard puede ser muy diferente de su respaldadora Marriott). En la relación marca madre/submarca las relaciones están más confinadas; la submarca (por ejemplo GE Profile) puede refinar y aumentar la marca madre sin alejarse de su identidad. En la casa con marcas la marca madre es la conductora y las submarcas generalmente son descriptoras con escasa responsabilidad conductora.

El espectro relacional, según se presenta en la figura, se vincula al papel conductor. En la casa de marcas, cada marca posee su papel conductor propio. En el caso de una marca respaldada, la respaldadora generalmente desempeña un papel conductor menor. En las submarcas, la marca madre comparte el papel con las submarcas. En la casa con marcas la marca madre generalmente tiene un papel conductor y cada submarca descriptiva posee escasa o ninguna responsabilidad conductora.

Nueve subcategorías

La figura 4.3 muestra el conjunto de nueve subcategorías que subyacen debajo de las cuatro estrategias relacionales. Cada una es posicionada en el espectro según sea el nivel de separación de marca que implique.

Para diseñar estrategias de marca efectivas deben considerarse las cuatro estrategias y las nueve subcategorías del espectro. Cada una de ellas será analizada a continuación.

Casa de marcas

El contraste entre la casa con marcas y la casa de marcas (ilustrado en la figura 4.4) describe vivamente los dos extremos alternativos para la arquitectura de la marca. Mientras la casa con marcas usa una simple marca madre, como Caterpillar, Virgin, Sony, Nike, Kodak o Healthy Choice, para expandir sus ofertas que operan sólo con submarcas descriptivas, la casa de marcas contiene marcas independientes no conectadas entre sí.

En la estrategia de la casa de marcas, cada marca individual maximiza su impacto en el mercado. Procter & Gamble es una casa de marcas que opera con 80 marcas principales con baja conexión a P&G y entre sí. Al hacerlo, P&G sacrifica economías de escala y sinergias que surgen apalancando las marcas en distintos negocios. Además estas marcas no pueden absorber inversiones por sí mismas (especialmente las situadas terceras o cuartas en sus categorías), arriesgando estancamiento y declive; P&G sacrifica el apalancamiento, ya que las marcas individuales tienen un estrecho margen de maniobra.

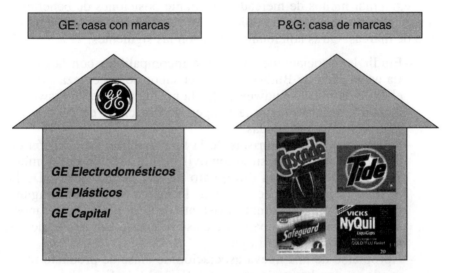

FIGURA 4.4
Casa con marcas *versus* casa de marcas

No obstante, la estrategia casa de marcas de P&G permite clarificar el posicionamiento de las marcas y de sus beneficios funcionales y dominar el segmento objetivo. No deben realizarse compromisos en el posicionamiento de una marca determinada para ajustar su uso en otros contextos de productos-mercados. La marca se conecta directamente a su nicho de clientes con una proposición de valor a la medida.

La estrategia de marca de P&G en la categoría de cuidado del cabello ilustra cómo funciona la casa de marcas. Head & Shoulders domina la categoría de champú anticaspa. Pert Plus, pionera en su categoría, segmenta su mercado combinando el producto como acondicionador y champú. Pantene («Para cabellos tan sanos que brillan») es una marca con herencia tecnológica que se enfoca en el segmento preocupado por mejorar la vitalidad del cabello. El impacto total de estas tres marcas sería inferior si, en lugar de ser distintivas, se restringieran a una sola marca o, incluso, si recibieran el nombre de P&G Dandruff Control, P&G Conditioning Shampoo y P&G Healthy Hair. Los detergentes P&G se posicionan bien, igualmente para servir a nichos de mercados: Tide (trabajo de limpieza dura), Cheer (toda temperatura), Bold (para ropa suave) y Dash (concentrado) se caracterizan por proposiciones de valor singulares que no podrían obtenerse por una sola marca de detergentes de P&G.

Segmentar nichos de mercados mediante posiciones de beneficios funcionales no constituye la única razón para utilizar la estrategia de casa de marcas. Otras adicionales incluyen las siguientes:

—Eludir las asociaciones de marca incompatibles con la oferta. La asociación de Budweiser con el sabor de la cerveza evitaría el éxito de la cola Budweiser. De la misma manera, Volkswagen afectaría negativamente la imagen de Porsche y de Audi si las marcas fueran vinculadas.

—Señalar ventajas rupturistas de la nueva oferta. La decisión de Toyota de introducir su automóvil de lujo debajo del nombre separado de Lexus la diferenció de sus predecesoras. De la misma forma, GM decidió crear la marca Saturn sin ninguna conexión a ningún nombre existente de GM, por lo que el mensaje de Saturn («Compañía de clase diferente, automóvil de estilo diferente») no se diluyó.

—Apropiarse de una nueva asociación de clase de producto utilizando un nombre poderoso que refleje el beneficio clave, como pasta dental Gleem o cepillo de dientes Reach.

—Evitar o minimizar el conflicto con el canal. L'Oréal reserva la marca Lancôme para grandes almacenes y tiendas especializadas que no aceptarían marcas distribuidas en droguerías o tiendas de descuento. Cuando las marcas no conectadas se comercializan a través de canales competitivos, el conflicto normalmente no emerge.

La subcategoría de marcas no conectadas representa la estrategia más extrema de la casa de marcas al maximizar la separación entre marcas. Pocos conocen, por ejemplo, que Head & Shoulders y Pantene son producidas por la misma compañía.

Respaldo en la sombra

Una respaldadora en la sombra no se conecta visiblemente a la marca respaldada, aunque numerosos consumidores conocen el vínculo. Esta subcategoría en la estrategia de casa de marcas provee algunas ventajas de tener una organización conocida detrás de la marca, mientras minimiza cualquier contaminación en las asociaciones. El hecho de que el vínculo de las marcas no sea visible genera juicios para cada una, incluso cuando el vínculo sea descubierto. Indica que la organización asume que la marca respaldada en la sombra representa a un producto y a un segemento de mercado totalmente diferentes.

Un buen ejemplo de marca sombra es Lettuce Entertain You, cadena de restaurantes de Chicago, que ha desarrollado 39 restaurantes desde la aparición de R. J. Grunts en 1971. Cada restaurante tiene su propia imagen, personalidad, estilo y nombre de marca. Desde Shaw's Crab House hasta Tucci Benucch o desde Brasserie Joe's hasta The Mity Nice Diner, cada uno es singular y de éxito. Muchos están de moda, el último restaurante es un espaldarazo.

Debido a que la marca madre o paraguas, Lettuce Entertain You, no fue incluida inicialmente en ninguna señalización interna o externa del restaurante, no resultó una respaldadora en el sentido normal. Los clientes deben descubrir por sí mismos el respaldo en la sombra, lo que, en este caso, aumenta su impacto. Saber sobre la marca sombra implica cierto conocimiento intrigante que se añade a la mística. El vehículo de comunicación para los primeros 25 años operativos del grupo fue principalmente la recomendación verbal impulsada por un esfuerzo agresivo de relaciones públicas. Debido a que el respaldo de Lettuce Entertain You se mantenía en la sombra, se eliminó el estigma de ser parte de la cadena. No hubo una marca organizativa, como Marriott o Westin, emitiendo asociaciones a los clientes.

Sin embargo, en la actualidad aún existen clientes que saben cuándo entran en un restaurante Lettuce Entertain You. A mediados de la década de 1990, el grupo condujo una investigación sobre cenas en sus restaurantes de Chicago y descubrió que la marca Lettuce Entertain You poseía un gran valor en términos de reconocimiento, fidelidad y calidad percibida. Como resultado, se sacó a la marca de la sombra desarrollando una campaña de publicidad gráfica y en radio, estableciendo un programa de fidelidad de clientes y desplegando tarjetones en cada restaurante que representaban el concepto de la cadena. Los restaurantes mantienen su individualidad, aunque disfrutan de un fuerte respaldo.

Lexus constituye otro ejemplo de cómo una marca sombra puede ser útil. Los que saben que Toyota produce el Lexus obtienen reaseguro, ya que conocen el poder financiero de Toyota y este prestigio apoya al Lexus. No obstante, Lexus también suministra beneficios de autoexpresión que disminuirían por una conexión visible con Toyota. La ausencia de este tipo de conexión hace que Lexus y Toyota sean muy distintas; significa también que no hay recordatorio sobre la conexión. Sin recordación, la conexión es menos probable que tenga impacto sobre la marca respaldada.

Otros ejemplos de marca sombra son DeWalt (Black & Decker), Mates/Storm (Virgin), Banana Republic/Old Navy (Gap), Saturn (GM), Dockers (Levi Strauss), Mountain Dew (Pepsi) y Touchstone (Disney). Cada una de estas marcas respaldadoras en la sombra reciben un impacto mínimo en su imagen, pero suministran credibilidad y seguridad a algunos clientes. Su valor incluso puede ser significativo entre los no consumidores que resultan relevantes en otros aspectos. Por ejemplo, los conserjes de los mejores hoteles de Chicago, a los que se solicita la recomendación de restaurantes interesantes, son más propicios a informar sobre Lettuce Entertain You debido al respaldo en la sombra. En el caso de Touchstone de Disney, contribuye a atraer mejores guiones, y Mountain Dew obtiene más atención de los distribuidores debido al respaldo en la sombra de Pepsi.

Marcas respaldadas

La estrategia de la casa de marcas produce independencia de las marcas. Las marcas respaldadas (como Courtyard o Fairfield Inn) son independientes, aunque apoyadas por una marca organizativa (Marriott). A pesar de ello, un respaldo puede contribuir a modificar la imagen de la marca respaldada, ya que su papel primario es suministrar credibilidad y seguridad a los clientes de la marca respaldada.

La marca respaldadora usualmente tiene el simple papel de espejo. Por ejemplo, la marca de medias femeninas Hanes respalda la colección Revitalize, línea diseñada para promover la belleza de las piernas. La marca conductora es claramente Revitalize, debido a que las clientas sienten que compran y usan Revitalize, no Hanes. Como marca respaldadora, Hanes otorga la seguridad de que Revitalize cumplirá su promesa de calidad y rendimiento.

La respaldadora, incluso, puede afectar las percepciones de la marca respaldada. Aunque se compre y use Obsession, el respaldo de Calvin Klein otorga a los consumidores pretexto para comprar algo que puede ser otra cosa, con sus propios méritos, bien unida. El respaldo es como un guiño al consumidor, le indica que el nombre es un juego, algo de autoexpresión.

¿Los respaldos producen efecto diferencial? Un estudio sobre marcas de confitería realizado en Gran Bretaña suministra evidencia empírica sobre los beneficios del respaldo de marca[1]. El estudio se refiere a la valoración de clientes sobre nueve ofertas, cada una de las cuales ha sido respaldada por seis marcas (Cadbury, Mars, Nestlé, Terry's, Walls y una marca de control sin respaldo). Los resultados obtenidos demuestran que todos los respaldos organizativos incorporan significativamente mayor valor que la de control, incluso para Walls, marca de helados cuyas asociaciones pertenecen a una categoría diferente. Cadbury, que recibió las mayores puntuaciones, consistentemente ha respaldado a una serie de productos líderes de confitería. En segundo lugar se situó Mars (que respalda sólo a una limitada serie de marcas de confitería) y en tercer lugar Nestlé (que respalda una gran cantidad de productos). El estudio concluye que el respaldo es útil y que el mejor proviene de una organización con credibilidad en su clase de productos.

Para que la estrategia de respaldo funcione, se requiere comprender el papel de la marca organizativa. Es el caso de la marca Hobart, considerada la Mercedes Benz de las mezcladoras industriales utilizadas por grandes restaurantes y pastelerías. La compra de Hobart provee beneficios de autoexpresión significativos a los chefs que sólo prefieren las mejores marcas en su cocina. Respondiendo a un valioso mercado emergente servido por proveedores extranjeros, Hobart introdujo la marca Medalist con un respaldo minimalista. Lo interesante es que en la actualidad conviven en el mercado dos marcas Hobart (la *marca de producto* Hobart y la *marca organizativa* Hobart como respaldadora de la marca Medalist).

Debido a que la marca de producto es distinta de la marca organizativa, la integridad y los beneficios de autoexpresión de la marca de productos Hobart se mantienen. La marca organizativa Hobart, al mismo tiempo, se ha convertido en una parte importante de la arquitectura de la marca y necesita ser activamente gestionada. Particularmente, la marca organizativa Hobart tendrá su propia identidad y conjunto de asociaciones organizativas que desarrollar y mantener. Es necesario aclarar que la respaldadora es una marca organizativa representada por «de Hobart» o por «una compañía de Hobart». Esto no es siempre necesario, ya que el papel de la respaldadora *per se* tiene connotaciones de marca organizativa.

Otra motivación para respaldar una marca es aportar asociaciones útiles a la respaldadora. Por ejemplo, un nuevo producto de éxito, enérgico o un líder establecido en el mercado puede beneficiar a la respaldadora. Cuando Nestlé compró Kit-Kat, marca líder de chocolates en Gran Bretaña, se creó un fuerte respaldo por parte de Nestlé. El objetivo fue no tanto ayudar a Kit-Kat sino aumentar la imagen de Nestlé en Gran Bretaña asociándola con calidad y liderazgo en chocolates. En otro sector, el respaldo de 3M a Post-it Notes probablemente es igual de productivo tanto para 3M como para Post-it Notes.

RESPALDO SIMBÓLICO

Una variante de la estrategia de respaldo de la madre es el uso de respaldo simbólico (normalmente una marca madre se involucra en diversos contextos de producto-mercado), que es menos prominente que la marca respaldada. Puede indicarse por un logotipo, como la bombilla de GE, por la cuchara de Betty Crocker, por una proposición como «compañía de Sony» u otro concepto. En todo caso, el respaldo simbólico no constituirá el centro de atención, sino más bien la marca respaldada lo será. Nestlé, por ejemplo, incorpora un sello de garantía detrás de Maggi: «Los productos Maggi se benefician de la experiencia de Nestlé para producir productos de calidad en todo el mundo». El papel del respaldo simbólico es producir una conexión visible y suministrar, especialmente a las nuevas marcas, un cierto reaseguro y credibilidad, a la vez que otorga a la marca respaldada máxima libertad para crear sus propias asociaciones.

El respaldo simbólico puede resultar especialmente útil para marcas nuevas o no establecidas. Tendrá más impacto si la respaldadora:

— es realmente conocida (como Nestlé o Post);
— se presenta consistentemente: por ejemplo, si la representación visual (la cuchara de Betty Crocker o la bombilla de GE) está en el mismo campo visual del anuncio, envase u otro vehículo;
— tiene una metáfora visual simbólica (como el paraguas de The Travelers);
— se incluye en una familia de productos bien considerada (como la línea Nabisco) y suministra credibilidad por su capacidad expansiva sobre un grupo de productos.

Un respaldo simbólico es preferido a un fuerte respaldo cuando la marca respaldada necesite tomar distancia de la marca respaldadora. Ésta podría poseer asociaciones no deseadas o la marca respaldada puede ser una innovación que requiera mayor independencia para hacer creíble su proposición.

En ocasiones, el respaldo simbólico constituye el primer paso para cambiar gradualmente un nombre. El respaldo simbólico se convierte en fuerte respaldo, luego en co-marca y finalmente en la marca madre. El proceso involucra transferir el valor de la marca desde la marca respaldada a la respaldadora.

Un error frecuente es exagerar el impacto del respaldo simbólico cuando la respaldadora no es bien conocida y considerada o cuando la marca respaldada es bien reconocida y establecida por sus propios méritos y no necesita reafirmarse por un respaldo. Los dos estudios siguientes refuerzan estos principios.

Providian, gran compañía de servicios financieros, fue en el pasado una combinación de negocios conectados por una proposición respaldadora: «Grupo de compañías de capital». En una investigación sobre 1.000 clientes que habían estado expuestos reiteradamente a la proposición, sólo tres (no el 3%, sino tres personas) conocían el respaldo. Esta estadística tan demoledora movió a Providian a cambiar el nombre y a diseñar una nueva arquitectura para su marca.

Nestlé condujo en Estados Unidos una investigación para determinar el impacto del respaldo simbólico de Nescafé (marca fuerte de café fuera de los Estados Unidos y débil dentro) sobre Taster's Choice (marca fuerte en los Estados Unidos). Debido a la fortaleza de Taster's Choice, el respaldo simbólico adquirió bajo impacto (positivo o negativo) en términos de imagen o de intención de compra. Cuando el respaldo de Nescafé fue ascendido al estatus de co-marca, adquirió un impacto negativo.

NOMBRE VINCULADO

Otra variación del respaldo es mediante el nombre vinculado, donde el nombre con elementos comunes crea una familia de marcas con respaldo implícito o sobreentendido aunque permitiéndoles a las múltiples marcas que mantengan sus propias personalidades y asociaciones debido al vínculo subterráneo con la marca madre o paraguas.

McDonald's, por ejemplo, tiene marcas como Egg McMuffin, Big Mac, McRib, McPizza, McKids, Chicken McNuggets, McApple, etc. El «Mc» en cada nombre crea un respaldo implícito de McDonald's, incluso sin la presencia del respaldo tradicional. El nombre vinculado permite mayor propiedad y diferenciación que la estrategia de marca descriptora (McDonald's Ribs o McDonald's Pizza).

De forma similar, HP tiene las series Jet (LaserJet, DeskJet, OfficeJet, InkJet, etc.), que cubren una variedad de precios y aplicaciones. LaserJet es la marca más fuerte en este grupo (las otras tienen menor valor), pero sus asociaciones de calidad, confiabilidad e innovación las transfiere a las otras marcas Jet. La marca de comercio electrónico de Netscape, Netscape CommerceXpert, tiene el mismo efecto sobre las submarcas vinculadas ECXpert, SellerXpert, BuyerXpert, MerchantXpert y PublishingXpert. Nescafé, Nestea y Nesquick (en Gran Bretaña) suministran un compacto y fuerte vínculo a Nestlé. Ralph Lauren respalda las marcas Ralph and Lauren; el hecho de que están también vinculadas con el nombre eleva la fortaleza del respaldo.

El nombre vinculado aporta el beneficio de un nombre separado sin tener que establecer uno desde la nada y luego vincularlo a la marca madre. Marriott necesitó establecer la marca Courtyard (proceso costoso y complejo) para luego vincularla a la marca Marriott, otro esfuerzo nada trivial. Por el contrario, el nombre DeskJet en sí mismo logra el 80% de su objetivo por el vínculo del producto a la marca establecida LaserJet. Más aún, la comunicación sobre la razón de ser de DeskJet se produce sobre lo familiar y conocido de LaserJet. El nombre vinculado es incluso más compacto (si se compara «DeskJet de LaserJet» con el simple DeskJet).

RESPALDO FUERTE

Un respaldo fuerte es indicado por una presentación audaz, prominente. Ejemplos incluyen a Simply Home de Campbell's, Carta Nevada de Freixenet, Highland de 3M, Polo Jeans de Ralph Lauren, Optiquest de Viewsonic, Lycra sólo de DuPont y King's Dominion de Paramount. Un respaldador fuerte suele tener un papel conductor más significativo que el de respaldo simbólico y vínculo de la relación del nombre, por lo que debe disfrutar de credibilidad en el contexto de producto-mercado y asociaciones que encajen congruentemente.

Submarcas

La submarca, otra herramienta interesante de arquitectura de la marca, puede adoptar un papel conductor incorporando asociaciones relevantes para el cliente. Por ejemplo, la submarca Dodge Viper puede crear asociaciones que hagan que la marca madre resulte más diferenciada y significativa para los clientes. Una submarca puede también estirar la marca madre, permitiéndole competir en mercados en los que de otra manera no encajaría (por ejemplo, Uncle Ben's Country Inn Recipes suministra un vehículo que permite que Uncle Ben's se traslade a la parte superior del mercado). Por último, una submarca puede señalar que una reciente oferta es novedosa e innovadora. Intel desarrolló la submarca Pentium en parte para señalar una nueva generación de chips significativamente más avanzados.

La submarca, adicionalmente, puede alterar la imagen de la marca madre incorporando atributos o asociaciones de beneficios, añadiendo energía y personalidad o conectando con usuarios, según se analiza en los siguientes ejemplos:

—Black & Decker Sweet Hearts Wafflebaker (para hacer gofres con forma de corazón) y Black & Decker Handy Steamer (para

hervir vegetales frescos) incorporan atributos de diferenciación al mismo tiempo que ofrecen beneficios emocionales a la marca Black & Decker.
—Smucker's Simply Fruit fortalece las asociaciones de fresco/saludable/calidad de la marca madre.
—Microsoft Office incorpora asociaciones de aplicación a la marca del sistema operativo Microsoft.
—Audi TT incorpora personalidad y energía a la marca madre establecida y considerada como de calidad y confiable, aunque en el pasado estuviera caracterizada por pesadez alemana.
—Revlon Revolutionary Lipcolor y Revlon Fire and Ice (fragancias) incorporan vitalidad y energía a la marca Revlon.

El vínculo entre las submarcas y la marca madre es mayor que el vínculo entre marca respaldada y respaldadora. Debido a esta proximidad, una submarca tiene un potencial considerable para afectar las asociaciones de la marca madre tanto con riesgo como oportunísticamente. Además, la marca madre, igual que una marca respaldadora, adoptará el principal papel conductor. Por lo tanto, si Revolutionary Lipcolor es una submarca de Revlon más que una marca respaldada (Revolutionary Lipcolor de Revlon) disfrutará de menor libertad para crear una imagen de marca distintiva.

La submarca puede servir primero como descriptora, conductora o como una combinación de ambas. Al desarrollar la estrategia, será importante reconocer dónde la submarca debería estar en el espectro descriptivo/conductor (ilustrado en la figura 4.5). Si la submarca es solamente descriptiva, la estrategia debería orientarse por la casa con marcas, al ser la marca madre la conductora dominante. Si la submarca tiene un papel conductor significativo, la estrategia involucra a

	Papel de submarca		
	Sólo descriptivo	Papel conductor significativo	Papel conductor equilibrado
Situación	Marca madre como conductora dominante (casa con marcas)	Marca madre como conductora primaria	Madre y submarcas, como conductoras al unísono
Ejemplo	Turbina de aviación GE	Compacq Presario	Walkman Sony

FIGURA 4.5

Espectro descriptivo/conductor de submarca

una verdadera submarca. Si la submarca es tan importante como la marca madre, existirá una situación de conducción compartida. En caso de que la submarca sea la conductora dominante, deja de ser tal submarca para convertirse en una marca respaldada.

Un simple nombre descriptivo, como Spicy Honey o Minivan, será difícil que tenga un papel conductor. No obstante, algunas marcas descriptivas pueden no ser apropiadas, y se usa un nombre sugerente (Express, Gold, Reward, Advisor). Un nombre sugerente tiene mayor posibilidad de promover respuestas emocionales y de desempeña un papel conductor.

LA SUBMARCA COMO CO-CONDUCTORA

Cuando tanto la marca madre como la submarca asumen papeles conductores relevantes, pueden considerarse co-conductoras. La marca madre desarrolla más que un papel de respaldo (por ejemplo, los consumidores compran y usan tanto Gillette como Sensor), sin supremacía de dominio sobre la otra. Si éste fuera el caso, la marca madre normalmente tendrá alguna credibilidad real en la clase de producto. Gillette, con su innovación a lo largo de los años, se ha convertido en una marca que disfruta de un elevado nivel de fidelidad en la categoría del afeitado. Sensor es una afeitadora particularmente innovadora y debido a sus méritos propios recibe fidelidad.

El producto cosmético Virgin Vie usa la submarca Vie como co-conductora. Mientras que Virgin suministra presencia, visibilidad y actitud, se la asocia con una generación mayor que la del mercado objetivo de Virgin Vie. El uso de la submarca Vie y no de una descriptora (como Virgin Cosmetics) hace que la marca resulte más creíble en el mercado de cosmética y accede a un mercado más joven (de los veinte años). La celebridad británica que representa a Virgin Vie en publicidad crea mayor separación de la marca Virgin y de su fundador Richard Branson.

A menos que las dos marcas en la situación de co-conducción representen calidad similar, la asociación puede perjudicar a la marca de mayor prestigio. Cuando Marriott (marca de hotel primada) respaldó a Courtyard, el riesgo de penalizar su estatus de calidad percibida fue mínimo debido a que asumió el papel de respaldadora. Si en cambio hubiera decidido ser co-conductora (su nombre sería tan prominente en la descripción visual), la marca Marriott hubiera sido percibida como estirada hacia abajo y su calidad percibida, como marca de producto, se hubiera perjudicado seriamente.

MARCA MADRE COMO CONDUCTORA PRIMARIA

Otra variación de submarca ocurre cuando la marca madre es la conductora primaria. La submarca es más que una descriptora aunque tiene bajo papel en el proceso de compra y experiencias de uso. Por ejemplo, un cliente de Dell, Dimension cree que está comprando y usando un ordenador Dell no un Dell Dimension, a pesar de que la submarca Dimension puede indicar un modelo particular y puede tener impacto en la compra.

Cuando la submarca se caracteriza por un papel conductor inferior, implica que una serie de recursos no deberían aplicársele; por el contrario, el énfasis debería centrarse en la marca madre. Frecuentemente existe una ilusión: que la submarca tiene valor y que la co-conductora posee estatus, especialmente cuando las submarcas llevan varios años en circulación. Submarcas como Fresh Cut de Del Monte o Mint Magic de Celestial Seasonings' o Presario de Compaq tienen menor valor que el que se les asume. Por ello, para diseñar la arquitectura de la marca es tan importante determinar qué submarcas tienen valor significativo, evitando tratar de construir marcas con bajo potencial.

Casa con marcas

En la estrategia de casa con marcas, la marca madre se transforma desde una conductora primaria a otra de tipo dominante, mientras que las submarcas descriptivas varían desde un papel minoritario a otro nulo. Virgin usa una estrategia de casa con marcas, ya que la marca madre suministra un paraguas bajo el cual operan numerosos negocios. Así se identifican Virgin Airlines, Virgin Express, Virgin Radio, Virgin Rail, Virgin Cola, Virgin Jeans, Virgin Music y alguna más. Otras casas con marcas incluyen numerosas ofertas de Healthy Choice, Kraft, Honda, Sony, Adidas y Disney. La opción de casa con marcas apalanca a una marca establecida y requiere un mínimo de inversión en cada nueva oferta.

Esta estrategia, no obstante, tiene sus limitaciones. Cuando marcas como Levi's, Nike y Mitsubishi son estiradas sobre una amplia línea de productos, la capacidad de la compañía para impactar en grupos específicos se comprime. Hay que realizar y llevar adelante algunos compromisos. Además, un volumen de ventas y de beneficios significativo se ve afectado cuando la marca madre desfallece o titubea. Como si fuera un gran camión o barco, un estiramiento amplio de la marca es difícil de reconducir una vez superado un determinado momento (y la marca pierde su atractivo). No obstante, la casa con marcas incrementa la claridad, sinergia y apalancamiento, los tres objetivos básicos de la arquitectura de marca.

Una arquitectura de marca como la de Virgin maximiza la claridad, porque el cliente sabe exactamente qué es lo que se le ofrece. Virgin se orienta al servicio de calidad, innovación, entretenimiento y valor; también posee la herencia de divertida y desenfadada. El descriptor, al mismo tiempo, indica el negocio específico: Virgin Rail es un servicio de ferrocarril gestionado por la organización Virgin. No puede ser más simple desde una perspectiva de marca. Una simple marca comunicada entre productos en el tiempo es mucho más fácil de comprender y recordar que una docena de marcas individuales, cada una con sus asociaciones particulares. Los recursos humanos y asociados de comunicación también se benefician de la mayor claridad y enfoque de una simple marca dominante. Habrá muy pocas dudas sobre prioridades o la importancia de proteger a la marca cuando se involucra a una casa con marcas.

Al mismo tiempo, la casa con marcas normalmente maximiza sinergias; al participar en un producto-mercado, se crean asociaciones y visibilidad mutuamente contributivas. En Virgin, la innovación de producto y de servicio en un negocio amplía la marca en otros. Más aún, cada exposición de la marca en un contexto suministra visibilidad que aumenta el reconocimiento en otros.

Dos anécdotas de GE muestran cómo el valor de sinergia de la construcción de la marca en un negocio puede afectar a otro. En primer lugar, GE fue el líder percibido (por alto margen) en la categoría de pequeños electrodomésticos mucho después de que se hubiera retirado del negocio, debido, en parte, a la publicidad y presencia en la categoría de grandes electrodomésticos. En segundo lugar, más del 80% de los entrevistados en una investigación mencionaron que habían visto un anuncio de un aparato GE durante el período en que no se había emitido ninguna campaña publicitaria aunque sí se habían anunciado otros productos de GE. Claramente, la acumulación de exposiciones de la marca en el tiempo y entre unidades de negocios produce un impacto más allá de sus intenciones.

Finalmente, la opción de casa con marcas suministra un apalancamiento (la marca madre trabaja mejor en más contextos). El valor de la marca Virgin, por ejemplo, es utilizado en numerosos contextos.

Cuando una nueva oferta necesita un nombre de marca, la opción será alojarla junto a una marca existente. Suministrará sinergia, claridad y apalancamiento. Cualquier otra estrategia requerirá razonamientos justificados.

MARCAS IGUALES PERO CON DIFERENTE IDENTIDAD

Cuando la misma marca es usada en distintos productos, segmentos y países, deben asumirse dos aspectos implícitos (ambos son contraproducentes para crear una arquitectura de marca óptima). El primero es que puede haber diferentes identidades de marca y posicionamientos según contextos, independientemente de que se trate del mismo nombre. El uso de docenas de identidades crea anarquía de marca y es una receta para una construcción ineficiente e inefectiva. En segundo lugar, se asume que puede haber una sola identidad y posicionamiento en todas partes, incluso con el riesgo que implica imponer una identidad que pudiera resultar mediocre en su compromiso o inefectiva en numerosos contextos. De hecho, deberán coexistir un número limitado de identidades que compartan elementos comunes y también distinciones (por ejemplo, GE Capital requiere ciertas asociaciones que son inapropiadas para GE Appliances). Estos aspectos fueron considerados en el capítulo 3.

Seleccionar la posición correcta en el espectro relacional de la marca

Cada contexto es diferente, por lo que resulta complejo generalizar sobre cuándo usar una subcategoría de espectro o cómo mezclar grupos de marcas y sus relaciones en la arquitectura de la marca. Responder a las preguntas clave sintetizadas en la figura 4.6 constituye

Hacia casa con marcas	Hacia casa de marcas
La marca madre ¿contribuye a la oferta incorporando: — asociaciones que incrementan la proposición de valor? — credibilidad a través de asociaciones organizativas? — visibilidad? — eficiencias en comunicación?	¿Existe una necesidad imperiosa de una marca separada porque: — creará y se apropiará una asociación? — representará una oferta nueva, diferente? — evitará una asociación? — retendrá/captará un vínculo cliente-marca? — resolverá el conflicto de canales?
¿Será estirada la marca madre asociándola con la nueva oferta?	El negocio ¿soportará un nuevo nombre de marca?

FIGURA 4.6

Seleccionar el posicionamiento del espectro relacional de la marca

una vía estructurada para analizar el tema. Las respuestas positivas a las dos preguntas de la izquierda sugerirán un movimiento del espectro relacional de la marca hacia la casa con marcas, mientras que respuestas positivas a las de la derecha implicarán un movimiento hacia la casa de marcas.

Los aspectos de arquitectura de la marca se convierten en más evidentes cuando se incorpora una nueva oferta al conjunto de las marcas. La perspectiva de nueva marca se convierte en marco de referencia primario en el análisis de las condiciones que sugerirán un movimiento hacia la izquierda o derecha del espectro. Estos aspectos también surgen cuando se evalúa una arquitectura actual de marca que requiera identificar ajustes.

¿CONTRIBUYE LA MARCA MADRE A LA OFERTA?

En el escenario de la casa con marcas, la marca madre necesita incorporar valor mediante el vínculo a una nueva oferta de producto. Puede hacerlo incorporando asociaciones que contribuyan a la proposición de valor, suministrando credibilidad a la oferta, compartiendo la visibilidad de la marca madre y generando eficiencias de comunicación provocadoras de ventajas en costes.

Asociaciones incrementadoras de la proposición de valor

Lo fundamental es: la marca madre ¿convierte al producto en más atractivo a los ojos de los clientes?; estas asociaciones positivas de la marca madre ¿se transfieren al contexto del nuevo producto y son relevantes y apropiadas? Cuando la respuesta es positiva, el valor de la marca puede apalancarse en el nuevo contexto. Por ejemplo, las fragancias Calvin Klein se benefician de las asociaciones de la marca madre de autenticidad, diseñador inquieto vestido provocadoramente sexy e imaginería del usuario vívida. Determinar la capacidad de la marca para transferir sus asociaciones a un nuevo contexto requiere un análisis de extensión de marca, el cual se analiza en el próximo capítulo.

Credibilidad con asociaciones organizativas

Una marca, especialmente una nueva, requiere de dos funciones. En primer lugar, debe crearse una convincente proposición de valor. En segundo lugar, la proposición de valor necesita ser creíble, algo que es más difícil según sea de convincente la proposición de valor en abrir nuevos caminos e involucrar riesgos para el cliente (por ejemplo, un automóvil de baterías o una casa solar). Vinculando a la marca con asociaciones organizativas tan fuertes se puede reducir o incluso eliminar el desafío de credibilidad. Entre las más importantes asociaciones organizativas pueden indicarse las siguientes:

—calidad (ordenadores personales HP);
—innovación (productos para el cuidado de la piel Shiseido);
—orientación a clientes (salón de belleza de Nordstrom);
—globalidad (canal de noticias AT&T);
—confianza y seguridad (electrodomésticos Sears).

Visibilidad

Una marca, particularmente una nueva entrada, requiere de visibilidad y no sólo una oferta considerada, al mismo tiempo que implicar un conjunto positivo de atributos del producto y organizativos. Una marca actual como CitiGroup puede disfrutar de visibilidad, aunque el problema sea cómo vincularla a un nuevo negocio (como servicios de intermediación financiera). Por el contrario, establecer visibilidad para un nuevo participante (por ejemplo, Mega Brokers) no vinculado a una marca establecida puede resultar costoso y difícil debido a tanta confusión en el mercado.

Eficiencias de comunicación

Todos los aspectos de construcción de marca involucran un coste fijo significativo que puede repartirse sobre todos los contextos en los cuales se desenvuelve la marca. La creación publicitaria, promocional, de envases, de material punto de venta y de folletos es demandante de tiempo y talento. Cuando una marca ingresa en un nuevo contexto, los esfuerzos realizados para la construcción pueden usarse directa o adaptativamente. Más importante aún es la sinergia creada por la difuminación de los medios en el mercado. La publicidad y los publirreportajes de las turbinas de aviación GE y de los electrodomésticos es procesada por los clientes potenciales como líneas de productos, otorgándole a GE la ventaja sobre sus rivales más enfocados. A medida que medios como patrocinio de acontecimientos (por ejemplo, acontecimientos deportivos y conciertos musicales) y el uso de los publirreportajes se convierte en más importante en términos relativos de medios, esta difuminación adquiere mayor significado.

Las economías de escala y las sinergias potenciales tienden a ser mayores en las siguientes condiciones:

—El presupuesto de comunicación publicitario de una marca que desempeña de papel de conductora es significativo. El presupuesto de comunicación para una marca usada como respaldadora tendrá escasas economías de escala, ya que en esos contextos habrá que apoyar a otras marcas.
—Los vehículos de medios funcionan a lo largo de contextos de marca. Un patrocinador olímpico, por ejemplo, deberá difuminar sobre múltiples contextos de negocios para ser factible.
—Existe un presupuesto para la construcción de marca significativo. Cuando las cifras se reducen, la sinergia potencial se debilita.

¿Debe estirarse la marca madre?

El impacto de la extensión de la marca (como Virgin Cola) o respaldo de marca (compañía de Sony) sobre el valor de la marca madre puede ser crítico. Algunas organizaciones permiten que sus marcas accedan a unidades de negocios a las que sólo les preocupa la credibilidad que se obtiene usando el nombre, pero no con el valor de la marca madre. Si la marca es de utilidad, será usada sin preocuparse por cualquier disminución de imagen que pueda producirse. Si no existiera una unidad organizativa que previniera esta promiscua extensión o respaldo de la marca, se puede dañar seriamente el valor real de la marca.

Una extensión o respaldo de marca debe apoyar y elevar las asociaciones clave de la marca madre. Una oferta de Healthy Choice, por ejemplo, debería reflejar y aumentar su identidad central. Si fuera utilizada para promocionar un producto (o incluso su calidad) que no es posicionado como alimento saludable, penalizará a la marca. Cuando cualquiera de los productos Sunkist comunica salud, vitalidad y vitamina C, está ayudando a la marca Sunkist; cuando la marca se dedica a golosinas o bebidas refrescantes, la identidad central se perjudica. El riesgo es que los clientes no separen en sus mentes el sabor naranja de los caramelos o sodas Sunkist de otros de sus productos que incluyan ingredientes reales de naranja.

Puede ser complejo aunque importante decir no, reconocer las fronteras y límites de la marca y resistir la tentación de estirar demasiado. Clorox significa lejía; incorporar el nombre a un producto de limpieza que no la incluya es arriesgado. El nombre Levi's, significativo de ropa informal, también define límites. Por el contrario, la decisión de Bayer de poner el nombre en productos no relacionados con la aspirina ha diluido su propiedad en esta categoría, lo que representa un coste significativo.

¿HAY NECESIDAD IMPERIOSA DE UNA MARCA SEPARADA?

Desarrollar una marca nueva o separada es costoso y complejo. Las marcas múltiples complican su arquitectura tanto para la organización como para los clientes. Usar una marca actual en la estrategia de casa con marcas, comparativamente, reduce las inversiones requeridas y lidera el aumento de sinergia y claridad en la oferta. Por lo tanto, una marca separada debería desarrollarse o apoyarse sólo cuando pueda demostrarse una necesidad imperiosa.

Debido a la enorme presión para crear nuevas marcas de aquellos que creen (en ocasiones erróneamente) que la última innovación de producto merece un nombre nuevo, hay que disciplinar la organización para asegurar la justificación de toda nueva marca. Esta disciplina debería involucrar un comité de alta dirección con autoridad, al mismo tiempo que un conjunto de condiciones bajo las cuales se justifica una nueva marca. A pesar de que estas guías dependerán del contexto, en general, las nuevas marcas deberían ser requeridas cuando sea absolutamente necesario crear y apropiarse asociaciones, representar un nuevo concepto, evitar una asociación, retener relaciones con clientes o enfrentar a un aspecto conflictivo con el canal de distribución. La calificación de «absolutamente necesario» es importante para fijar el tono adecuado y exigir a los directivos nivel de racionalidad.

Crear y apropiarse de asociaciones

El potencial de tener propiedad sobre una asociación relevante para una clase de producto es un factor clave para la nueva marca. Pantene («Para cabellos tan sanos que brillan») no hubiese alcanzado el éxito sólo con las marcas Head & Shoulder o Pert debido a que el beneficio único de Pantene no emerge de las asociaciones existentes. Cuando la oferta tiene el potencial de dominar al beneficio funcional (es el caso de la mayoría de las marcas de P&G), se justifica una marca distinta. No obstante, un argumento similar no resulta tan claro para General Motors, que aspira a una casa de 33 marcas; la segmentación de asociaciones clave es mucho más compleja. Las marcas de GM, en general, no poseen proposición de valor conductora.

Representar una oferta nueva, diferente

Un nuevo nombre de marca puede contribuir a la real, nueva y diferente historia de la oferta o señalar un beneficio superior. Debido a que la tentación de todo nuevo director de producto es creer que está a cargo de algo espectacular, se necesita una perspectiva mayor. Una evolución menor o un intento vacío para revitalizar el producto raramente calificará. Un nuevo nombre de marca debe representar un avance significativo en tecnología y funciones. Por ejemplo, Viper, Taurus y Neon todas tienen el mérito de nuevo nombre, debido a que sus nuevos diseños y personalidades representan un arranque radical para nuevas ofertas de otros automóviles.

Evitar asociaciones

¿Crea debilidades un vínculo con la marca actual? Cuando Saturn fue introducida, las investigaciones demostraron que cualquier asociación con GM afectaría negativamente a su calidad percibida, por lo que adoptaron decisiones para evitar toda conexión entre las dos marcas. La cerveza Microbrewed basa su diferenciación en unicidad y artesanía; cualquier respaldo o co-marca con una cerveza establecida reducirá la proposición. Cualquier conexión entre Clorox, productora de lejía, y su marca de salsa Hidden Valley Ranch elevará la expectativa de que la ensalada sepa a lejía. Por ello la etiqueta incluye que la marca Hidden Valley Ranch es propiedad de la compañía HVR, sin mencionar a Clorox ni siquiera en el dorso del envase.

El vínculo con la marca actual ¿arriesga y daña? Gap ha seleccionado el enfoque casa de marcas para sus tres marcas principales con Banana Republic en el tope superior, Gap en el medio y Old Navy en el nivel de valor. Old Navy (a juzgar por los resultados de ventas, uno de los conceptos de mayor éxito del comercio detallista producido jamás) ofrece energía, diversión, creatividad, valor con gusto, ropa con estilo comercializada a precios razonables. La dirección percibió que los esfuerzos iniciales para conceptualizar la marca como el Gap Warehouse dañaría la marca Gap. Podía canibalizar ventas y, peor aún, asociar a Gap con ropa de bajo precio. De forma similar, Nestlé no tiene conexión con ninguna de sus marcas de alimentos para animales domésticos como Alpo o Fancy Feast, ya que los clientes podrían tener la visión de este tipo de productos al exponerse a los productos alimenticios Nestlé.

Retener/captar un vínculo entre cliente y marca

Cuando la compañía compra otra marca, se plantea la duda de si este nombre debe mantenerse. Al realizar este tipo de juicios, la fortaleza de la marca comprada (visibilidad, asociaciones y fidelidad de clientes) deberá ser considerada, al igual que la fortaleza de la marca adquiriente. El vínculo entre los clientes y el nombre de la marca comprada suele ser un ingrediente clave; si es fuerte y complejo de transferir, mantener la marca comprada puede resultar una decisión virtuosa. Las siguientes condiciones hacen compleja la transferencia de valor de marca:

— Los recursos requeridos para modificar el nombre comprado no están disponibles (o no se justifican).
— Las asociaciones de la marca comprada son fuertes y se disiparían con un cambio de nombre.
— Se manifiesta un vínculo emotivo, quizás creado por asociaciones organizativas de la marca comprada que serán difíciles de transferir.
— Hay un problema de encaje: la marca compradora no encaja en el contexto y posicionamiento de la marca comprada.

Schlumberger, compañía de servicios para la explotación de petróleo, ha retenido diversos nombres de marca que ha ido adquiriendo, incluyendo Anadrill (una compañía de perforación), Dowell (construcción y producción especializada en petróleo) y GeoQuest (sistemas de software y gestión de datos). En muchos casos, estas marcas se han convertido en submarcas de Schlumberger con estatus de co-conductoras. Cada una de estas tres marcas posee su propia cultura, estilo operativo, amplitud de producto y personalidad, que combinados forman las bases para una potente relación con clientes; abruptamente y, en casos, gradualmente, se han reemplazado estos nombres de marca por Schlumberger, que las resguarda con gran esmero para no perder valor de activo. Nestlé también retiene usualmente las marcas compradas, aunque incorpora el respaldo de su nombre. A menudo el cambio de nombre está motivado por ego o conveniencia más que por un análisis desapasionado de arquitectura de la marca.

Hay circunstancias, por supuesto, en que es adecuado cambiar el nombre. Usualmente, el racional involucra una fuerte casa con marcas. HP ha realizado cientos de compras a lo largo de los años y consistentemente ha cambiado el nombre a HP aun cuando las marcas poseían sustancial visibilidad, asociaciones atractivas y base de clientes fieles. No es claro que la política de HP generase la mejor decisión en todos los casos, pero la fuerte asociación de HP y la ventaja de la estrategia de casa con marcas suministran razonamientos defendibles.

Evitar el conflicto de canales

El conflicto de canales de distribución puede impedir el uso de marcas actuales para nuevas ofertas; el problema usualmente es doble. Primero, un canal puede motivarse para estocar y promover una marca debido a que presupone un cierto grado de exclusividad. Cuando esto se modifica, la motivación desaparece. En segundo lugar, un canal puede apoyar un precio superior porque suministra un mejor nivel de servicio. Si la marca está disponible en un canal orientado al valor, su capacidad para retener altos márgenes en el canal se perjudicará.

Las marcas de perfumería y de ropa, por ejemplo, necesitan de marcas diferentes para acceder a los distribuidores exclusivos, grandes almacenes o droguerías y tiendas de descuento. Por ello L'Oréal tiene las marcas de cosmética Lancôme, L'Oréal y Maybelline para los diferentes canales. VF Corporation apoya cuatro marcas distintivas (Lee, Wrangler, Maverick y Old Axe), en parte para disminuir el conflicto en el canal. Purina distribuye ProPlan a tiendas especializadas en alimentos para animales domésticos y Purina One a negocios de alimentación.

¿SOPORTA EL NEGOCIO UNA NUEVA MARCA?

Si el negocio es demasiado pequeño o de escasa trayectoria como para soportar la necesaria construcción de la marca, un nuevo nombre, simplemente, no será factible, cualesquiera que sean los otros argumentos. Es costoso y complejo establecer y mantener una marca, casi siempre por encima de lo esperado y establecido en el presupuesto. A menudo, en el entusiasmo de un nuevo producto y marca se asumen irrealísticamente conceptos sobre la capacidad de adecuar los recursos necesarios. Este criterio es muy importante; algunas organizaciones tienen bolsillos grandes y brazos cortos (y viceversa). Es estéril planificar la construcción de la marca si se falla en financiar su construcción y en suministrar un presupuesto de mantenimiento.

COMENTARIO FINAL

El espectro relacional de la marca, con sus cuatro rutas de marca, es una herramienta poderosa; no obstante, casi todas las organizaciones usan una mezcla de cada una de ellas. Una casa con marcas y una casa de marcas pura es «rara avis». GE, por ejemplo, se asemeja a una casa con marcas, pero Hotpoint y NBC son extrañas; además, GE Capital, por sí misma, tiene un grupo de submarcas y otras respaldadas. El desafío es crear un poblado de marcas donde encajen todas las marcas y submarcas y resulten productivas.

La decisión sobre la arquitectura de marca y el espectro relacional de la marca es conducida, en gran parte, por la estrategia del negocio. Como consecuencia, el entorno del mercado es también un conductor relevante de las decisiones de arquitectura de marca. Marriott observó una gran oportunidad en el segmento de valor que le permitió desarrollar las marcas Fairfield Inn y Courtyard. También identificó oportunidades en el segmento de viajeros de mayor estancia, que le permitió desarrollar, entre otras, la marca Residence Inn. Los juicios sobre el mercado para la estrategia de marca (tendencias, necesidades no atendidas, enfoques alternativos de segmentación y estructura industrial del mercado) son aspectos fundamentales que necesitan evaluarse y clarificarse.

PREGUNTAS PARA EL ANÁLISIS

1. Seleccione dos compañías: una próxima a casa con marcas y otra cercana a casa de marcas. Observe cuidadosamente sus ofertas e identifique las subcategorías representativas en el espectro relacional de la marca.
2. Analice sus marcas respaldadas. ¿Deberían ser más? ¿Sólo pocas? ¿Cuándo adoptan papel conductor en cada canal de distribución? Ordénelas en escala porcentual. ¿Qué porcentaje de la experiencia de compra y de uso conduce la respaldadora?
3. Analice las submarcas. ¿Qué incorporan a la arquitectura de la marca? ¿Son confusas y complejas? ¿Pueden simplificarse? Ordénelas en el espectro conductor/descriptor (según la figura 4.5).
4. ¿Para qué tipología de su oferta es apropiada la casa de marcas? ¿Por qué? ¿Qué parte debería modelarse como casa con marcas? ¿Por qué? ¿Bajo qué circunstancias serán útiles submarcas adicionales o respaldadoras?
5. Cree una guía decisional de arquitectura de la marca que especifique las condiciones sobre las cuales una oferta nueva o actual utilizará la marca madre, submarca, marca respaldada o una nueva marca.

Capítulo 5

Arquitectura de la marca

> *Contratamos águilas y les enseñamos a volar en formación.*
>
> D. Wayne Calloway, ex presidente de PepsiCo
>
> *La forma en que el equipo actúa como un todo determina su éxito. Se puede contar con el mejor conjunto de estrellas del mundo, pero, si no juegan conjuntadas, el equipo no vale ni un céntimo.*
>
> Babe Ruth

Historia de Polo Ralph Lauren

Una dificultad a la que se enfrentan numerosas marcas es cómo acceder a nuevos segmentos e introducir nuevos productos sin el riesgo y coste de tener que crear nuevas marcas. Polo Ralph Lauren ha solucionado esta situación desarrollando una creativa cartera de marcas vinculadas entre sí. Al hacerlo ha emergido como una de las más exitosas etiquetas de moda del mundo.

En 1968, el diseñador Ralph Lauren fundó su compañía con el objetivo de comercializar ropa masculina de calidad con la marca Polo Ralph Lauren. La imagen distinguida de un jugador de polo encarna la identidad central de la marca, que incluye: estilo de vida de club privado caracterizado por el buen gusto; clásica, elegante, calidad excepcional y artesanía. El respaldo de Ralph Laurent contribuyó a personalizar y diferenciar la marca e incluso comenzó a construir una marca alrededor del nombre Ralph Lauren, que se ha demostrado útil en otros contextos.

POLO RALPH LAUREN

En 1971 se lanzó una línea de ropa femenina bajo la marca Ralph Lauren, ya que el nombre del diseñador había desarrollado fuertes asociaciones en la moda femenina. Debido a que la marca Polo estaba comprometida con la moda masculina, hubiera constituido una debilidad ingresar con ella en ese mercado. De hecho, si Ralph Lauren hubiese sido la marca masculina sin el respaldo de Polo, la capacidad de usar el nombre del diseñador en el mercado de moda femenino se hubiera penalizado.

En 1974, Ralph Lauren accedió al mercado de moda masculino de precio moderado introduciendo una nueva marca, Chaps, vendida exclusivamente en grandes almacenes. Respaldada por Ralph Lauren, Chaps, con accesible personalidad americana, se distanció de la más distinguida Polo. El respaldo fue posible en parte debido a que los productos de Chaps eran del estilo clásico que podía esperarse de Ralph Lauren. La nueva marca suministró acceso no sólo a un segmento menos exclusivo sino a detallistas menos exclusivos. Si la marca Polo se hubiera estirado más, seguramente hubiera ocurrido un severo problema de disolución.

RALPH LAUREN
COLLECTION

Durante la década de 1980, la marca Ralph Lauren se extendió verticalmente al mundo de la moda femenina primado. La marca Ralph Lauren Collection propone moda con el nombre y toque de Ralph Lauren, mientras que una marca hermana, Ralph Lauren Collection Classics, presenta diseño de ropa que resulta menos exclusiva y más corriente. Distribuidas sólo a través de selectivos distribuidores de moda y de tiendas propias, las dos nuevas marcas permitieron a Ralph Lauren expandir su política de niveles de precios sin necesidad de estirar demasiado verticalmente la marca. Al mismo tiempo, han suministrado credibilidad a Lauren como diseñador de moda y, por lo tanto, apoyado la marca Ralph Lauren (este apoyo puede ser un factor importante para las submarcas primadas). La década de 1980 también vio a Ralph Lauren extender sus principios de diseño a muebles para la casa usando la marca Ralph Lauren, algo arriesgado por demasiado estiramiento de la marca.

En la década de 1990, Ralph Lauren decidió suministrar ofertas a precios más bajos e introdujo las marcas separadas: Ralph y Lauren. Como Chaps, la marca Lauren se comercializa en exclusiva en grandes almacenes más que en exclusivas tiendas especializadas. Se orienta a las mujeres próximas a la clientela de Ralph Lauren Collection pero que no poseen el mismo nivel de ingresos. Por el contrario, la clienta objetivo de Ralph es joven, inteligente y sofisticada que desea estar a la última pero con gusto. Su estilo puede describirse como Collection Classics con rasgos peculiares (el corte es más ajustado al cuerpo y los detalles son algo más atrevidos). Ralph se comercializa en las tiendas Ralph Lauren y en grandes almacenes exclusivos. En otoño de 1999, Ralph fue rebautizada RL. Las marcas Ralph/RL y Lauren le permiten a Ralph Lauren participar en el segmento de precios algo más bajo y enfocarse a nuevos segmentos, mientras se beneficia del valor de la marca Ralph Lauren.

LAUREN
RALPH LAUREN

También en la década de 1990 se comercializó una línea primada masculina de trajes exclusivos hechos en Inglaterra con la etiqueta Ralph Lauren. Constituyó el primer intento de comercializar ropa masculina haciendo notoria a la marca Ralph Lauren. Claramente, la combinación de línea exclusiva, de moda y elementos británicos hizo que el nombre fuera apropiado (la marca Polo, asociada con un tipo de ropa menos formal, no hubiera funcionado tan bien). La marca Ralph Lauren de ropa masculina cumplió el papel de «bala de plata», reforzando las connotaciones de alta costura del nombre Ralph Lauren cuando la marca atravesaba el peligro de difuminarse por la amplitud de respaldos.

Uno de los más significativos proyectos de Ralph Lauren en la década de 1990 culminó con el lanzamiento de diversas y contemporáneas extensiones de Polo orientadas a los jóvenes. Polo Jeans de Ralph Lauren ofrece una moderna línea masculina y femenina de tejanos. Polo Sport de Ralph Lauren es una línea masculina de ropa deportiva. Una marca acompañante, Ralph Lauren Polo Sport para mujer, usa la submarca Polo Sport para estirar la marca Ralph Lauren en ropa informal, juvenil y atlética. Las líneas Polo Sport y Polo Jeans amplían la base de clientes potenciales extendiendo efectivamente el valor de la marca Polo. Esta estrategia de marca suministra una vía de respuesta de Ralph Lauren a la tendencia, en aumento, de informalidad y cuerpo estilizado, al mismo tiempo de suministrarle juventud y energía a la marca Polo. El uso de Polo en el segmento femenino constituye una forma clara de distinción entre alta moda (Ralph Lauren) y mercado medio de ropa informal (Polo), reduciendo el riesgo de contaminación de la imagen de Ralph Lauren en el mercado de la moda femenina.

Con sus colecciones contemporáneas masculinas y femeninas, Ralph Lauren introdujo en 1993 una línea primada de tejanos, Double RL. La identidad de marca combina la autenticidad y rudeza de la vida al aire libre con el eclecticismo americano. Con un vínculo mínimo a Ralph Lauren y con un concepto tardío en el mercado, Double RL ha tenido que esforzarse por sobrevivir y ha quedado orientada a un nicho limitado.

Para mantener amalgamadas las líneas de estilo contemporáneo (Polo Sport y Polo Jeans) y para diferenciarlas de las marcas clásicas, se creó un símbolo de marca que reemplazó al jugador de polo montado en su caballo. El símbolo es una bandera americana a la que se le han reemplazado las estrellas por las iniciales RL (claramente un movimiento que la aleja de las asociaciones británicas). Este nuevo símbolo, usado en los logos de las marcas de nuevo estilo, sugiere que se comparte una identidad de marca casual y moderna muy distinta de la de las líneas Polo y Ralph Lauren. Las nuevas líneas, no obstante, se diferencian claramente las unas de las otras. Polo Jeans es una marca más a la moda. Polo Sport es más exclusiva, al mismo nivel de calidad de Polo de Ralph Lauren, aunque con estilo más contemporáneo y detalles de diseño. En la primavera de 1999, la compañía introdujo la línea masculina y femenina RLX Polo Sport de ropa deportiva funcional, que se comercializa en tiendas especializadas en deporte.

La figura 5.1 muestra la agrupación lógica de las marcas Polo Ralph Lauren y sintetiza una compleja pero consistente arquitectura de la marca. Ralph Lauren ha expandido canales, segmentos y catego-

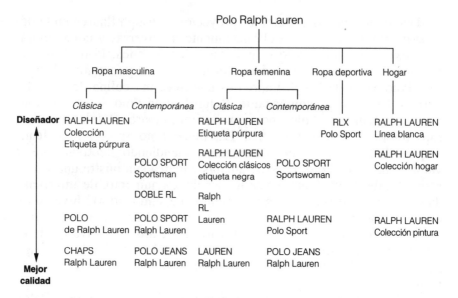

FIGURA 5.1
Arquitectura de la marca Polo Ralph Lauren

rías de productos con marcas que son distintas pero vinculadas con nombres relacionados (Ralph Lauren), submarcas (Polo Sport y Ralph Lauren Collection) y marcas respaldadas (Polo de Ralph Lauren).

Esta estrategia permite a las recién entradas disfrutar del valor de Ralph Lauren y de Polo aunque sean distintas marcas con su propia personalidad. Las nuevas marcas y submarcas no sólo disfrutan del valor de activo existente, sino que también le incorporan vida y energía. Existe una lógica y disciplina en la estructura; Polo es el ancla masculina, mientras que el nombre del diseñador Ralph Lauren es el valor central de la marca femenina.

Complejidad del mercado, confusión de marcas y arquitectura de la marca

La trampa de la marca como isla se refiere a la idea implícita de que la estrategia de marca involucra la creación de una marca tan renombrada como Hewlett-Packard, IBM, 3M o Tide. La creación de marcas fuertes mediante el desarrollo de identidad clara y significativa y el plan de construcción de la marca generador de impactos obviamente es de vital importancia. Prácticamente todas las organizaciones tienen varias marcas y necesitan gestionarlas como conjuntos trabajando mancomunadamente para que se apoyen las unas a las otras evitando que cada una, indisciplinadamente, vaya por su lado. Observar a las marcas individualmente y en silos es una receta para la confusión e ineficacia. El estratégico liderazgo de marca requiere que los objetivos de los conjuntos se optimicen al mismo tiempo que lo hagan las marcas individualmente.

La arquitectura de la marca es el vehículo por el cual el conjunto de marcas funciona como unidad para crear sinergia, claridad y apalancamiento. Si se piensa en cada marca como si fuera un jugador de fútbol, los planes de identidad y de comunicación son herramientas o ejercicios que hacen que cada jugador juegue y se desempeñe mejor individualmente, aumentando la calidad del juego colectivo. La arquitectura de la marca asume el trabajo del entrenador de colocar a los jugadores en la mejor posición y hacerlos funcionar como equipo más que como una simple colección de jugadores.

La arquitectura de la marca se convierte en especialmente crítica a medida que aumenta la complejidad del contexto con múltiples segmentos, extensiones de marca, gran variedad de productos ofrecidos, diversos tipos de competidores, canales de distribución intrincados y el uso extendido de marcas respaldadas y submarcas. Marcas como Coke, Citibank, Nike, Procter & Gamble, Hewlett-Packard, Visa y Ford operan todas en diversos mercados y sobre múltiples (en ocasiones disparatados) productos y canales. El calidoscopio resultante puede crear confusión a los consumidores e ineficiencias y que la estrategia de marca no inspire ni a los recursos humanos ni a los asociados. En una era de presión competitiva, una bien definida arquitectura de la marca se convierte en imperativa.

¿Qué es la arquitectura de la marca?

La arquitectura de la marca es una estructura organizada de la cartera de marcas especificadora de sus papeles y relaciones entre ellas (por ejemplo, Ford y Taurus) y con diferentes contextos de marca para producto-mercado (Sony Theaters frente a Sony Televisión, o Nike Europa frente a Nike Estados Unidos). La arquitectura de la marca se define por las cinco dimensiones (presentadas en la figura 5.2): cartera de marcas, papel de la cartera, papel del contexto producto-mercado, estructura de la cartera y presentación gráfica de la cartera. Cada una será definida, ilustrada y analizada en esta sección.

152   LIDERAZGO DE MARCA

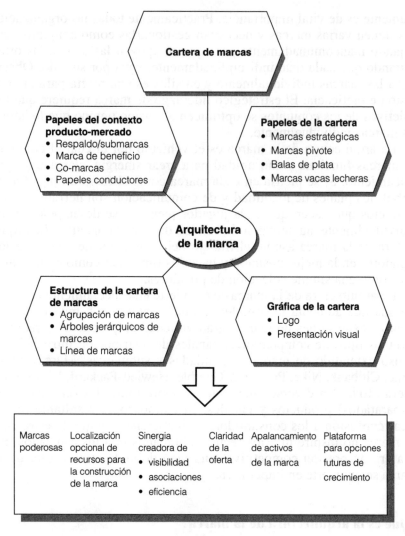

FIGURA 5.2
Arquitectura de la marca

CARTERA DE MARCAS

La cartera de marcas incluye a todas las marcas y submarcas vinculadas a la oferta de producto-mercado, incluyendo a las co-marcas con otras organizaciones. Identificar simplemente a todas estas marcas y submarcas puede, en ocasiones, convertirse en algo nada trivial, sobre todo cuando hay numerosas marcas, algunas de las cuales están oscurecidas o incluso dormidas.

Un parámetro básico de arquitectura de la marca es la composición de la cartera de marcas. ¿Debe incorporarse una o más? Una cartera puede fortalecerse por la incorporación de marcas, aunque debería ser siempre realizado o aprobado por un responsable (o grupo) con perspectiva de cartera. Los grupos descentralizados que tienen poco sentimiento (o incentivo) sobre la totalidad de la cartera de marcas podrían dañarla añadiendo marcas promiscuamente. Además debería existir un marco estructurado para considerar estas incorporaciones de marca, basado en el criterio de marca analizado en el capítulo anterior. Algunas veces es útil tener un gráfico formal con una serie de criterios empaquetados que deben considerarse.

¿Deben eliminarse marcas? Cada marca requiere recursos para su construcción; si hay un excesivo número de marcas, podrían no estar disponibles los recursos adecuados para apoyarlas. Quizás aún peor, las marcas superfluas podrían producir confusión simplemente por estar presentes. La solución, aunque dolorosa, es reducir la cartera.

Por ejemplo, cuando Safeway examinó su negocio de marcas privadas, identificó más de 25 nombres. Debido a que la mayoría de estas marcas eran débiles (principalmente porque no contaban con un presupuesto interesante o porque no producían sinergias), Safeway decidió discontinuarlas y mantener sólo cuatro. Entre las supervivientes quedó la marca primada Safeway Select (normalmente posicionada como igual o superior a las mejores marcas de cada categoría) y la marca de valor «S» (posicionada con precios inferiores en cada categoría). Las otras dos marcas, Lucerne en el sector de lácteos y Mrs. Wright para pastelería industrial, se mantuvieron al percibirse que poseían significativo valor, mientras que las marcas discontinuadas simplemente no tenían razón de ser. Esta decisión se basó en una valoración realista de los activos de marca, proposición de valor ofertada a clientes, economías de estocar marcas extras y sinergias de construcción de marca al tener dos marcas base en todas las secciones del supermercado.

Papel de la cartera

Considerar a la marca como silo en propiedad individual o de unidades organizativas puede producir una defectuosa localización de recursos y fracaso en la creación y explotación de sinergias entre marcas. El papel de la cartera es suministrar una visión de sistema e incluye a una marca estratégica, una marca pivote, una marca bala de plata y una marca vaca lechera. Estos papeles no son mutuamente excluyentes. Una marca puede ser, simultáneamente, pivote o bala de plata o puede evolucionar desde una marca estratégica a una vaca lechera.

Marca estratégica

La marca estratégica representa un futuro significativo en cuanto a nivel de ventas y beneficios. Puede ser una marca actual dominante (en ocasiones denominada megamarca) que se proyecta con un mantenimiento o crecimiento en su posición o bien una pequeña marca que se prevé se convierta en grande. Para la American Automobile Association, la marca AAA Financial Services es una marca estratégica, ya que la organización prevé trasladarse más allá de los servicios en ruta. La marca Nike All Conditions Gear (ACG) es estratégica al suministrar las bases para el posicionamiento de Nike en el segmento de aventura al aire libre. La marca Slates es estratégica para Levi Strauss al otorgarle los cimientos para el posicionamiento en el segmento masculino de ropa de vestir e informal.

Marca pivote

La marca pivote es el punto de apalancamiento para un área importante del negocio o para una visión de futuro de la organización; directamente influye sobre un área de negocio suministrando las bases para la fidelidad de clientes. La marca Hilton Rewards es una marca pivote de Hoteles Hilton al representar la capacidad de control sobre un segmento crítico en la industria hotelera. Si un programa de reconocimiento de un competidor se convierte en dominante por algún motivo, Hilton estaría en desventaja. La marca Schwab Mutual Fund One Source es marca pivote de Schwab, firma selectiva de intermediación financiera. One Source, que suministra acceso sin honorarios a los clientes de Schwab a 900 fondos de inversión, suministra una preciosa fuente de diferenciación en un sector donde todos los competidores tienden a enfocarse en precio.

Bala de plata

Una bala de plata es una marca o submarca que influencia positivamente la imagen de otra marca. Puede constituirse en una gran fuerza para crear, modificar o mantener la imagen de marca. Algunas balas de plata de éxito incluyen a las siguientes:

—ThinkPad de IBM. Si es un éxito es porque ha estado a la altura de las circunstancias. Este producto innovador generó un significativo (y raro) estímulo en la percepción de la marca IBM. El hecho de que las ventas de ThinkPad representen un pequeño porcentaje sobre el total de ventas de IBM hace que este impacto sea más subrayable.

—Vinos Ernest y Julio Gallo. Esta marca representa un vino primado, apoyada por una gran etiqueta y sustancial publicidad cuyo objetivo ha sido trasladar todas las marcas de vinos Gallo a una posición más aceptable.

—San Jose Sharks. Este equipo de hockey de primera división ha cambiado la imagen de la ciudad de San José, que ha vivido a la sombra de San Francisco.

—LaserJet's Resolution Enhancement de HP. Este componente de marca ha servido para que HP haga creíble su proposición de haber logrado otra gran innovación en la tecnología de impresoras.

—Orchad Select de Del Monte. Esta línea de fruta envasada, diseñada para competir con la fruta fresca del lineal del supermercado, aumenta la proposición de Del Monte de calidad y frescura.

—El nuevo Beetle de VW. Este producto ha sido el símbolo del renacimiento de Volkswagen en los Estados Unidos.

Cuando una marca o submarca como el ThinkPad de IBM se identifica como una bala de plata, la estrategia y presupuesto de comunicación lógicamente no descansará sólo en la responsabilidad del directivo encargado de ella. El grupo de la marca madre (comunicación organizativa de IBM) también estará involucrado, quizás para integrar la marca bala de plata (ThinkPad) en el plan de comunicación o para aumentar su presupuesto de comunicación.

Marca vaca lechera

En términos estratégicos, las marcas pivote y bala de plata requieren inversiones y gestión activa para que puedan cumplir con su misión estratégica. La marca vaca lechera, por el contrario, posee una base de clientes significativa que no requiere las mismas inversiones que son necesarias para las otras en la cartera. Aunque las ventas estén estancadas o algo deprimidas, existe un grupo fiel de clientes que no abandonarán a la marca. El papel de la marca vaca lechera es generar recursos y márgenes que puedan invertirse en las estratégicas, pivotes y balas de plata constituyentes del futuro crecimiento y vitalidad de la cartera de marcas.

Un ejemplo de marca vaca lechera es la etiqueta Red & White de Campbell's. Estas sopas constituyen el centro del valor de Campbell's, pero la vitalidad real de la marca se localiza en otras. Otra marca vaca lechera es Nivea Crème, producto original de Nivea, marca que ha sido extendida a una variedad de productos relacionados con el cuidado de la piel y el cutis. Una cartera equilibrada de marcas necesita vacas lecheras suministradoras de recursos para las marcas estratégicas promesas y embrionarias, además de pivotes y balas de plata.

ROLES DEL CONTEXTO PRODUCTO-MERCADO

En general, un conjunto de marcas, cuando se fusionan, describen la oferta en un contexto particular de producto-mercado. El Cadillac Seville con el sistema Northstar, por ejemplo, constituye una oferta particular en la cual Cadillac es la marca madre con un papel conductor primario; Seville desempeña el papel de submarca y Northstar el papel de marca de un componente. Apple-Cinnamon Cheerios de General Mills es una oferta particular en donde Cheerios es la marca madre con el papel conductor primario, Apple-Cinnamon el papel de submarca y General Mills el papel de respaldadora. Existen cuatro conjuntos de papel de contexto producto-mercado que trabajan mancomunados para definir una oferta específica: papel respaldo/submarca, rol de beneficios con marca, co-marca y papel conductor.

Papeles de respaldadoras y submarcas

Una marca madre (paraguas) es el primer indicador de la oferta, el punto de referencia. Al definir una oferta específica, una submarca y/o una o varias submarcas pueden aumentar la marca madre. Una marca respaldadora (por ejemplo, General Mills respaldando a Cheerios), al ser una marca establecida, otorga credibilidad y sustancia a la oferta, mientras que la submarca (por ejemplo, Porsche Carrera o Apple-Cinnamon Cheerios) modifica las asociaciones de la marca madre en contextos específicos. Cada una de las marcas involucradas puede usarse también en otros contextos, pero circulan juntas para suministrar significado (claro, es de esperar) a la oferta distintiva.

La comprensión y uso de marcas respaldadas y de submarcas es clave para lograr claridad, sinergia y apalancamiento en la cartera de marcas. El espectro relacional de la marca, analizado en el capítulo 4, presenta las herramientas que permiten usar estas interesantes construcciones efectiva y apropiadamente.

Marca de beneficio

La marca de beneficio es la marca de un atributo, componente, ingrediente o servicio que aumenta la oferta de la marca. Algunos ejemplos son:

Marca de atributos:

—bolsas para sándwiches Ziploc: cierre ColorLoc;
—cepillos de dientes Oral-B: cerdas Power Tip y curvatura Action Cup;
—línea de electrodomésticos Whirpool: Whirpool CleanTop, Accu-Simmer Element;
—Reebok: diseño 3D UltraLite;
—té Lipton: bolsita Flo-Thru;
—raquetas de tenis Prince: Sweet Spot, Longbody;
—Revlon Revolutionary: pintalabios ColorStay.

Marca de componentes o ingredientes:

—compaq: Intel Inside;
—chaquetas North Face: Gore-Tex;
—refrigerador GE Profile Performance: circuito de refrigeración por agua Culligan;
—jabón en polvo para la ropa Cheer: poder de retención de colores;
—Reebok: Hexalite (plantilla liviana formateada);
—Kenwood: disminución de ruido Dolby;
—impresora LaserJet de HP: definición de color Kodak;
—Diet Coke: Nutrasweet (edulcorante).

Servicios con marca:

—American Express: Round Trip (paquete de servicios para viajes de negocios);
—Ford/Mercury/Lincoln: calidad de servicio;
—UPS: Propietary Mail;
—United Airlines: Arrivals by United, United Red Carpet Club, United Mileage Plus, Ground Link, Business One.

La marca de beneficio es interesante cuando incorpora algo genuino al producto/servicio. Debido a que algo extra suele resultar relevante (o parece serlo) a la promesa de la marca, contribuirá a su beneficio funcional. Puede funcionar incluso como una respaldadora suministrando credibilidad; por ejemplo, Gore-Tex sugiere que la chaqueta dará gran resultado en condiciones de clima húmedo.

Se ha probado que los beneficios de marca suministran un estímulo, particularmente a las marcas nuevas o menos establecidas. Una investigación documentó que los consumidores estaban dispuestos a pagar más por una chaqueta con un componente de marca, incluso aunque no supieran qué función cumplía[2]. Intel Inside, un componente de marca clásico, ha producido consistentemente un precio primado sustancial.

Otras investigaciones demuestran que los componentes con marca añaden valor a menos que se incorporen a marcas que ya posean una imagen muy fuerte. Por ejemplo, en un experimento controlado, ingredientes de chocolate de marca ayudaron a Nabisco pero no a Pepperidge Farm, marca superprimada (presumiblemente porque los consumidores asumieron que Pepperidge Farm sólo usa los mejores ingredientes).

Las marcas pueden ganar valor y credibilidad preestablecida licenciando un beneficio de marca (como Gore-Tex) propiedad de otra organización. Los beneficios en propiedad, no obstante, poseen mayor poder potencial debido a que pueden representar puntos de diferenciación que lideran una ventaja competitiva (aun si el atributo, componente o servicio fuera imitado por otros). Por ejemplo, el componente de marca Resolution Enhancement de HP constituyó una importante fuente de diferenciación sólo durante una generación de impresoras. Este breve ciclo de vida resultó, sin embargo, suficiente para suministrar un mayor y duradero aumento de prestigio y reputación de alta calidad e innovación a las impresoras LaserJet de HP.

Un beneficio puede desempeñar el papel de bala de plata ayudando a comunicar el concepto de la marca. Por ejemplo, el atributo Power Tip de la marca de pasta dentífrica Oral-B comunica su innovadora naturaleza. Más aún, la marca de beneficio no necesariamente será apoyada con un plan de comunicación que genere reconocimiento y significado específico. En ocasiones puede contribuir simplemente por estar allí, particularmente si el nombre es descriptivo (como es el caso de Power Tip y Resolution Enhancement).

Co-marca

La co-marca se produce cuando marcas de distintas organizaciones (o diferentes negocios de la misma organización) se unen para crear una oferta en la cual cada una desempeña un papel conductor. Una de las co-marcas puede ser un componente o ingrediente de marca (por ejemplo, Pillsbury Brownies con chocolate Nestlé) o una respaldadora (cereales Healthy Choice para Kellogg's). Puede incluso ser una marca compuesta con múltiples marcas maestras como, por ejemplo, las tres marcas Citibank, American Airlines, VISA.

La acción de co-marca presenta tanto riesgos como ventajas. Referida al lado positivo, la oferta puede captar dos (o más) fuentes de valor de marca e incrementar la proposición y el punto de diferenciación. Un claro ejemplo es la edición de Eddie Bauer para Ford Explorer, que por más de quince años ha constituido un notable esfuerzo de co-marca en automóviles. Debido a que Eddie Bauer significa ropa de sport de calidad usada por gente activa, con gusto y estilo, discrimina la oferta de Ford Explorer, que gana no sólo percepción de que su interior de cuero será de estilo, gran calidad y confortable (como la ropa Eddie Bauer), sino que también obtiene imaginería sobre estilo de vida.

El impacto de co-marca puede resultar mayor de lo esperado cuando las asociaciones de cada marca son fuertes y complementarias. Una investigación realizada por Kodak demostró que para un ingenio de entretenimiento ficticio el 20% de los entrevistados mencionó que comprarían el producto si tuviera la marca Kodak, otro 20% lo compraría si fuera de la marca Sony pero el 80% mencionó que lo compraría si llevara ambas marcas[3]. La conclusión fue que la combinación representaría un avance de tal magnitud que no podría ser proclamado por ninguna de las marcas en forma individual. Un estudio realizado para GE Profile y Culligan soft water documentó resultados similares para la co-marca de neveras Water by Culligan GE Profile[4]. Esta sinergia de co-marca también permite mayor libertad para el estiramiento (es como poner juntas a dos bandas elásticas, la combinación logra mayor efecto).

La co-marca también puede no sólo aumentar la oferta de ambas marcas sino las asociaciones. Por ejemplo, la forma en que la edición Eddie Bauer para Ford Explorer se presenta en publicidad y promoción, crea visibilidad y refuerza las asociaciones para ambas marcas. En efecto, la co-marca de automóvil es una bala de plata que implica selectividad, calidad y estilo para ambas marcas. Además la co-marca no daña las asociaciones de ninguna marca, aunque podría significar un riesgo cuando una marca posea mayor nivel de calidad percibida y prestigio que la otra con quien se asocia.

Un factor clave para el éxito de co-marca es encontrar una marca socia que eleve la oferta con asociaciones complementarias. Esto es más factible que suceda si la organización emprende una investigación para, sistemática y proactivamente, determinar el encaje correcto más que simplemente evaluar opciones que golpean a la puerta. ¿Cuáles son las asociaciones que se han debilitado? ¿Qué marcas poseen estas asociaciones? ¿Cómo puede un producto y las actividades de construcción de la marca producir un impacto en la oferta de la co-marca? ¿Pueden apalancarse los recursos de ambas marcas debido a la alianza? ¿Cómo las dos marcas pueden beneficiarse y cómo encajarán en su modelo actual del negocio?

La co-marca, al igual que una alianza entre organizaciones, presenta riesgos. ¿Puede el plan generar rendimientos atractivos (tanto en términos financieros como de construcción de marca) para las dos compañías en el tiempo? Cuando uno de los socios siente que sus rendimientos son inadecuados o que el plan ha dejado de encajar estratégicamente, puede producirse un abandono o, incluso peor, permanecer en la sociedad pero sin interés. Cuando participan dos organizaciones diferentes, el diseño e implementación de los planes se hace más complejo, resultando una construcción de marca inferior y posibles tensiones en la alianza. El riesgo se elimina enormemente, por supuesto, cuando se produce una licencia (por ejemplo, cuando Kellogg's licencia a la marca Healthy Choice o cuando Barbie licencia el nombre NBA para Barbie NBA) y una marca es la responsable.

Papel conductor

Debe recordarse que el papel conductor, analizado en el capítulo 4, representa el alcance de la marca sobre la decisión de compra y define la experiencia de uso. Una marca con papel conductor se caracterizará por algún nivel de fidelidad; los clientes estarían menos confortables con el producto si la marca se perdiera. El diseño de arquitectura de la marca implica seleccionar el conjunto de marcas que tendrán asignados los principales papeles conductores. Estas marcas serán prioritarias en el proceso de construcción. La arquitectura de la marca también implica el entendimiento de la responsabilidad conductora de cada marca en un contexto producto-mercado. Por ejemplo, las responsabilidades conductoras relativas de las marcas involucradas en Porsche Carrera Cabriolet.

Mientras que un negocio puede tener cientos de marcas, normalmente sólo algunas se caracterizan por responsabilidades conductoras importantes. Estas marcas son candidatas para la gestión activa, tanto individualmente como en grupo. Debido a que un fallo con una marca conductora (marca con el mayor papel conductor) constituye un serio problema al definir la arquitectura de la marca, la organización debe considerar seriamente la composición del grupo. ¿Cuáles son las marcas que controlan colectivamente las relaciones con clientes? ¿Debe retirarse o desenfatizarse alguna? ¿Deben añadirse o elevarse otras? ¿Deben extenderse algunas o han sido estiradas tanto que deben contraerse?

Una marca conductora usualmente es una marca madre o submarca, aunque las respaldadoras, beneficios de marca y submarcas de segundo y tercer nivel también pueden tener cierto papel conductor. De hecho, cuando se involucran múltiples marcas, el papel conductor de cada una puede variar desde cero a 100%. La capacidad de la arquitectura de la marca para refinar el papel conductor debe ser flexible y fuerte. En ocasiones es productivo dividir en 100 puntos conductores y puntuar a las marcas participantes según su papeles conductores relativos.

Las submarcas, en particular, pueden caracterizarse por una variedad de papeles. Algunas, como Azúcar Domino, Bolsas de Sándwiches Ziploc, Galletas de Chocolate Cadbury y Calmantes Tylenol no poseen papel conductor y son sólo descriptivas. Otras como United Express, Holiday Inn Express y Wells Fargo Advantage poseen algún papel conductor. Más aún, algunas submarcas como Ford Taurus, Callaway Big Bertha Club Oro, Iomega Zip y Hershey's Sweet Escapes poseen un papel conductor importante. En el capítulo 4 se analiza el espectro conductor de las submarcas para clarificar la decisión sobre cuánto debe representar el conductor de responsabilidad de una submarca.

Atribuir papel conductor a una marca es importante, ya que tiene implicación directa sobre el valor de activo de la marca. Las marcas conductoras necesitan ser activamente gestionadas; si la marca posee un papel conductor limitado, no debería recibir los recursos para la construcción de marca ni ser gestionada activamente.

ESTRUCTURA DE LA CARTERA DE MARCAS

Las marcas en la cartera poseen relaciones entre sí. ¿Cuál es la lógica de esta estructura? ¿Suministra claridad al cliente o complejidad y confusión? ¿La lógica promueve sinergia y apalancamiento? ¿Suministra sentido de orden, propósito y dirección a la organización? ¿O sugiere una decisión *ad hoc* que lleva la estrategia a la deriva y a un conjunto incoherente de marcas? Hay tres enfoques para analizar y presentar la estructura de la cartera: agrupación de marcas, árboles jerárquicos de marcas y línea de marcas.

Agrupación de marcas

La agrupación de marcas o configuración es un lógico conjunto de marcas que poseen en común características significativas. En el ejemplo de Ralph Lauren, las marcas se agruparon con respecto a las siguientes características:

—segmento (masculino o femenino);
—producto (ropa o productos para el hogar);
—calidad (de diseñador a primada);
—diseño (clásico o contemporáneo).

Los grupos suministran lógica a la cartera de la marca y guían su crecimiento en el tiempo. Los tres primeros grupos usados por Ralph Lauren (segmento, producto y calidad) a menudo desempeñan un papel en numerosas carteras, al ser dimensiones que definen la estructura de muchos productos-mercados. La industria hotelera, por ejemplo, se estructura según su segmento (Courtyard para viajeros de negocios frente a Fairfield Inn para viajeros de turismo), producto (Marriott Residence Inns para estancias prolongadas frente a Marriott para estancias de sólo un día) y nivel de calidad (Marriott para lujo frente a Fairfield Inn de Marriott para clase económica). La cartera de marcas agrupada por básica segmentación producto-mercado tiende a ser más fácilmente comprendida por los clientes.

Otras dos categorías de variables útiles son los canales de distribución y aplicaciones. L'Oréal usa las marcas Lancôme y Biotherm para grandes almacenes y tiendas selectivas, las marcas L'Oréal y Maybelline para droguerías y tiendas de descuentos, y otro conjunto incluye a Redken para salones de belleza. Nike tiene un conjunto de marcas agrupadas según sus aplicaciones, deportes y actividades individualizadas (baloncesto, tenis, fútbol, etc.).

Árboles jerárquicos de marca

En ocasiones, la lógica de la estructura de la marca puede obtenerse mediante un árbol jerárquico (o familia de marcas), como se ilustra en las figuras 5.3 y 5.4. Esta estructura se asemeja a un organigrama con dimensiones horizontales y verticales. La dimensión horizontal refleja la amplitud de la marca en términos de submarcas o respaldadas que se protegen debajo del paraguas de la marca. La dimensión vertical incluye a las marcas y submarcas que son necesarias para un ingreso o entrada particular producto-mercado. El árbol jerárquico de los productos para cuidado bucal Colgate (figura 5.3) muestra que el nombre cubre a pasta dentífrica, cepillos de dientes, hilo dental y otros productos de higiene dental. Al mismo tiempo ilustra cómo Colgate Plus tiene dos submarcas distintivas vinculadas al estilo y curvatura del cepillo de dientes.

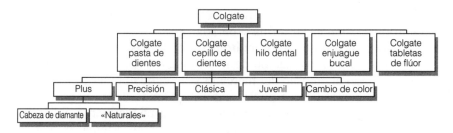

FIGURA 5.3
Árbol jerárquico de la marca Colgate para productos de cuidado bucal

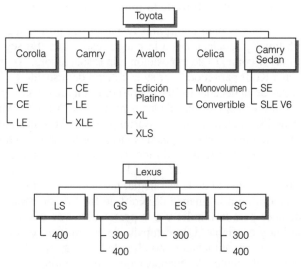

FIGURA 5.4
Árbol jerárquico de la marca Toyota

Una organización con múltiples marcas requerirá de un árbol jerárquico para cada una; en efecto, se necesita un bosque. Colgate, por ejemplo, tiene tres marcas de pasta dentífrica (Colgate, Ultra Brite y Viadent) y docenas de otras marcas importantes como Mennon, Softsoap, Palmolive, Irish Spring y Skin Bracer. En la figura 5.4, Lexus y Toyota representan dos diferentes árboles. Algunos árboles pueden ser tan extensos que deben presentarse en más de una hoja de papel, por lo que deben amalgamarse en juegos. Los productos de cuidado dental Colgate, por ejemplo, resultarán difíciles de representar en una estructura de árbol jerárquico, por lo que será útil considerar al juego de cepillos de dientes en forma separada.

La presentación del árbol jerárquico de marcas otorga perspectiva que contribuye a la evaluación de la arquitectura de la marca. En primer lugar, dado el entorno del mercado y la realidad práctica para apoyarlas, ¿hay demasiadas o pocas marcas? ¿Dónde deben consolidarse las marcas? ¿Cuándo la incorporación de una nueva marca producirá impacto en el mercado? En segundo lugar, ¿es el sistema de marcas claro y lógico o confuso y *ad hoc*? Si lógico y claro fueran inadecuados, ¿qué cambios serán apropiados, efectivos en costes y útiles?

Expandir el ámbito de la marca respaldadora

Existen dos motivos para incorporar respaldo. En primer lugar, suministrar credibilidad y asociaciones a la marca respaldada. En segundo lugar, otorgar mayor contexto de exposición a la respaldadora. Ambas razones motivaron a Kraft para modificar su estrategia de respaldo en 1997.

Hasta finales de la década de 1990, Kraft era la marca madre para quesos, salsas, condimentos para ensaladas y mayonesa (Miracle Whip) y la respaldadora de Philadelphia, Cracker Barrel y quesos Velveeta. Además la cartera de Kraft albergaba una docena de marcas en solitario (como Minute Rice y Post) que fueron difuminando los recursos para la construcción de marca. La decisión de incorporar el respaldo de Kraft se tomó para apalancar su nombre. Como parte de la estrategia, las marcas funcionando en solitario se incorporaron a la imagen de Kraft de fácil de preparar, cada día buenas soluciones para la familia y a la personalidad de saludable, orientada a la familia y confiable. Una campaña de 50 millones de dólares que se puso en marcha para aumentar el nombre de Kraft, apoyó el movimiento para unir confortablemente a las marcas bajo su protección.

Como resultado, Kraft se convirtió en una gran respaldadora para Stovetop Stuffing, Minute Rice y Shake & Bake. Además se convirtió en una respaldadora simbólica de Oscar Mayer, Tombstone, Post, Maxwell House, Breyer's, Cool Whip y Jell-O. Es interesante observar cómo todas estas marcas (y especialmente las tres que recibieron el mayor respaldo) son productos de cada día y no tanto consecuencia del estiramiento de Kraft. Algunas marcas como pizza DiGiorno y la salsa Bull's Eye Barbeque se dejaron al margen debido a que estaban posicionadas en el segmento alto y en parte porque sus marcas compañeras, pizza Tombstone y salsa Kraft Barbeque Sauce, se reconocían como más próximas a la identidad central de Kraft. El resultado final fue más coherencia en la familia de marcas y submarcas de Kraft, por lo que pueden crear sinergias más efectivamente con programas cruzados promocionales.

La arquitectura de la marca de éxito produce una variedad de ofertas claras tanto para el cliente como para la propia organización[5]. Si se cuenta con una estructura jerárquica lógica entre las submarcas, se logrará claridad. Cuando las submarcas indican cada una las mismas características, la estructura surge como lógica. Cuando una submarca representa tecnología, otra un segmento y quizás otra un tipo de producto, la lógica organizativa se pierde, poniendo en serio compromiso la claridad.

Existe una variedad de formas definitorias de la cartera de marcas lógicas y claras. Por ejemplo, las submarcas pueden ser definidas por lo siguiente:

—Familia de productos: marcas L'Oréal's Plenitude (cuidado de la piel) y Preference (colorantes de cabello).
—Tecnologías: LaserJet de HP, InkJet e impresoras ScanJet.
—Posicionamiento calidad/valor: Visa Classic, Oro, Platino y tarjetas Signature.
—Beneficios: raquetas de tenis Prince's Thunder (fuerza) y Precision (precisión).
—Segmentos de mercado: Lee Pipes (vanguardistas para los muy jóvenes), Dungarees (estilo retro/auténtico para los jóvenes de algo más de veinte años), Lee (tejanos clásicos para el público en general) e informal (para la mujer adulta).

Línea de marcas

Un aspecto clave de arquitectura es la línea de marcas en la cartera, particularmente las respaldadoras y conductoras. ¿Cuánto deben estirarse horizontalmente entre productos-mercados? ¿Cuánto deberían estirarse verticalmente entre mercados primados y orientados al valor? ¿Cómo pueden una marca respaldadora y una submarca mejorar el apalancamiento al mismo tiempo que proteger las asociaciones de la marca necesarias para el apalancamiento?

La línea de marcas puede describirse por cada una de ellas en la cartera que amplía la clase de productos o que tiene el potencial de hacerlo. Los temas básicos a explorar son cuánto debe estirarse la marca inmediatamente y cuánto en el futuro. Al analizar estos aspectos, la organización debe distinguir entre marca con su papel de respaldadora (cuánto debe estirarse) y su papel como marca madre (dónde debe confinarse) y reconocer que las submarcas y co-marcas pueden desempeñar un papel clave en el apalancamiento.

Marca	Identidad de marca	Amplitud del producto	Aspectos
Kraft como marca madre y papel conductor	Cada día, fácil de preparar, buena calidad para soluciones de comida para la familia. Personalidad: confiable.	Queso, mayonesa, salsas para barbacoa, aderezos de ensalada.	Debilidad en salsas no cremosas y en mercados primados.
Kraft como respaldadora fuerte	Ídem.	Stovetop Stuffing, Shake & Bake Minute Rice.	Cómo apalancar la marca Kraft cuando se usa como respaldadora.
Kraft como respaldadora simbólica	Ídem.	Oscar Mayer, Post, Maxwell House, Jell-O, Cool Whip, Tombstone, Breyer's.	¿Ayuda o perjudica a la oferta el respaldo de Kraft?

FIGURA 5.5
Línea de marcas Kraft

La descripción de la línea de marcas puede adoptar diversas formas. Usando el ejemplo de Kraft, descrito en la figura 5.5, se especifica la línea de Kraft y sus papeles como marca madre, respaldadora fuerte y respaldadora simbólica. La identidad de la marca, presentada en la segunda columna de la izquierda, ayuda a comprender la naturaleza y calidad lógica de la línea de marca (los productos a los cuales se ha aplicado la marca). La columna de la derecha presenta las amenazas y oportunidades de la marca.

El concepto subyacente de la figura 5.5 es disponer de una representación compacta de la línea de marcas con sus propios papeles ya sea conductora o respaldadora. Con esta información, la organización puede preguntarse si la marca ha sido estirada demasiado o si se encuentra con bajo apalancamiento. Las marcas sobreestiradas pueden causar problemas de encaje o asociaciones indeseadas. El bajo apalancamiento, por el contrario, sucede cuando la marca podría ser útil en contextos en los cuales está ausente.

PRESENTACIÓN GRÁFICA DE LA CARTERA

La presentación gráfica de la cartera constituye el patrón representativo de las marcas y sus contextos. Uno de los elementos más visibles y principales de esta gráfica es el logo que representa a la marca en sus diversos papeles y contextos. Las dimensiones del logo, su color, estilo y tipo pueden modificarse para realizar una propuesta de marca, de su contexto y de sus relaciones con otras marcas. La representación gráfica de la cartera también se define por representaciones visuales como envases, símbolos, diseño del producto, creatividad publicitaria, proposiciones e incluso el sentimiento y lucimiento de la presentación.Todos pueden emitir señales sobre las relaciones en la cartera de la marca.

Un papel de la presentación gráfica de la cartera es indicar el papel conductor relativo del conjunto de marcas. El tamaño y emplazamiento relativo de dos marcas en un logo o nombre reflejará las importancias relativas y papeles conductores. Por ejemplo, si se examinan los respectivos logos, el tamaño y emplazamiento del respaldo de Ralph Lauren claramente indica un fuerte apoyo de Ralph y otro más débil para Polo Sport. El respaldo de Marriott a Courtyard es visualmente mayor y más fuerte que el respaldo a Fairfield Inn. El hecho de que el nombre de marca ThinkPad aparezca en tipografía más pequeña que la de IBM indica al cliente que ésta es quien asume el papel primario de conductor del producto.

Otro papel de la presentación gráfica de la cartera es señalar la separación de dos marcas o contextos. En el caso de tractores John Deere para parques y jardines, el color y diseño del producto desempeña un papel fundamental para separar un producto de valor (Sabre de John Deere) de la clásica y primada línea John Deere. Debido a que la línea Sabre eliminó el amarillo del esquema cromático familiar de John Deere, los clientes recibieron una fuerte señal visual de que no estaban comprando un producto primado. El producto incluso lucía visiblemente distinto, faltándole el sentimiento sustantivo de la línea madre John Deere. Para separar visualmente sus productos para usar en el hogar de otras líneas, HP utiliza diferentes colores (púrpura y amarillo), un embalaje propio (impreso con representaciones de personas mientras que para los clientes institucionales el embalaje es totalmente blanco) y una proposición diferente («Explorando posibilidades»).

Otro papel de la presentación gráfica es denotar la estrucutra de la cartera de marcas; el uso del color y de un logo común (o parte del logo) puede indicar agrupamiento. El uso de colores y diseño del envase de Maggi suministra un muy fuerte impacto para la marca madre sobre las submarcas, indicando que forman un grupo con asociaciones comunes.

Un ejercicio ilustrativo (que es parte de la auditoría de arquitectura de la marca analizada al final del capítulo) es coleccionar todos los anuncios gráficos de la marca para todos los contextos y desplegarlos sobre una pared. ¿Lucen homogéneos y tienen el mismo sentimiento?

Presentación gráfica de la marca Maxfli

El rediseño de los envases de las bolas de golf Maxfli ilustra algunos aspectos de presentación gráfica. El envase de Maxfli en 1995 era más consistente con cintas de vídeo que con bolas de golf (ver figura 5.6). Más aún, los consumidores indicaban que la tipografía era aburrida. Con la ayuda de una empresa de diseño, Maxfli rediseñó sus envases para diferenciar sus ofertas de bolas primadas de las de sus competidoras directas como Titleist, Top-Flite y Wilson y para crear una separación en su línea de productos (que iba desde bolas de golf estándares hasta superprimadas). Como la marca número 4 en el mercado, el desafío para Maxfli fue crear un estilo que la diferenciara, reflejara su identidad de marca y sugiriera una estructura en su línea.

FIGURA 5.6

Maxfli: antes y después

El envase de la figura 5.6 muestra la tipografía reestilizada. Una ilustración suave, monocromática de una bola de golf fue incorporada para producir un vínculo visual con la categoría. El nombre y color separó a los tres niveles de submarcas. La línea superior mantuvo el color oro y el nombre HT. La línea para el mercado medio, rebautizada como Serie X, presentó tres variantes: XD (distancia), XF *(feel)* y XS *(spin)* en color negro, que sugiere calidad, masculinidad y prima. La línea orientada al valor fue denominada MD y emplea el blanco, que para la mayoría de golfistas indica valor[6].

¿Hay sinergia visual (los anuncios gráficos en un contexto de la marca apoyan a otros en distintos contextos)? ¿Se presenta a la marca de forma inconsistente? La prueba visual es un buen complemento para el test lógico de presentación de estructura de la marca. Es también útil comparar la presentación gráfica de la marca con la de las competidoras.

OBJETIVOS DE LA ARQUITECTURA DE LA MARCA

En el inicio del capítulo, la figura 5.2 sintetiza las cinco dimensiones y los seis objetivos de la arquitectura de la marca. Los objetivos del sistema son cualitativamente diferentes de los objetivos individuales de las identidades de marca. Crear un impacto efectivo y fuerte de la marca es el primero de ellos, aunque los demás son esenciales para alcanzar el liderazgo. Los seis objetivos de la arquitectura de la marca se detallan a continuación:

—*Crear marcas efectivas y poderosas.* Las ofertas poderosas de marca que resuenen entre los clientes con un punto de diferenciación y apelación a clientes constituyen el objetivo principal. Las nuevas submarcas también pueden contribuir a ello incorporando o puliendo asociaciones, aun cuando añaden costes y complejidad a la arquitectura de marca actual. Sería un objetivo poco ambicioso si no planteara marcas poderosas en la arquitectura de la marca.
—*Localizar recursos para la construcción de la marca.* Si cada marca se fundamenta solamente según la contribución de beneficios, las marcas con potencial crecimiento y modesto nivel de ventas dispondrán de escasos recursos y las marcas con papel de bala de plata tambien recibirían recursos inadecuados para cumplir su papel en la cartera. La identificación de marcas que pueden cumplir un papel en la cartera es el primer paso para optimizar la decisión de localización.
—*Crear sinergias.* Una arquitectura de la marca bien concebida deberá producir diversas fuentes de sinergias. Particularmente, el uso de marcas en contextos diversos deberá aumentar la visibilidad de las marcas, crear y reforzar asociaciones y liderar la eficiencia en costes (en parte creando economías de escala en los planes de comunicación). La arquitectura de la marca debería evitar las sinergias negativas que puedan resultar de identidades de marcas conflictivas en diferentes contextos y papeles.
—*Lograr claridad en la oferta de producto.* Un sistema de marcas debería clarificar la oferta de producto no sólo para los clientes,

sino para los recursos humanos y asociados a la organización (distribuidores, agencia de publicidad, empresas de *merchandising*, de relaciones públicas, etc.). Las marcas poderosas proyectan una identidad clara entre recursos humanos y asociados.
—*Apalancar el valor de la marca*. Las marcas con bajo apalancamiento representan activos infrautilizados. Apalancar las marcas significa hacerlas trabajar a fondo (aumentar su impacto en el mercado objetivo y extenderlas a nuevos productos mercados). Una función de la arquitectura de la marca es suministrar estructura y disciplina para provocar oportunidades de extensión de la marca. La extensión se asocia a riesgos, por supuesto, que necesitan ser identificados. Una sensibilidad especial debe manifestarse para la extensión vertical de la marca; a medida que la versión sea más baja, tenderá a definir la marca.
—*Suministrar una plataforma para opciones de crecimiento futuro*. La arquitectura de la marca debe tener su vista en el futuro y apoyar estrategias que avancen sobre nuevos productos-mercados. Puede significar la necesidad de crear una marca maestra con significativo potencial de extensión, aun si dicha marca fuera difícil de justificar sobre las bases de ventas actuales.

Existen una serie de aspectos vinculados a cada una de las cinco dimensiones de la arquitectura de la marca. Algunas (rol de respaldo y submarca) se analizaron en el capítulo 4, mientras que otras (balas de plata y rol de la cartera estratégica de marca) se analizaron en el anterior libro *Construir marcas poderosas*. Al final de este capítulo se analiza otro aspecto importante de la arquitectura de la marca, amplitud de la marca, seguido de la presentación de la auditoría de la arquitectura, metodología para diagnosticar problemas y oportunidades de arquitectura de la marca.

Extender la amplitud de la marca

Una cuestión estratégicamente importante de la arquitectura de la marca involucra la amplitud de cada una de las marcas. Las extensiones contribuyen a satisfacer dos objetivos de la arquitectura de la marca: apalancar los activos de la marca y crear sinergias produciendo exposiciones y asociaciones de la marca en diferentes contextos. Extensiones concebidas con limitaciones pueden diluir las asociaciones y, por lo tanto, debilitar la marca y reducir la claridad de su oferta.

¿EXISTEN OPORTUNIDADES PARA EXTENDER LA MARCA HORIZONTALMENTE?

¿Cuánto debe extenderse la marca con respecto a su rol conductor? La respuesta es simple. La marca sólo debe trasladarse a donde encaje, donde aporte valor y donde las nuevas asociaciones aumenten su activo. Cada uno de esos tres criterios pueden explorarse mediante investigación de mercado.

Encaje

Los clientes deben sentir confort con la marca en el nuevo escenario. Pueden existir una variedad de bases para el encaje, incluyendo asociaciones del producto (zumo de arándanos para cocktail Ocean Spray o yogur Danone para postres de fruta Danone), un ingrediente (desodorante para alfombras Arm & Hammer o Nescafé Mix, café soluble con cacao en polvo), un atributo (tabletas de vitamina C Sunkist o Mach 3 de Gillette, máquina de afeitar de tres hojas), una aplicación (cepillos de dientes Colgate o Sony PlayStation 2 con conexión a Internet), imaginería del usuario (la edición Ford Explorer de Eddie Bauer o la edición Smart que permite la personalización del vehículo), experiencia (motores Honda) o imagen del diseñador (chaquetas Pierre Cardin).

Cualquiera que sea el vínculo, los clientes deben percibir un encaje y no una asociación discordante (el revelado rápido de fotografías McDonald's se confabularía con la imagen de patatas fritas grasientas en lugar de rápido, consistente y conveniente servicio). A pesar de que dichos problemas pueden, en ocasiones, gestionarse alterando la perspectiva (por ejemplo, creando una imagen visual del proceso de fotografías McDonald's similar a la del restaurante), la posibilidad de estas asociaciones contraproducentes resulta pertinente a la decisión de hasta dónde estirar la marca.

Las reglas para esta decisión, no obstante, no están escritas en piedra. Una o dos extensiones intervenidas pueden hacer que un estiramiento excesivo se convierta en deseado y factible. Una extensión de éxito puede contribuir a modificar percepciones de la marca que, incluso, hagan que la marca encaje virtuosamente. Virgin, en sus inicios una compañía musical, extendió la marca para crear una línea aérea que no resultó un buen encaje. Una vez que la compañía tuvo éxito, el encaje y la proposición cambiaron completamente. La marca evolucionó hacia una de mayor personalidad (divertida e irreverente, audaz pero dedicada a la calidad) que puede funcionar en numerosas situaciones.

Cuando una marca se vincula próxima a la clase del producto, su potencial para la extensión se autolimita. A pesar de que el nombre

Campbell's Soup tiene numerosas asociaciones positivas, la marca no ha rendido bien cuando se la aleja de las sopas. De la misma forma, marcas como A-1 (salsa para carne), Kleenex y lejía Clorox no pueden estirarse más allá de sus áreas básicas de producto debido a su vínculo estrecho con productos específicos y sus atributos. En tales situaciones se manifiesta una cierta ironía, ya que cuanto más fuerte es la marca más compleja es su extensión. Por el contrario, marcas que disfrutan de credibilidad en sus asociaciones intangibles como control de peso (Weight Watchers), alimentos sanos (Healthy Choice) y moda (Ralph Lauren) resultan más suceptibles de extender en nuevas categorías, ya que esos intangibles funcionan en una gran variedad de contextos.

El secreto para obtener apalancamiento es, por lo tanto, evolucionar a la marca desde su enfoque de producto a una profunda relación con clientes. Maggi se ha dedicado a producir sopas y productos para preparar comidas: ha estado muy orientada al producto. Cuando evolucionó hacia una socia y amiga que ayuda a hacer entretenido cocinar, su imagen y capacidad de extensión creció significativamente.

Los clientes que desarrollan una relación funcional con la marca tienden a evaluar las extensiones más negativamente que aquellos que tienen una relación emocional. Los clientes de VISA que perciben la tarjeta como un simple y eficiente medio de pago (relación funcional) responden más negativamente a las extensiones de la marca fuera de la categoría de pago que aquellos clientes que la perciben como una marca informativa-tecnológica-global.

Añadir valor

El desplazamiento de la marca debe contribuir a la oferta. Si una marca como Campbell's, Williams-Sonoma o Saturn se traslada a un nuevo producto-mercado (por ejemplo, Campbell's a champiñones frescos, Williams-Sonoma a especias y Saturn a automóviles deportivos), el nombre de la marca debería contribuir a que los clientes articulen por qué la oferta es superior a la de otras marcas. Cuando sea el caso, las asociaciones de la oferta de la marca deben resultar relevantes, creíbles y valoradas por los clientes.

La marca no debe retraer o dañar la oferta con asociaciones improcedentes. Por este motivo, en la oferta de Saturn la relación de GM fue detraída durante la mayor parte de su ciclo de vida. Si se usara el nombre Campbell's como marca maestra o, incluso, como marca respaldadora de una línea de comida italiana, la presunción podría ser que los productos sabrían a sopa.

Aumentar el activo de la marca

Por el contrario, el activo de la marca debe ser aumentado por la presencia de la marca en otros contextos (no sólo por aumentar su visibilidad sino, además, por las asociaciones generadas). El plan de Virgin Cola para atacar a Coca-Cola (apoyado por publicidad muy creativa), por ejemplo, fortaleció su imagen de desamparada (en términos comparativos), que constituye la esencia de la marca Virgin.

¿QUÉ HAY SOBRE EXTENSIÓN VERTICAL?

Frecuentemente se produce un gran interés por trasladar la marca hacia abajo para participar en un mayor mercado orientado al valor o hacia arriba para disfrutar de la vitalidad del producto y de márgenes en un mercado selectivo. Como se analizó en los ejemplos de los electrodomésticos de GE y en los hoteles Marriott presentados en el capítulo 4, el estiramiento vertical es particularmente intrincado, al estar involucrada la calidad percibida y porque el uso de submarcas y marcas respaldadas necesita ser considerados. El camino seguro indica mantener la marca en un nivel de calidad consistente.

Muchas marcas carecen de la credibilidad y prestigio para soportar un estiramiento hacia arriba. Black & Decker, suministradora de herramientas de calidad para el segmento de hágalo usted mismo, fracasó en su línea profesional de herramientas para la construcción posicionadas «sobre las herramientas manuales» de uso doméstico; la línea tuvo que reintroducirse con el nombre de DeWalt. Cuando el estiramiento hacia arriba funciona (como en el ejemplo de la línea de electrodomésticos Profile de GE), tiende a ser modestos por naturaleza. Las marcas se posicionan tan buenas como las establecidas, más que como una de las mejores, y el estiramiento hacia arriba se basa en superioridad funcional o mejoras más que en prestigio. Además la nueva oferta, generalmente, es visiblemente distinta y usa las submarcas y respaldadas para separarse de la marca madre.

Por el contrario, el mercado orientado al valor es de más fácil acceso (como cada ciclista experimenta: es más fácil descender que ascender). Acceder al mercado de valor generalmente produce el riesgo sobre el prestigio y la base actual de clientes, ya que los clientes pueden ser atraídos hacia la oferta de más bajo precio. Al mismo tiempo, la cadena de valor puede perder credibilidad debido a que las marcas competidoras más elevadas suelen responder con descuentos en precios. La oferta de bajo precio de películas fotográficas Kodak con la marca Funtime atrajo más a los consumidores fieles de Kodak que a los orientados al valor que constituían su segmento objetivo. Las extensiones hacia abajo que funcionan, como Courtyard de Marriott, tienden a ser de ofertas separadas de productos orientados a distintos segmentos, participando en el mercado de valor como respaldadoras.

Auditoría de la arquitectura de la marca

La auditoría de la arquitectura de la marca es una vía para examinar la arquitectura actual de la marca e identificar problemas o aspectos merecedores de mayor análisis y planes más rigurosos. En la figura 5.7 se presentan dos docenas de cuestiones suministradoras de estructura y agenda para la auditoría. Cada aspecto es potencialmente importante y puede provocar análisis y cambio significativo, aunque no es definitivo. A medida que se avanza en la agenda, emergerán nuevas cuestiones adicionales útiles y relevantes.

Auditoría de la arquitectura de la marca

ANÁLISIS DEL NEGOCIO

—¿Cuál es el volumen de ventas actual y potencial, beneficios y crecimiento de la cartera de marcas?
—¿Cuáles son las iniciativas estratégicas?
—¿Qué negocios son importantes financiera y estratégicamente en la actualidad y en el futuro?
—¿Qué segmentos son importantes financiera y estratégicamente en la actualidad y en el futuro?

ARQUITECTURA DE LA MARCA

Cartera de marcas
—Identificar las marcas y submarcas en la cartera.

Papeles de la cartera
—¿Cuándo las marcas son estratégicas (marcas representando un nivel futuro sustancial de rentabilidad)?
—¿Hay (o debería haber) algunas marcas pivote que apalanquen una importante área de negocios?
—¿Qué marcas o submarcas juegan (o deberían jugar) papeles de bala de plata? ¿Se necesitan balas de plata adicionales?
—Las marcas estratégicas, pivotes y balas de plata ¿están siendo apoyadas y activamente gestionadas?
—¿Qué marcas deben adoptar papeles de vacas lecheras? ¿Requieren los recursos que se les han asignado?

ARQUITECTURA DE LA MARCA

Papeles del contexto producto mercado
—Identificar las marcas y submarcas con responsabilidad conductora sustancial.
¿Qué valor deben adquirir? ¿Qué tan fuerte es el vínculo de cada una con clientes? ¿Qué marcas necesitan gestión activa y construcción?
—Identificar las submarcas y ordenarlas en el espectro descriptivo de submarca conductora. En función de la valoración, ¿reciben adecuados recursos y gestión?
—Las marcas respaldadoras ¿añaden valor por su apoyo? ¿Lo disminuyen? ¿Es su identidad apropiada para este papel? ¿Debe disminuirse o eliminarse el papel de respaldo en determinados contextos? ¿Existen otros contextos en los que haya que añadir el respaldo o hacerlo más pronunciado?
—Identificar las co-marcas. ¿Están bien concebidas? ¿Deben considerarse otras nuevas? ¿Qué tipo de socios son útiles para fortalecer la marca?
—Identificar los componentes, atributos y servicios de marca. ¿Debe otorgárseles mayor o menor papel?
—¿Hay otros componentes, atributos o servicios que se estén ofreciendo que puedan envasarse o denominarse con una marca?

Estructura de la cartera de marcas
—Analizar la estructura de la cartera de marcas por uno, o más, de los siguientes métodos:

- Observar un grupo de marcas usando descriptores lógicos como segmentos, tipo de producto, aplicación o canal.
- Diagramar todos los árboles jerárquicos de la marca.
- Especificar la amplitud actual y potencial producto/mercado para todas las principales marcas conductoras y respaldadoras.

—Evaluar la estructura de la cartera de marcas (y las subpartes significativas) según generen claridad, propósito y dirección *versus* complejidad, decisiones *ad hoc* y deriva estratégica.
—Las marcas actuales ¿deben eliminarse o se les debe otorgar mayor o menor influencia en contextos actuales? ¿Deben crearse nuevas marcas o submarcas?
—¿Hay marcas sobreextendidas? ¿Se ha perjudicado su imagen?
—¿Están apalancadas adecuadamente las marcas y submarcas? ¿Cuáles constituyen potenciales extensiones horizontales? ¿Existe el potencial para extender la marca verticalmente (con o sin submarca)?

Presentación gráfica de la cartera
—Preparar una muestra sobre la forma en que las marcas se presentan visualmente, incluyendo logotipos y material de comunicación. ¿Es clara, consistente y lógica o hay confusión e inconsistencia? ¿Se refleja visualmente la importancia relativa de cada marca? ¿Hay energía visual?
—La presentación visual de la marca en la cartera ¿apoya la estructura de la cartera? ¿Apoya los roles del contexto? ¿Apoya las identidades de las marcas?

GESTIÓN DE LA ARQUITECTURA DE LA MARCA
—¿Cuál es el proceso por el que la marca y submarca se incorpora a la cartera? ¿Qué criterio se usa?
—¿Se revisa periódicamente la arquitectura de la marca?
—¿Quién es el responsable de la presentación visual de la marca? ¿Cuál es el proceso de gestión para la presentación visual?

FIGURA 5.7

Análisis del negocio

En el primer estadio de la auditoría, que precede al examen de las cinco dimensiones de la arquitectura, se identifican y evalúan las áreas de negocios con respecto a su relevancia en la organización. Dos aspectos del análisis del negocio son esenciales para la auditoría de la arquitectura de la marca: determinación de las áreas de negocios actuales y futuras y estrategia de segmentación.

La especificación de aquellas áreas de negocios que serán las más significativas para la organización es fundamental para los aspectos de arquitectura de la marca. Un cuestión clave es diseñar el plan para las marcas estratégicas, pivotes y conductoras, al igual que comprender qué negocio es potencialmente relevante. ¿Cuál es la visión del negocio? ¿Cuáles son las iniciativas estratégicas clave? ¿Cómo se define el mercado desde el punto de visto competitivo? ¿Cuál es la estructura actual del mercado y cómo será su evolución? ¿Cuál es el atractivo de los diversos submercados?

Comprender la segmentación y su estrategia es igual de importante, ya que la estructura de la cartera de marcas necesita responder a ella. En el ejemplo de Ralph Lauren, la segmentación tiene un impacto significativo en la estructura de la cartera. Para crear esa estructura será necesario identificar las variables de segmentación, los segmentos más importantes, las necesidades no cubiertas de esos segmentos y cómo se conectará con ellos la marca.

Arquitectura de la marca

Cartera de la marca

Realizado el análisis del negocio, la auditoría debe inventariar las marcas y submarcas actuales, bloque fundamental de la arquitectura. ¿Cuáles son candidatas a ser eliminadas de la cartera?

Papeles de la cartera de marcas

Identificar aquellas marcas que en la cartera desempeñen el papel estratégico, pivote, vaca lechera o bala de plata. ¿Están recibiendo los recursos adecuados o tienen necesidad de otros niveles? Estas marcas ¿están teniendo éxito y el acceso a los recursos refleja la importancia de su papel? Las marcas vacas lecheras ¿están recibiendo los recursos adecuados de construcción de marca o se les otorgan debido a su nivel actual de ventas y beneficios? ¿Debe asignársele a alguna marca el papel de cartera? En especial, ¿se necesitan otras balas de plata para apoyar a marcas con problemas de imagen?

Papeles del contexto producto-mercado

Ahora la auditoría se encamina al uso de marcas respaldadoras y submarcas, beneficios de marca y marcas conductoras. ¿Cuáles son las marcas conductoras? ¿Reciben el adecuado apoyo? Las respaldadoras ¿incorporan valor o lo disminuyen? ¿Hay marcas que pueden contribuir como respaldadoras? ¿Hay submarcas que contribuyen lo suficiente para justificar los recursos que reciben? Los beneficios de marca ¿están lo suficientemente explotados? ¿Se necesitan más? ¿Puede ser útil asociarse con otra organización para la co-marca?

Estructura de la cartera de marcas

La auditoría de la estructura de la cartera de marca se inicia analizando si hay una forma lógica para la cartera que vincule la agrupación de marcas, árbol jerárquico y/o especificaciones de la línea de marcas. La cartera ¿sugiere claridad, propósito y dirección? ¿Debe adelgazar la cartera? ¿Hay marcas sobreextendidas? ¿Hay otras infraapalancadas? ¿Deben extenderse algunas?

Presentación gráfica de la cartera

El análisis de la presentación gráfica se realiza mejor con una síntesis visual de la representación de la marca en todos sus contextos. La presentación visual de la marca en la cartera ¿crea claridad o confusión? ¿Apoya la estructura de la cartera? ¿Apoya los papeles del contexto? ¿Apoya las identidades de las marcas? Un problema puede sugerir que se requiere un trabajo de diseño para crear un sistema gráfico. También puede sugerir que la gestión gráfica está fuera de control y que, por lo tanto, el sistema de gestión debe revisarse.

GESTIÓN DE LA ARQUITECTURA DE LA MARCA

Los procedimientos y estructuras organizativas para crear, revisar y mejorar la arquitectura de la marca deben estar disponibles y en funcionamiento. Debe existir una autoría periódica de la arquitectura de la marca para solucionar los problemas emergentes, al mismo tiempo que otra completa cuando se considera un nuevo producto o se realiza una adquisición. De hecho, una compra que introduce marca(s) en la cartera incorpora serios aspectos de arquitectura.

Los problemas detectados en la auditoría de la arquitectura de la marca deben ser analizados con agilidad y solucionados con planes de acción. Por ejemplo, si la arquitectura de la marca está produciendo confusión, sus elementos contributivos (cantidad de marcas o nivel de submarcas) deben identificarse para desarrollar el pertinente plan.

La gestión de la arquitectura de la marca también involucra mecanismos para comunicarla a la propia organización, especialmente a los más afectados. La presentación visual, especialmente, necesita ser comunicada. Hay una necesidad también de comprender cómo se usan las marcas: ¿Qué extensiones de productos se han considerado? ¿Qué nuevos mercados? ¿Cómo se presentan las nuevas ofertas? La arquitectura de la marca incluye la presentación visual, aunque va mucho más allá.

PREGUNTAS PARA EL ANÁLISIS

1. Realice una auditoría de arquitectura de la marca.
2. Identifique planes para mejorar los aspectos descubiertos.

Parte IV

Construir marcas: más allá de la publicidad

Capítulo 6

Adidas y Nike: lecciones en la construcción de marcas

*No ganas la plata, pierdes el oro.
No hay una meta.*

Publicidad de Nike

Cada jugador, cada nivel, cada juego. Gánalos.

Publicidad de Adidas

Las historias de Adidas y Nike ofrecen algunas lecciones instructivas en la construcción de marcas. La historia de Adidas se centra en Europa, donde las innovaciones en los años cincuenta, sesenta y setenta ayudaron a crear una marca dominante. Adidas falló en su mercado clave europeo en los años ochenta en parte debido al reto de Nike, pero se recuperó en los años noventa debido a sus esfuerzos en romper la paradoja del mercado. La historia de Nike se centra en los Estados Unidos y muestra su propia historia de éxitos en la construcción de marcas, en primer lugar durante los años setenta, y otra vez en los ochenta y noventa cuando se recuperó del desafío de Reebok y disfrutó de un destacable récord de crecimiento. La estrategia y la ejecución de los planes de construcción de marcas de estas dos organizaciones constituyen historias fascinantes.

El objetivo no es proporcionar biografías completas de estas dos marcas, sino, más bien, destacar algunos de sus programas de construcción de marcas y colocarlos en un contexto histórico. Mediante la exploración de no sólo lo que se hizo, sino de por qué se hizo y por qué tuvo éxito, se generan elementos de análisis que tienen valor también para otras marcas.

Este es el primero de cuatro capítulos relativos al reto de crear planes de construcción de marcas. El capítulo 7 estudia cómo se puede usar el patrocinio para construir una marca. El capítulo 8 se refiere a la construcción de marcas en la red. Muchas empresas se oponen a los patrocinios y a la red porque, a diferencia de la publicidad y las promociones, no se comprende bien cómo estas dos vías colaboran en la construcción de marcas y cómo se deberían gestionar. Además, el análisis de la construcción de marcas en estos dos contextos específicos ilustra temas y principios que se aplican también a otros contextos. Finalmente, los casos del capítulo 9 ilustran otros enfoques de éxito y analizan el más alto nivel de construcción de marcas: construir relaciones profundas y grupos básicos de clientes comprometidos.

Muchas de las observaciones, análisis y guías principales detallados en esta parte del libro se presentan al final de cada capítulo. Un tema importante es que la construcción de marcas no es sólo publicidad, y que la gestión de una marca no se debería delegar a una agencia de publicidad. Al contrario, con la identidad y el posicionamiento de la marca como guías, la tarea consiste en crear un conjunto integrado de medios de comunicación que ayuden a crear asociaciones. El reto consiste en acceder a alternativas y gestionarlas con objeto de que creen un impacto sinérgico coordinado, lo cual no es una tarea fácil, dadas las realidades conceptuales y organizativas del mundo real.

Adidas: el período de crecimiento

Adidas fue fundada en 1948 por Adi Dassler, fabricante de zapatos y atleta aficionado. Dassler había estado en el negocio desde 1926, cuando su familia creó una fábrica para producir zapatillas muy ligeras para practicar atletismo y fútbol. Como consecuencia de una discusión familiar, Dassler Company se dividió en 1948 en dos empresas. Una, llamada Puma, correspondió al hermano de Adi Dassler; la otra se convirtió en Adidas.

Adi Dassler fue para Adidas lo que Phil Knight sería más tarde para Nike, y mucho más. Aparte de ser un atleta y un entusiasta del deporte, fue también un inventor y un emprendedor que valoró la habilidad, la calidad y la dedicación a la innovación. Él escuchó a los mejores atletas, acudió a competiciones de atletismo y se sentó al lado de los participantes para valorar sus necesidades. «La función primero» se convirtió en el «leitmotiv» de la compañía, y su eslogan fue «Lo mejor para los atletas». Con el tiempo, Adidas desarrolló un prestigio como la compañía que hacía las zapatillas de los verdaderos atletas.

Desde el principio, el punto fuerte de Adidas fue su innovación de producto. Adi Dassler fue el genio detrás de muchos de los descubrimientos, registrando más de 700 patentes. La primera zapatilla para uso sobre hielo, la primera zapatilla multitacos y una zapatilla de fútbol con tacos, ligera y con cuero moldeado, todas nacieron en Adidas. Las zapatillas de fútbol con tacos atornillados fueron un concepto tan revolucionario que se consideraron una de las principales razones por las que el equipo de fútbol de Alemania ganó la Copa del Mundo de 1954.

En muchos aspectos, Adidas fue gestionada como una empresa familiar. La esposa de Adi Dassler ayudaba a gestionar el negocio, y todos sus cinco hijos trabajaban allí. Horts Dassler, el hijo mayor, destacó por su habilidad para el márketing y las promociones. Se convirtió en el pionero de una clara relación entre una marca y el deporte: atletas, equipos, eventos y asociaciones. Hizo de Adidas la primera empresa en entregar zapatillas gratuitas a los mejores atletas y la primera en firmar contratos a largo plazo para suministrar calzado a equipos deportivos completos (asegurando con ello que el calzado de Adidas se usara por parte de los mejores atletas del mundo en las principales competiciones). Pero la mayor innovación en márketing fue la promoción activa de eventos deportivos globales, como los Juegos Olímpicos.

La conexión de Adidas con los Juegos Olímpicos se caracteriza por una historia muy rica. Las zapatillas de Dassler fueron usadas por primera vez en los Juegos Olímpicos de 1928, y usadas por primera vez por un ganador de medalla de oro en 1932. El corredor/saltador americano Jesse Owens consiguió el récord de 4 medallas de oro en Alemania en 1936 con un irritado Adolf Hitler entre el público; las fotos mostrando a Jesse Owens calzando zapatillas de Dassler fueron reimpresas en todo el mundo. Los Juegos Olímpicos son un marco ideal para el patrocinio de Adidas porque dan prestigio, son un escaparate para los mejores atletas y proporcionan un medio de demostración del rendimiento de las zapatillas en una gran variedad de disciplinas deportivas. A diferencia de productos de otros patrocinadores (como Visa o Coca-Cola), las zapatillas de Adidas se usan durante la competición para aumentar el rendimiento. La asociación continuada de Adidas con los atletas olímpicos, y el propio evento a lo largo del tiempo, permitieron a la marca crear una fuerte relación con los Juegos Olímpicos. Las marcas que se convirtieron en patrocinadores olímpicos sólo de forma esporádica tuvieron dificultades para desarrollar este tipo de relación.

Una de las ideas innovadoras de Horst Dassler fue hacer coincidir introducciones de nuevos productos con eventos deportivos específicos. Adidas empezó esta práctica con la submarca Melbourne, una zapatilla multitacos innovadora que se lanzó en los Juegos Olímpicos de Melbourne en 1956. Qué mejor medio de relacionar Adidas con el olimpismo y crear una fuerte submarca de gran «*performance*». En aquel año se consiguieron 72 medallas y se batieron 33 records usando calzado Adidas.

Apoyado por las innovaciones de los Dassler, Adidas utilizó un modelo de pirámide de influencia para la construcción de marcas, que funcionó a tres niveles. En primer lugar, se convencía a los mejores atletas a usar la marca, no sólo con incentivos, sino también porque proporcionaba innovación y calidad que ayudaban a conseguir los mejores niveles de rendimiento. En segundo lugar, la visión de la marca utilizada por los mejores atletas en las principales competiciones creaba una demanda entre un grupo mayor de clientes potenciales: los practicantes de fin de semana y los atletas aficionados. La comunicación boca a boca y productos que respondían a sus necesidades jugaron un papel clave a este nivel. En tercer lugar, las preferencias de los atletas a ambos niveles se trasladaron a los usuarios ocasionales.

La promoción activa de atletas profesionales patrocinados por Adidas, de clubes deportivos y de grandes acontecimientos como los Juegos Olímpicos se gestionó en los tres niveles, pero se enfocó especialmente al atleta profesional, el primer nivel. La exposición gratuita en televisión de los principales eventos se tradujo directamente en una mayor visibilidad de construcción de marca para Adidas a nivel de los usuarios de uso informal, el tercer nivel.

El modelo de pirámide de influencia funcionó especialmente bien porque Adidas fue el participante dominante por muchas razones durante los años sesenta y setenta. El diferencial de tamaño de mercado permitió a Adidas seguir su estrategia de una forma más agresiva y eficaz que los competidores más pequeños; también consiguió dominar el patrocinio de los atletas más conocidos.

En 1980, Adidas tenía unas ventas de 1.000 millones de dólares, con participaciones de mercado de hasta el 70% en algunas categorías de producto claves. La compañía ofrecía aproximadamente 150 modelos de zapatilla diferentes, produciendo 200.000 pares al día en 24 fábricas de 17 países. Su diversificada línea de productos (incluyendo ropa, equipamiento deportivo y prendas para atletas) se vendía en más de 150 países.

Sin embargo, a principios de los años ocheta, el modelo de construcción de marca de Adidas empezó a perder fuerza. En América, el mayor mercado deportivo del mundo, Nike había construido un modelo exitoso en parte impulsando el explosivo crecimiento del *jogging* entre los usuarios esporádicos, el nivel más bajo de la pirámide. Es difícil imaginar cómo Adidas no observó la tendencia hacia el *jogging*; un estudio de finales de los años setenta mostró que más de la mitad de estadounidenses lo habían probado. La cantidad de participantes en el maratón de Nueva York aumentó de 156 a 5.000 entre 1970 y 1977[1].

Mientras Adidas tenía una fuerte presencia en las carreras de atletas, no consideró ni al *jogging* ni a Nike seriamente porque las cosas le iban muy bien. Fue el familiar maleficio del éxito: ¿por qué invertir en áreas de negocio nuevas e inciertas? Dado que no era una actividad ni de equipo ni competitiva, el *jogging* era muy diferente de los mercados que la empresa conocía. Además, el modelo de construcción de marcas de Adidas no funcionaba para los practicantes de *jogging*. Había pocos equipos, clubes o asociaciones (y ninguna federación internacional o nacional) de *jogging* con los que Adidas pudiera construir relaciones.

También hubo algo de arrogancia. El diseño de zapatilla que funcionó para el *jogging* era extraño para los diseñadores de Adidas, que creían que cualquier cosa que amortiguara el movimiento del corredor no era muy profesional. De hecho, cuando finalmente desarrollaron una zapatilla para correr, la llamaron «el debilitador», porque creían que debilitaría a cualquiera que la usara. Esta actitud de Adidas es una cierta reminiscencia de la reacción de las empresas de automóviles alemanas ante la argumentación de la marca Lexus: los buenos coches para conductores serios no tienen una conducción suave ni apoyavasos.

La historia de Nike

Phil Knight fundó Blue Ribbon Sports en 1964 con la intención de importar zapatillas de atletismo baratas del Japón a Estados Unidos. Asociado con Knight en esta empresa estaba Bill Bowerman, un entrenador de atletismo en la Universidad de Oregón, un estudioso de las carreras y de las zapatillas y un innovador diseñador de zapatillas. Su objetivo era mejorar las zapatillas para atletas de competición y también poner en marcha un negocio. Se creó un grafismo para la marca que puede describirse como una combinación de los logos de Adidas y Puma. El nombre de marca de la zapatilla, sin embargo, cambió varias veces a lo largo de los primeros años, de Onizuka a

Onizuka Tiger, a Tiger y a Asics. Abundaron los problemas de calidad, de servicio y las disputas sobre el negocio.

En 1972, Blue Ribbon Sports empezó a fabricar su propia línea de productos en Corea y creó el nombre Nike y la marca registrada de la pipa que, a propósito, se diseñó por sólo 35 dólares. Durante los años setenta, el volumen de ventas de Nike se duplicó o triplicó casi cada año, desde 14 millones de dólares en 1976 a 71 millones en 1978, 270 millones en 1980 y más de 900 millones en 1983. En 1979, Nike vendió casi la mitad de todas las zapatillas de correr compradas en Estados Unidos. Un año más tarde, superó incluso a Adidas, líder durante mucho tiempo en el mercado norteamericano de zapatillas de atletismo. El motor detrás de este fenomenal crecimiento en las ventas fue la locura por correr, por el *jogging* y la salud que empezó a mediados de los años setenta y que se extendió por todos los Estados Unidos (y, poco más tarde, buena parte del resto del mundo). Debido a su experiencia en calzado de atletismo, Nike estaba bien posicionada para aprovecharse de esta tendencia. Además, Phil Knight, como antiguo atleta y corredor activo, era sensible a los intereses y necesidades crecientes de los participantes.

Phil Knight ambicionaba que Nike, como Adidas, fuera una marca de zapatillas deportivas importante. La filosofía de Nike era que una mejor tecnología lleva a un mejor rendimiento, y la empresa obtuvo el respeto de la comunidad atlética mediante la creación de una serie de productos y artículos innovadores. Entre sus inventos de los años setenta están la suela Waffle, llamada así por el aparato para hacer gofres usado para crear el prototipo, y los Astrograffers (diseñados especialmente para su uso sobre césped Astro). Ambos marcaron la diferencia en el rendimiento de los atletas.

Siguiendo el modelo de Adidas, los primeros esfuerzos de construcción de marca Nike consistieron en fomentar el patrocinio de atletas. En los primeros años, las estrellas emergentes y las pruebas previas para los Juegos Olímpicos fueron su enfoque, dado que los recursos de Nike no permitían atraer a los mejores atletas; sin embargo, a medida que los ingresos aumentaron, de la misma forma lo hizo el programa de patrocinio. El objetivo consistía en conseguir que el logo de Nike se situara en el círculo de ganadores y en televisión, no sólo para obtener credibilidad y exposición gratuita para la zapatilla, sino también para crear beneficios emocionales y autoexpresivos. Ahondar en la emoción en los deportes ha sido parte de la mística de Nike desde el principio.

El tipo de atleta buscado por Nike era muy diferente del atleta Adidas: inquieto, agresivo, independiente, alguien con una actitud. En resumen, su propia personalidad. El primer atleta asociado con Nike, Steve Prefontaine, era una estrella de las carreras de larga distancia, altamente competitivo, y encarnó esta personalidad iconoclasta. Murió trágicamente en un accidente de automóvil en 1975 y se le recuerda con una estatua en las oficinas centrales de Nike. El gran tenista Ilie Nastase, llamado el «desagradable» con razón, también se ajusta a este molde. Nike lo apartó de Adidas en 1972. John McEnroe, otro jugador de tenis brillante conocido por sus acciones temperamentales en la pista, firmó en 1978. La publicidad de Nike y McEnroe mostraba una foto de una zapatilla con el texto: «Nike, la palabra de cuatro letras favorita de McEnroe». Este juego de palabras expresaba de forma divertida la esencia de la marca Nike.

La personalidad de Nike aparecía en la primera publicidad impresa de la compañía. Entre sus primeros anuncios en revistas como *Runner's World* en 1977 se presentaba la fotografía de una mujer corriendo sobre un puente en medio de un embotellamiento de tránsito, con el encabezamiento «El hombre frente a la máquina». Otro anuncio mostraba una foto de un corredor solitario en una carretera estrecha flanqueada por árboles muy altos; el encabezamiento decía «No hay una meta». La imagen trasladaba al lector lejos del entorno urbano hacia un lugar donde el aire era limpio y el reto estaba en el interior de uno mismo. La experiencia mostraba que era algo percibido como positivo por el atleta comprometido. Este anuncio impactó en la audiencia y se convirtió en un póster ampliamente distribuido y expuesto en miles de dormitorios, residencias estudiantiles y salas de estar. La publicidad y los pósters contribuyeron a hacer de Nike algo actual, atractivo, especialmente en contraste con la más mecánica y autoritaria Adidas.

Debido al tamaño relativamente pequeño de Nike a mediados de los años setenta, y a los altos costes del patrocinio de atletas importantes, sus programas de publicidad y de patrocinio tenían que ser modestos. Buscando el máximo impacto para un presupuesto pequeño, Nike estableció su comité asesor. Los entrenadores de escuelas que estuvieran en el comité recibirían zapatillas gratuitas para sus equipos, apoyo para los campos de verano que patrocinaban, unos honorarios modestos y un viaje anual de primera clase a las oficinas centrales de Nike. Los entrenadores no podían creerlo: ¡ser pagados por recibir zapatillas gratis! Durante el primer año (1978), diez entrenadores de primer nivel firmaron. El programa consiguió posteriormente 50 entrenadores y tuvo como resultado la aparición del logo Nike en la Final a Cuatro de la NCAA (la semifinal y la final del torneo masculino de baloncesto universitario), un evento televisivo de primer nivel.

Otro plan muy rentable en costes fue el Athletes West, un centro de entrenamiento en Eugene, Oregón, para atletas olímpicos que no disponían de instalaciones y recursos para entrenar fuera de temporada. La ayuda privada de esta naturaleza fue especialmente apreciada por los norteamericanos en una época en que los atletas de la Europa del Este recibían subsidios de sus Gobiernos. Athletes West, que abrió en 1977, proporcionó una significativa publicity y envió un mensaje claro a los principales atletas. Nike estaba con ellos.

Un programa más importante en Nike, Ekins (cuyo nombre se basaba en las letras de «Nike» deletreadas a la inversa), combinaba un representante técnico con una persona de ventas, con actividades de construcción de marca en el propio terreno. Los nuevos empleados de Nike que se incorporaron al programa de Ekins recibieron un extenso entrenamiento sobre la tecnología de las zapatillas y sobre la filosofía de Nike. Los miembros del equipo de Ekins fueron entonces a sus mercados asignados y proporcionaron servicio de apoyo de ventas a las tiendas de deportes, educaron a doctores especialistas en ortopedia a un nivel técnico altamente sofisticado sobre cómo las zapatillas Nike ayudaban a prevenir heridas, organizaron reuniones de ventas y exposiciones en ruta e interactuaron con atletas durante las competiciones de fin de semana (carreras por la calle, en pistas de atletismo, etcétera). Todo lo que aprendían se filtraba a la central de Nike para orientar a la investigación.

El plan Ekins fue único e incluso revolucionario en aquel momento. Ninguna otra empresa de calzado tenía un ejército tan grande de técnicos altamente competentes y de consultores de ventas en el terreno que amasen el deporte y lo entendieran. Este esfuerzo en la construcción de la marca creó relaciones con influencias clave.

NIKE SE TAMBALEA

En 1983 se produjo una profunda crisis en Nike: los inventarios estaban hinchados, las ventas y los beneficios descendieron, algunas personas clave se marcharon, Knight se retiró de la gestión diaria del negocio y empezó el declive. Hubo varias causas, incluida una agresiva aproximación al textil que vino acompañada de un débil diseño y de un producto inferior. La marca empezó a ir a la deriva y se realizaron algunas extensiones mal aconsejadas: hacia la ropa informal femenina, por ejemplo. Los recientes esfuerzos para entrar en Europa habían ocupado importantes recursos de *management* y financieros. La máquina de nuevos productos no producía grandes ganadores. Pero la causa más visible fue el hecho de que Nike estaba siendo erosionada por Reebok.

Reebok creció desde 35 millones de dólares de ventas anuales en 1982 hasta más de 300 millones en 1985 explotando el furor del *fitness* y el aerobic entre las mujeres, especialmente en Estados Unidos. Reebok introdujo calzado atlético confortable hecho de cuero suave y fácil de doblar, en una gran variedad de atrevidos colores de moda. Las zapatillas de Reebok tuvieron un gran éxito entre los consumidores interesados en el diseño, especialmente las mujeres. La actriz Cybill Shepherd las consagró como un elemento de moda cuando usó un par de Reebok en naranja brillante con su traje de noche formal en la ceremonia de los premios Emmy. Reebok, en efecto, ocupó un importante vacío en la industria del calzado atlético, en detrimento de Nike (y también de Adidas).

El fallo de Nike en reconocer y responder a esta tendencia fue similar a la manera como Adidas había reaccionado a la tendencia del *jogging* casi diez años antes. Nike lo estaba haciendo bien, muchas gracias, y por lo tanto no le interesaban las tendencias implicando nuevos mercados (por ejemplo, el aerobic para mujeres) y nuevos modelos de negocio en los que el patrocinio y los comités asesores universitarios no funcionarían. Hubo otra vez arrogancia, dado que los diseñadores de Nike percibían las zapatillas Reebok como algo frívolo y vulgar, no las zapatillas de un verdadero corredor o atleta.

NIKE VUELVE

En la lucha de Nike por recuperar su posición, Phil Knight volvió a tomar las riendas y se ocupó de redefinir la identidad de marca. Concluyó que Nike era deporte, *fitness* y rendimiento, una afirmación que ayudó a reenfocar la marca en términos de lo que Nike era o no era (ver figura 6.1). Los zapatos informales y la ropa no encajaban; las zapatillas de baloncesto, sí. Otra conclusión, la de que Nike se basa en una relación emocional con el cliente, implicaba que la marca Nike debía ir más allá del producto hacia la experiencia de usarlo en atletismo (en oposición a las imágenes de estilo de vida informal).

Knight también cambió las reglas del juego de la construcción de marcas. Durante 20 años, Nike había confiado en los patrocinios, y en gran cantidad; hacia 1983 tenía aproximadamente 2.000 atletas, la mitad de la Asociación Nacional de Baloncesto, y muchos otros bajo contrato. Y el coste de obtener estos patrocinios crecía cada año, consumiendo la mayor parte del presupuesto de comunicación de Nike. Contrariamente, la publicidad había sido mínima, limitada normalmente a revistas especializadas. Este enfoque de la comunicación iba a cambiar rápidamente. La estrategia de patrocinio se enfocaría en el im-

> **Identidad de marca de Nike, alrededor de 1984**
>
> IDENTIDAD BÁSICA
>
> Deportes y *fitness*
> Zapatillas de alto rendimiento basadas en la innovación tecnológica
> Atletas de alto nivel y entusiastas del deporte
> La alegría de la victoria
>
> IDENTIDAD EXTENDIDA
>
> Personalidad de marca de ser:
>
> —agresivo, provocativo, dar la cara
> —vivo, osado
> —masculino
>
> Símbolo de la pipa, personalidades del atletismo
> Zapatillas para correr, y la sede de Oregón
> Estados Unidos como país de origen para mercados no americanos

FIGURA 6.1

pacto, más que en la cantidad; quedaría una cantidad muy limitada de atletas. Entretanto, Nike aumentaría su compromiso con la publicidad, con objeto de empujar la marca hacia un público más amplio. Michael Jordan fue a la vez instrumento y símbolo de esta nueva política.

Después de tres años difíciles, las ventas empezaron a aumentar otra vez. En 1986, Nike se convirtió finalmente en una empresa de 1.000 millones de dólares y empezó una senda increíble de crecimiento en ventas y en beneficios. Las ventas llegaron a 2.200 millones de dólares en 1990, 3.800 millones en 1994 y 9.600 millones en 1998. Durante este período, tres políticas y planes de construcción de marca contribuyeron al éxito de Nike: la estrategia de enfoque del patrocinio (empezando con Michael Jordan), el compromiso de usar publicidad a nivel nacional para crear una presencia dominante y el desarrollo de las tiendas NikeTown.

MICHAEL JORDAN: LA ESTRATEGIA DE ENFOQUE EN EL PATROCINIO

A finales de 1984, Nike firmó con Michael Jordan un contrato de cinco años, incluyendo acciones de Nike y un novedoso *royalty* sobre unas zapatillas con el nombre Jordan; el valor total se estimaba en un millón de dólares por año. Este contrato era cinco veces superior al ofrecido por Adidas o por Converse. Ambas veían a Jordan como un atleta más que patrocinaba productos en lugar del elemento central de un plan de márketing y de una línea de zapatillas y ropa. En una portada, *Fortune* dijo que el contrato era un gran error, dados los problemas financieros de Nike. Sin embargo, acabó siendo una ganga, en parte porque Michael Jordan superó todas las expectativas.

Jordan se convirtió, según la opinión de muchos, en el mejor jugador de baloncesto de la historia. Su impacto mundial tuvo que ver tanto con el estilo de su juego como con su calidad: más que dominar por el puro tamaño y fuerza, Jordan usaba su rapidez y su habilidad en el salto para flotar en el aire e improvisar jugadas espectaculares. La gente estaba cautivada por su aparente talento supernatural, y la juventud del mundo tuvo un héroe. Además, Jordan era una persona serena y agradable con una personalidad cautivadora, una envidiable ética del trabajo y un visible deseo de triunfar. Finalmente, era uno de los raros atletas capaces de trascender países y deportes, una calidad muy rentable en la medida en que Nike se basó en los muchos activos de Jordan para conseguir un negocio sustancial.

El impacto de Jordan en Nike fue grande. El epítome de rendimiento, emoción, energía y prestigio, el más grande, y un símbolo ideal para Nike. Dio a Nike la oportunidad de crear Air Jordan, una línea de zapatillas de color de baloncesto y una colección coordinada de ropa. El lanzamiento de Air Jordan fue un éxito comercial y de marca, vendiendo casi 100 millones de dólares el primer año. Cuando Jordan usó las zapatillas por primera vez, los jueces de la NBA las prohibieron porque violaban las normas de la liga. Viendo una oportunidad de relaciones públicas, Nike realizó un anuncio declarando que Air Jordan estaba «prohibido por la NBA por su diseño revolucionario». Cuando Nike y Air Jordan recibieron una enorme cobertura por parte de la prensa como consecuencia, la NBA se rindió, creando un final de la historia pro-Nike.

Air Jordan no sólo se apoyó en el magnetismo de Jordan, sino que también proporcionó una nueva manera de mostrar una tecnología que Nike había tenido desde 1974: una bolsa de aire sellada, incorporada en las suelas de las zapatillas (la tecnología Air, a propósito, había sido ofrecida a Adidas por un ingeniero de la NASA antes de irse a Nike, pero a Adidas no le interesó).

A pesar de que inicialmente las ventas fueron bien, empezaron a descender rápidamente. Creyendo que el público no entendía la tecnología Air, Nike desarrolló la zapatilla Visible Air (con una ventana a ambos lados de las suelas), así como la línea de zapatillas Air Max. La nueva línea se lanzó en 1987 con un presupuesto de publicidad de 20 millones de dólares; fue la primera vez que Nike hacía publicidad en televisión. El beneficio funcional de la tecnología Air fue copiado por la competencia, pero la asociación con Jordan y la propiedad de la marca «Air» permitieron a Nike mantener la ventaja tecnológica percibida.

Jordan también permitió a Nike separarse del nicho de la zapatilla para correr y crear un negocio alrededor del baloncesto, cuya popularidad era creciente en Estados Unidos. De la noche a la mañana, Nike se convirtió en la primera de zapatilla de baloncesto en prestigio, si no en ventas.

El patrocinio de Jordan validó también la política de patrocinio de estrellas. Sólo algunos años después de que Jordan firmara el contrato, Bo Jackson (el único atleta de la época capaz de destacar tanto en fútbol americano profesional como en béisbol) firmó otro representando a los practicantes de más de un deporte, una importante nueva categoría de zapatilla de atletismo que Nike creó en 1987. Los anuncios y pósters que se crearon con el «Bo conoce el fútbol americano» y «Bo conoce el béisbol» pronto formaron parte de la cultura popular. Cuando Jackson quedó incapacitado por una lesión de cadera, fue sustituido por Deion Sanders, otra estrella del fútbol americano y del béisbol. En 1995, Tiger Woods firmó con la intención de ser para Nike en golf lo que Jordan fue en baloncesto: crear una presencia en el deporte y apoyar una línea de equipamiento y ropa.

PUBLICIDAD: CREAR PRESENCIA DOMINANTE EN LOS MEDIOS

Muchas marcas se hacen la pregunta: ¿Qué ocurriría si nos decidiéramos y desarrolláramos una agresiva campaña de publicidad y la mantuviéramos consistentemente durante un largo período de tiempo? ¿Cuánto valor se construiría? ¿Supondría una diferenciación? ¿Nos permitiría dominar la industria? ¿Superarían los beneficios a los costes? Nike hizo exactamente esto, y por ello es un excelente caso de análisis. La marca se comprometió con la publicidad a un nivel significativamente alto, obtuvo la excelencia en la ejecución y tuvo la paciencia de mantenerse firme en estas ejecuciones a lo largo del tiempo. En esencia, Nike cambió su modelo de construcción de marca decidiendo dirigirse directamente a una base de consumidores grande antes que confiar en el modelo individual donde los atletas de prestigio deberían influir en un mercado mayor.

El primer gran esfuerzo publicitario de Nike hacia los consumidores fueron los 20 millones de dólares invertidos antes de los Juegos Olímpicos de los Ángeles en 1984. Este año, las ventas de Nike en Estados Unidos decrecieron un 12% y los beneficios cayeron un 30%.

Entre 1985 y 1987, el problema de Nike empeoró. Su participación en el mercado norteamericano cayó desde el 27,2 al 16%, sobre todo en beneficio de Reebok, que creció desde 0 hasta más del 32% del mercado. Nike no se detuvo, sin embargo, y aumentó agresivamente su inversión publicitaria anual hasta 45 millones de dólares en 1989 y 150 millones de dólares en 1992.

La campaña en las ciudades

En una campaña rompedora a mediados de los años ochenta, Nike creó rápidamente una presencia dominante en los medios en varias ciudades de Estados Unidos creadoras de tendencias. Se usaron anuncios de televisión relacionando Nike con una ciudad, pero los elementos clave fueron enormes vallas y murales en los edificios (ver figura 6.2)

FIGURA 6.2
Edificio pintado de Nike

que cubrieron las ciudades con mensajes mostrando atletas clave patrocinados por Nike (no productos)[2]. Las piernas de Carl Lewis se extendían más allá de la forma natural de las vallas debido a un efecto de atención especial. La presencia visual estaba apoyada por un esfuerzo en el punto de venta para traducir la publicidad en ventas.

El elemento central del plan fue Los Ángeles durante los Juegos Olímpicos de 1984. El esfuerzo incluía un anuncio de «I love L.A.» mostrando a atletas promocionados clave en acción: Carl Lewis saltando en el cielo y cayendo en la arena de Venice Beach, por ejemplo, y John McEnroe discutiendo con un guardia de tráfico. Estas escenas también se mostraban en vallas y murales. La visibilidad y presencia resultante para Nike tuvo una gran cobertura en los medios olímpicos, haciendo que la asociación recibida de Nike con los Juegos Olímpicos fuera varias veces la de Converse, el patrocinador oficial. Mientras Converse invirtió dinero en patrocinio y Adidas lo hizo en los equipos, Nike consiguió los ojos de los consumidores.

Publicidad en medios

Fue a través de la publicidad en medios nacionales donde Nike realmente destacó en la mente del consumidor. Nike lo hizo tanto en el peso de los medios como en la calidad de ejecución. Por ejemplo, un temprano anuncio de Michael Jordan lo mostraba elevándose en el aire en su camino de colocar la pelota, con la frase «¿Quién dice que el hombre no puede volar? Esta imagen se convirtió en el símbolo de Michael Jordan y fue uno de los mejores pósters de la historia. El lado humano de Jordan se expuso en una serie de anuncios simpáticos de Spike Lee, por entonces un relativamente desconocido director vanguardista.

La publicidad de Nike dio un golpe importante con la campaña de «Just do it» lanzada en 1988 (ver figura 6.3). El anuncio de Nike se consideró la cuarta mejor campaña publicitaria de la historia por *Advertising Age*, por detrás solamente de la famosa campaña de Volkswagen de los años cincuenta y sesenta «Piensa en pequeño», la publicidad de Coca-Cola de los años veinte «La pausa que refresca» y la duradera campaña del hombre de Marlboro[3]. Quedó por delante de campañas de McDonald's («Hoy te mereces una pausa»), DeBeers («Un diamante es para siempre»), la cerveza Miller Lite («Sabe mejor, llena menos»), Avis («Lo intentamos con más fuerza») y el vodka Absolut (la botella).

El primer anuncio de «Just do it» mostraba al atleta en silla de ruedas Craig Blancette y el eslogan en letras blancas sobre fondo negro. El texto nunca se pronunciaba; sin embargo, destacó en toda una

Figura 6.3
La campaña de «Just do it»

generación. Como dijo el director de publicidad de Nike, Scott Bedbury: «No lo puedes integrar en otro texto; se ha convertido en mucho más que un eslogan publicitario. Es una idea. Es como un esquema mental[4]». Conectó con hombres con exceso de peso haciendo un programa de adelgazamiento, con ejecutivos agresivos y con gente de toda condición teniendo un sueño en su mente. Asoció Nike con el estar en forma, estableciendo las prioridades correctas y viviendo (más que pensando) el sueño.

El eslogan «Just do it» duró mucho tiempo. Fue completado durante un corto período de tiempo en 1997 por el eslogan «Yo puedo», que retaba a los atletas a establecer sus propios límites y sugería que la consecución depende del individuo. El cambio fue un esfuerzo para influir en las percepciones del consumidor y hacer que Nike encajara mejor con las grandes tendencias de cuidado y de compartir de los años noventa. Era confuso y no destacó, sin embargo, en parte debido a que la ejecución creativa no acabó de funcionar, posiblemente por haber sido una buena idea en un mal momento. La falta de éxito de la campaña «Yo puedo» refuerza la visión de que para tener una gran campaña tienen que funcionar muchos factores.

NIKETOWN: LA TIENDA BUQUE INSIGNIA

Nike abrió la primera tienda NikeTown en la avenida de North Michigan, en Chicago, en 1992. Nunca había habido nada parecido en la construcción de una marca: una gran presencia en el punto de venta con casi 2.300 metros cuadrados de superficie de venta en tres pisos, usando 18 stands de producto individuales para mostrar la totalidad de la línea de Nike. Sin embargo, mucho más que cualquier otra cosa, comunicaba la esencia de Nike capturando su energía, su filosofía «Just do it» y su actitud personal de cara a cara. El ambiente se llena con música del estilo de MTV y grandes pantallas de televisión con imágenes de partidos importantes, el gran póster de Michael Jordan volando en el aire, y un «santuario» de Michael Jordan. La arquitec-

FIGURA 6.4

La tienda buque insignia de Nike

tura de la tienda, la distribución, la gente, las imágenes y la sensación general todas están diciendo: Nike.

En 1996, la NikeTown superó al Instituto de Arte de Chicago como atracción turística número uno, con más de un millón de visitantes y 25 millones de dólares en ventas anuales. Seis años después de la apertura de la NikeTown de Chicago se habían inaugurado una docena más de NikeTowns, incluyendo una en la ciudad de Nueva York. Todas estas tiendas proporcionaban a los clientes una experiencia Nike que la competencia o las conflictivas necesidades de otros detallistas no podían dar. La mayoría de caminos alternativos para captar a los clientes están fragmentados o confusos; además, la mayoría de detallistas que distribuyen productos de Nike no están motivados para dedicar un espacio significativo de la tienda a construir la marca Nike, en lugar de simplemente mostrar el producto. Así, la NikeTown juega un papel clave como elemento central de la construcción de la marca Nike, el ancla a la que todos los esfuerzos están conectados.

NIKE EN EUROPA

Nike se implantó en Europa en 1981 y rápidamente desarrolló una presencia (ayudada por las disputas de Adidas); su éxito en Europa contribuyó a suavizar las dificultades que Nike encontraba en Estados Unidos. En 1984, por ejemplo, las ventas totales de Nike aumentaron, incluso a pesar de que las ventas en Estados Unidos cayeron más de un 10%.

El reto de Nike en Europa era básicamente de posicionamiento. La estrategia de la marca Nike en Europa consistía sobre todo en construir la marca sobre su énfasis tradicional de rendimiento y excelencia tecnológica para el atleta profesional. Estos elementos de identidad básica habían sido útiles en Estados Unidos, pero Adidas también tenía estas asociaciones en Europa. Por ello, Nike necesitaba diferenciarse, y así lo hizo con la personalidad Nike y su herencia americana.

Las asociaciones americanas de Nike proporcionaban credibilidad y profundidad a la marca. Dado que muchos europeos veían el *jogging* y el estar en forma como tendencias que venían de América, fue fácil para Nike desarrollar una posición en estas áreas clave. Entre los europeos, particularmente los más jóvenes, hay un amor especial por todo lo americano: Coca-Cola, Harley-Davidson, McDonald's, Marlboro y Levi's se han beneficiado de este amor, y lo mismo hizo Nike.

El esfuerzo de creación de la marca Nike en Europa usó los mismos atletas americanos que en los anuncios de Estados Unidos, incluso en deportes muy americanos como el baloncesto. Todos los textos estaban escritos en inglés; no había adaptación para ningún país excepto Francia.

La personalidad de Nike era también un conductor clave de la identidad y el posicionamiento de la marca en Europa. La actitud provocativa, frontal de Nike, junto con su posición perdedora en el mercado, se dirigía especialmente al segmento clave de la juventud, que sentía que Nike era atractivo, en parte porque hacía la irreverencia aceptable, incluso la celebraba. En un contraste agudo, Adidas era más de seguir la corriente, con un lenguaje suave e inclusivo. Era la zapatilla que usan tu padre y tu abuelo. No por casualidad, Nike fue uno de los primeros anunciantes en el canal musical MTV de Europa, invirtiendo significativamente más que todas las marcas establecidas juntas.

Tiendas buque insignia*

El uso de un buque insignia, un emplazamiento especial o una tienda de eventos ha sido adoptado por otras marcas desde que NikeTown apareció. Marcas como Sony (mostrada en la figura 6.4), Polo Ralph Lauren, Warner Brothers, Disney, Sega, Virgin, Bass Pro Shops y REI han reconocido el poder de crear un teatro de marca donde todo apoya la marca. El Bass Pro Shops Outdoor World en Springfield, Misuri, que recibe cuatro millones de visitantes cada año, incluye una cascada de una altura de cuatro pisos, tiro con rifle y arco, cuatro acuarios, un espacio para práctica de conducción, otro para practicar el golf y un museo de vida salvaje. La tienda de REI que abrió en Seattle en 1996 es un elemento clave para la imagen de la empresa como proveedor de ropa para usar en actividades al aire libre. Incluye una pista de *mountain bike* de 15 metros, una chimenea para probar hornillos de cámping, una habitación ducha para probar ropa de lluvia, una pista de marcha y, lo más importante, la mayor pared para alpinismo bajo techo del mundo.

La tienda buque insignia no sólo proporciona la oportunidad comercial más nueva, mediante la inmersión de los clientes en una experiencia de marca; también deja ver a aquellos que integran la organización la identidad de marca y su implementación, al mismo tiempo. ¿Cuáles son los elementos críticos de crear un entorno de tienda buque insignia que construya la marca con éxito? La investigación realizada por Prophet Brand Strategy sugiere seis guías:

1. *Tener una identidad de marca clara.* Asegurarse de que haya una identidad de marca clara que guíe la tienda buque insignia. Todos los elementos de la organización necesitan no sólo contribuir a la tienda, sino también coordinarse con ella. Todo debe ser consistente, y todo ello fluye desde la identidad de marca. El impacto sinérgico integrado de la tienda, combinado con otros esfuerzos de construcción de la marca, crea el retorno real.

2. *Proporcionar un beneficio para el cliente relacionado con la marca.* Evitar hacer de la tienda un museo de la marca o un centro de entretenimiento no relacionado con la marca. La tienda de REI, por ejemplo, está diseñada pensando en desmitificar productos complejos; en este entorno, los clientes pueden tocar, usar y experimentar con una variedad de prendas de exterior.

3. *Apalancar los activos de la marca.* Una tienda buque insignia tiene el potencial de presentar todas las formas de activos de la marca, incluyendo símbolos, color, música, herencia y líneas de producto únicas. En las tiendas de Sony, por ejemplo, los productos se muestran modelando entornos completos de hogar y oficina que incluyen productos Sony.

4. *Crear una experiencia de compra superior.* La tienda buque insignia sigue siendo una tienda y, por lo tanto, se debería diseñar para una experiencia de compra que sea divertida, productiva y excitante. El reto consiste en ser una tienda funcional, pero al mismo tiempo hacer construcción de marca.

5. *Innovar continuamente para mantener la experiencia fresca.* Sin frescura, la tienda puede hacerse obsoleta. Los nuevos productos son, desde luego, el nervio vital de la tienda, pero una tienda buque insignia necesita más cambio e innovación que los que puedan proporcionar los nuevos productos.

6. *Apalancar la tienda y su aprendizaje.* La tienda no debe tratarse como un silo; debe apalancársela para conseguir notoriedad. Durante los primeros seis años de las NikeTown, se publicaron unos 1.900 artículos sobre ellas en la prensa. Y aprender de los compradores: experimentar para descubrir lo que funciona y lo que atrae su atención; luego, aplicarlo en algún otro sitio dentro del sistema.

* *Fuente:* «Flagship stores», *Prophet Brand Strategy.*

Buenos días, Adidas

Adidas no participó en el *boom* de los años ochenta; estuvo dormida durante este tiempo. Con la muerte de Adi Dassler en 1978, perdió su fuente primaria de innovación tecnológica. Con la muerte posterior de su hijo Horst Dassler en 1985, perdió al visionario de la marca. La marca Adidas empezó a navegar a la deriva y perdió enfoque, y en 1989 la compañía fue vendida al controvertido hombre de negocios francés Bernard Tapie. Tres años más tarde, Tapie, dotado con más ambición política que perspicacia para los negocios, se encontró con dificultades financieras y cedió el control de Adidas a un consorcio de bancos franceses.

La situación no podía haber sido más oscura para Adidas. Entre 1988 y 1992 sus ventas anuales totales cayeron de casi 2.000 millones de dólares a 1.700 millones; en el mismo período, las ventas de Nike se dispararon de 1.200 millones de dólares a 3.400 millones. De ser el líder del mercado estadounidense a finales de los años setenta, la participación de mercado de Adidas cayó al 3% en 1992. En Alemania, el mercado europeo clave de Adidas, la participación de mercado cayó desde el 40 al 34% entre 1991 y 1992, mientras la de Nike crecía del 14 al 18%. En el mismo año, las ventas europeas de Nike crecieron en un 38%, mientras las de Adidas cayeron en casi un 20% y la compañía perdió más de 100 millones de dólares.

Hubo muchas causas para esta situación. Adidas tardó en reconocer el *boom* del *jogging* y, después, del aerobic. Y cuando tuvo su respuesta tardía, sus nuevos productos y su comunicación estuvieron faltos de una dirección clara y se alejaron de los valores básicos de la marca (Adidas dejó de estar por algo para intentar tocar muchas teclas, como nos recuerda Aaron Tippin en una de sus canciones). Además, el plan de márketing de Adidas se continuó basando en modelos los años setenta, mientras Nike innovaba y creaba nuevos enfoques con mejores prácticas. No es una sorpresa que Adidas tenía un problema de imagen, especialmente entre los jóvenes: se percibía como conservador y funcional, pero no de moda.

ADIDAS HACE EL CAMBIO

En la primavera de 1993, entre crecientes dificultades financieras, los bancos franceses que poseían Adidas vendieron la compañía a un grupo inversor encabezado por Robert Louis-Dreyfus, que acababa de completar un cambio importante en la agencia de publicidad Saatchi & Saatchi. La llegada de Louis-Dreyfus, que se convirtió en el director ejecutivo, vino precedida por la llegada de Rob Strasser, un antiguo ejecutivo de Nike, y Peter Moore, un talento creativo con una sustancial experiencia en Nike. El nuevo equipo directivo tiene buena parte del mérito de la recuperación de Adidas.

Uno de sus primeros movimientos fue reducir las muchas distintas direcciones de Adidas y recortar la hinchada línea de productos. A continuación, desarrollaron cuidadosamente una identidad de marca para Adidas e iniciativas de construcción de la marca. Las iniciativas incluían una nueva submarca de equipamiento de alto nivel, una nueva estructura de gestión de la marca, publicidad renovada, un reenfoque en el plan de patrocinio y eventos apoyados en la marca Adidas.

La identidad de marca de Adidas

El nuevo equipo directivo se dio cuenta de que la marca Adidas, en su tiempo fuerte y enfocada, había perdido el rumbo. Querían devolver la identidad de marca a sus raíces, recordar lo que anteriormente había representado y, al mismo tiempo, aportarle más emoción y un sentimiento más actual. Como consecuencia de este proceso, emergió un cuadro más claro de Adidas para ayudar a guiar los esfuerzos de construcción de la marca. Entre las dimensiones clave de la identidad (resumidos en la figura 6.5) estaban el rendimiento, la participación activa y la emoción. Estas dimensiones se pueden elaborar de la siguiente forma:

Identidad de marca de Adidas, 1993

IDENTIDAD BÁSICA

—Rendimiento

- Equipo innovador
- Un socio que aumenta el rendimiento

—Participación activa: no sólo competir para ganar

- No sólo los mejores atletas, también la gente normal
- Excelencia, sin límites

—Emoción

- La emoción de conseguir objetivos
- La excitación de competir

IDENTIDAD EXTENDIDA

—Productos de calidad de los que se depende
—Atletas profesionales dedicados al deporte (no dirigidos por la moda)
—Lo mejor para el atleta
—La zapatilla de deporte original desde 1926
—Personalidad de ser:

- Genuino, no pretencioso y competente
- Enérgico
- Con compañeros que apoyan

FIGURA 6.5

Rendimiento. Adidas es, fundamentalmente, una compañía y una marca que proporciona productos superiores e innovadores. Su historia es la innovación que aumenta el rendimiento de los mejores atletas. Adidas es auténtica en el sentido de que comprende a los atletas y sus deportes; es un socio que les ayuda a conseguir su mejor nivel.

Participación activa. Mientras Nike iguala rendimiento con victoria y con los mejores atletas, Adidas se relaciona más con la participación. Para Adidas, el rendimiento consiste en superar las limitaciones y cruzar fronteras y se puede manifestar por un atleta en competición consigo mismo o con el entorno. Adidas es inclusivo y apoya a cada jugador, cada nivel, cada juego, cada disciplina y cada edad. Cada uno puede y debería participar, no sólo los mejores atletas. Adidas trata de equipos, trabajo de equipo y espíritu de equipo más que de estrellas e individuos.

Emoción. En la base de cada deporte está la excitación, sea el escalofrío de la victoria, la alegría de destacar, la emoción que rodea un trabajo de equipo o el estremecimiento de un reto físico. Mientras Nike se asocia con una emoción agresiva, casi desagradable (resumida en la frase «Just do it»), Adidas está conectada con emociones positivas que se relacionan más con la competición que con la victoria. Para Adidas, retarse a uno mismo es excitante; ganar es el premio, no la razón, para jugar bien.

Este esfuerzo de identidad de marca dio a Adidas un objetivo de personalidad por primera vez. Tenía que ser una marca que fuera genuina, enérgica, competente y un compañero que te apoyara. La personalidad, de alguna manera, refleja la verdadera manera de ser del deporte: una persona que es honrada, que juega según las normas, un jugador con una ética de trabajo fuerte, un buen jugador de equipo.

La nueva identidad de Adidas hizo una fuerte definición de la marca en 1993, creándole un enfoque y clarificando cómo difería de Nike. Retuvo la historia de Adidas de tecnología, innovación y rendimiento, pero también extendiendo la marca en algunas direcciones positivas.

Crear un enfoque de construcción de marca alrededor de la identidad de marca de Adidas

UNA NUEVA SUBMARCA DE RENDIMIENTO: EQUIPMENT

Como otras empresas de calzado y ropa deportivos, Adidas tenía un clásico problema de extensión vertical. Necesitaba dirigirse a una audiencia amplia, desde atletas profesionales y competidores de alto nivel hasta los participantes esporádicos, pero mientras los atletas profesionales necesitaban un equipamiento del mayor rendimiento, el segmento principal no lo necesitaba. Así, en la mayoría de categorías de producto, desde zapatillas de fútbol hasta sudaderas, Adidas (y Nike y Reebok) tendrán una línea de productos y precios más bien amplia. El problema de apoyar una gama tan amplia es que los que están en el nivel más alto pierden a la vez credibilidad y prestigio; el nombre de la marca no significa lo mejor, porque se relaciona con productos que están lejos de ser los mejores.

Para hacer frente a este problema, Adidas introdujo una nueva marca de rendimiento en 1990 para proporcionar los mejores productos en todas las categorías de calzado y ropa (en realidad, la idea vino de Strasser y Moore justo antes de que se incorporaran al equipo de Adidas). La submarca Equipment representaría así lo mejor, tanto si era una zapatilla de baloncesto de fútbol como si era una prenda de precalentamiento. La comunicación se concentraría en los productos de Equipment porque representaban noticias excitantes y el rendimiento basado en la tecnología que es la esencia de Adidas. En efecto, Equipment fue una bala de plata para la marca Adidas.

Como los usuarios se dieron cuenta de que Adidas reservaba el mejor producto para la marca Equipment, la marca Adidas adquirió un significado diferente: seguía significando participación, emoción y rendimiento, pero el rendimiento se definía ahora relativo a su contexto. El producto de menor nivel fue efectivamente aislado en el sentido de la marca porque le faltaba la submarca Equipment. El alto nivel de rendimiento de la submarca Equipment se mantuvo mediante la migración de la tecnología más antigua a los productos del mercado de usuarios ocasionales, mientras que los nuevos productos de alto nivel (como la tecnología Feet You Wear) se podían conseguir sólo en la línea de Equipment.

En 1998, Nike le dio a esta idea de la submarca el último cumplido copiando la estrategia, introduciendo la línea Alpha como una línea coordinada de calzado, ropa y equipamiento (incluyendo relojes y gafas). La línea Alpha muestra su propio símbolo, una elipse de cinco puntos, además de la tradicional pipa. Esta línea tuvo la ventaja de un nombre excelente: Alpha es el símbolo universal para lo mejor. Contrariamente, el nombre Equipment es un descriptivo (se compra, posee y usa equipamiento de todo tipo) que no tiene implicaciones de ser mejor. Un nombre con asociaciones deseables hace más fácil la tarea de construir marcas.

La submarca Originals

Adidas, desde luego, tenía un historial maravilloso de uso de sus zapatillas en los eventos más memorables de la historia del atletismo; ¿cómo podía integrar Adidas este historial en un producto? Esta pregunta condujo a una nueva línea de productos con la submarca Originals, cuyo concepto consistió en aprovechar la historia tomando una zapatilla del pasado glorioso de Adidas, reconstruirla, rediseñarla y relanzarla. La Adidas Rome, por ejemplo, la zapatilla que conmemoraba los Juegos Olímpicos y la ciudad italiana, fue relanzada como un Original.

La submarca Originals ha tenido tanto éxito para Adidas hoy en día que supone casi el 15% de las ventas totales de zapatillas. Más importante todavía, cada venta de una zapatilla de la marca Originals aumenta la credibilidad de Adidas como una auténtica empresa de zapatillas con un rico historial. Nike ha reaccionado nuevamente, aunque un poco tarde, relanzando productos como el Cortez, una zapatilla para correr de los días de Blue Ribbon Sports y el acuerdo de negocio con Onizuka.

UNA NUEVA FORMA DE GESTIONAR LA MARCA ADIDAS

Entre 1991 y 1992, Adidas hizo un cambio significativo en la forma de dirigir la organización. Hasta entonces, la empresa había estado organizada en tres grandes divisiones de negocio: calzado, ropa y equipamiento para el uso de los atletas (como pelotas, palos de golf y raquetas). La nueva organización buscó una división por unidad de negocio o categoría de deportes. La unidad de negocio de fútbol, por ejemplo, estaba dirigida por un equipo dedicado exclusivamente a este deporte. También se adjudicaron las responsabilidades a las áreas de negocio en función de dónde estaba la experiencia de mercado; por ejemplo, el fútbol se gestionaba desde Alemania, mientras el baloncesto se gestionaba desde la oficina de Estados Unidos.

La reorganización en unidades de negocio fue clave para hacer funcionar la estrategia de marca. Creó enfoque en un deporte concreto. También ayudó a la dirección de Adidas a aprender y a mantenerse en primera línea de cualquier desarrollo en cada deporte y ayudó a la marca Adidas a reclamar credibilidad como la marca de mayor rendimiento.

PUBLICIDAD

A finales de los años ochenta y principios de los noventa, Adidas no se veía ni se oía como un competidor de Nike en los medios, tanto en Europa como en Estados Unidos. Por ello, una primera prioridad en la recuperación de Adidas fue equilibrar el terreno de juego, lo que se hizo doblando la inversión en publicidad para hacer frente a Nike en base al ratio publicidad/ventas. La consolidación centralizada de todos los esfuerzos publicitarios y en una única agencia creó mayores eficiencias. Sin embargo, y al igual que Nike, no se trataba simplemente de dedicar más dinero. Se consiguió un impacto con una brillante ejecución.

Considérese, por ejemplo, la campaña publicitaria basada en el anuncio de televisión «La pared», que usaba imágenes surrealistas del estilo de Nike para mostrar a un corredor empujando a través de una «pared de dolor». Fue producida por el realizador de culto David Lynch y narrada en inglés, con la expresión «Gánalo». La campaña se concentró en las asociaciones de rendimiento de Adidas. El propio mensaje está dirigido hacia el interior: la competencia eres tú. «Gánalo», es inspiracional para el atleta individual, diciendo: «No hay nada entre tú y el éxito; por lo tanto, supera tus propias expectativas y limitaciones».

Otra campaña publicitaria transmitía la herencia de Adidas. En esta campaña de 1995, la empresa hacía un uso explícito de sus atletas patrocinados, por primera vez. Un anuncio mostraba a Emil Zatopek y su doble vida como corredor checo y como soldado; un joven Muhammad Alí se mostraba en otro anuncio. La frase de la campaña era «Los conocíamos entonces, los conocemos ahora», un mensaje que comunicaba la llamada de Adidas a la autenticidad, la herencia y el liderazgo. Los anuncios, que sugerían que Adidas era honesto y genuino, apoyaban la personalidad objetivo de la marca.

Otra campaña se enfocaba en la reputación de Adidas por la tecnología y el rendimiento, mediante la promoción del innovador sistema Feet Your Wear. Esta nueva tecnología se presentaba como la zapatilla más natural nunca desarrollada para atletas. En cualquier circunstancia, la empresa invertía significativamente para apoyar el lanzamiento, esperando destacar en medio de la confusión en un momento en que los competidores estaban introduciendo sus propias nuevas tecnologías de producto (como el sistema Air Zoom de Nike y el sistema DMX de Reebok).

PLANES DE PATROCINIO: EQUIPO Y EVENTOS

A pesar de que Adidas patrocina a atletas individuales importantes, incluyendo al jugador de baloncesto de L.A. Lakers Kobe Bryant, la estrella de tenis Anna Kournikova, el corredor Emil Zatopek y Zinedine Zidane (famoso jugador de fútbol), el enfoque del plan de patrocinio de la empresa está en los eventos globales relevantes, asociaciones deportivas y equipos. Nike, contrariamente, está mucho más asociada con atletas individuales y enfocada a su éxito. Como dice uno de los anuncios de Nike, «No ganas la plata, pierdes el oro», claramente sugiriendo que ganar es lo máximo.

En este sentido, Adidas tiene un continuo interés en patrocinar acontecimientos clave, como los Juegos Olímpicos, los campeonatos europeos de fútbol y la Copa del Mundo de fútbol. Esta estrategia permite a Adidas asociarse con los eventos más emotivos de un deporte. Además de estos eventos globales, la empresa también patrocina a equipos nacionales y locales a lo largo del mundo. Entre los equipos que han sido patrocinados por Adidas están los equipos nacionales de fútbol de Alemania, España y Francia; los equipos de fútbol profesional Bayern Munich, AC Milan y Real Madrid; el equipo de béisbol New York Yankees, y el equipo de fútbol americano San Francisco 49ers. Un equipo deportivo puede ser una parte intensa y llena de significado de la vida de sus seguidores, y de esta forma el patrocinio del equipo proporciona una oportunidad única para conectar.

EL ADIDAS STREETBALL CHALLENGE

En el verano de 1992, en la Marx-Engels Platz de Berlín, Adidas probó un nuevo patrocinio de eventos: un torneo local de baloncesto de tres personas en una localización urbana visible. Fue un éxito. En 1993, se organizaron 66 torneos de baloncesto en las principales ciudades de Alemania; los eventos recibieron el nombre de Adidas Streetball Challenge. Durante un día o un fin de semana, los centros de las principales ciudades de Europa se convertían en canchas de baloncesto, espacios de danza, eventos de *graffiti* y demostraciones de deportes extremos, todo acompañado por música en vivo con conjuntos desde hip-hop al rap.

El Adidas Streetball Challenge se convirtió en una celebración de la marca Adidas, una manera de proporcionar a los consumidores una poderosa experiencia de uso con las zapatillas, ropa deportiva y equipamiento de la empresa (ver figura 6.6). Los equipos participantes que actuaban en la competición —sin árbitro— estaban vestidos con gorros, pantalones, *tops* y chaquetas exclusivos, todo cortesía de Adidas. Las decoraciones diseñadas especialmente ayudaron a crear la atmósfera deseada de diversión y esfuerzo físico intenso. Una figura de dibujos animados de un jugador de baloncesto, usando las zapatillas con las tres rayas, se convirtió en la mascota oficial del Street Challenge y en un símbolo de la marca.

FIGURA 6.6
El Adidas Streetball Challenge

Una de las características clave del Adidas Streetball Challenge es que animaba a la participación. Los espectadores eran bienvenidos, pero se hacía un esfuerzo para que todo el mundo se implicara en alguna forma de actividad. Había pistas adicionales disponibles para los que querían jugar, pero no competir; se prepararon áreas especiales donde los jóvenes pudieran probar sus habilidades, y las estrellas patrocinadas por Adidas estaban disponibles para hacer partidos de demostración, firmar autógrafos y hablar con la gente.

El potencial de construcción de marca del Adidas Streetball Challenge habría sido significativamente inferior y habría costado mucho más si no hubiera sido por los copatrocinadores de Adidas. Su participación fue importante, no sólo en la creación y financiación del evento, sino también en la generación de asociaciones. Entre los patrocinadores estaban Sony, Coca-Cola (Sprite), Lufthansa, Siemens, Sat 1 Jumpran (una cadena de televisión), MTV y la revista *Sport Bild*. Sony y los medios patrocinadores fueron especialmente importantes. Sony y MTV se unieron para lanzar el CD Streetball, y la cobertura de MTV, *Sport Bild* y Sat 1 aseguraron que el evento obtuviera un gran conocimiento en Alemania.

El Adidas Streetball Challenge fue llevado a otros países europeos. Los equipos en cada país competían para el campeonato nacional; los equipos ganadores iban a las finales europeas. La inclusión de detallistas locales fue particularmente eficaz. Adidas les ofrecía la oportunidad de participar de diferentes formas. Por ejemplo, los detallistas podían elegir entre «alquilar» un torneo y organizar pequeñas competiciones antes de los verdaderos eventos.

Cinco años después del primer test, más de 500.000 personas participaban en el Adidas Streeball Challenge. Las finales alemanas en Berlín atrajeron a 3.200 jugadores y 40.000 espectadores. En las finales mundiales de Milán participaron equipos de más de 30 países, algunos viniendo de lugares tan lejanos como Brasil y Taiwán. La principal revista de baloncesto de Alemania, Basket, proporcionó una eficaz cobertura en medios.

Adidas extendió la marca Streetball Challenge en varias direcciones. En fútbol, creó el Adidas Predator Challenge, que estaba especialmente destinado a jóvenes entre 6 y 18 años. El Predator Challenge preparaba competiciones a cuatro y las organizaba conjuntamente con los 13.000 equipos de fútbol de Alemania. Rebautizada como la Copa DFB-Adidas, atrajo a más de 6.500 equipos, y la asistencia a los eventos superó las 300.000 personas; los copatrocinadores fueron Mercedes-Benz, Lufthansa, Coca-Cola y Kaercher, además de la revista de fútbol *Kicker* y las revistas juveniles *Bravo* y *Tween*. Luego vino el Adidas Adventure Challenge, que se enfocó en la bicicleta de montaña, el campo a través, *rafting* y otros deportes de exterior.

El Challenge no sólo proporciona una experiencia de estrategia, asociaciones y visibilidad. Además, es único y pertenece a Adidas. No es otro torneo de golf o campeonato de fútbol: sólo hay un Streetball Challenge y pertenece a Adidas. Dado que Adidas es parte del nombre, cualquier experiencia y asociación del evento se relacionará con la marca. Además, Adidas puede llevarlo adelante sin que cualquier otra entidad como el Comité Olímpico Internacional decida que el coste del patrocinio pueda duplicarse.

La recuperación de la inversión

La combinación de publicidad en medios, nuevas submarcas, patrocinio y los patrocinios basados en la marca (además de un conjunto de otras decisiones clave de estrategia de marca) produjo un destacado éxito de Adidas. Las ventas crecieron de 1.700 millones de dólares en 1992 a un nivel récord de 4.800 millones en 1998. Después del último año de pérdidas (1993), los beneficios crecieron de una forma estable hasta los 425 millones de dólares en 1998. El éxito de la estrategia de marca de Adidas se ve especialmente importante en dos países específicos: el mercado original de la marca, Alemania, donde disfruta del liderazgo, y los Estados Unidos, donde Adidas es un competidor de nicho si se le compara con Nike. En Alemania, la participación de mercado de Adidas había caído justo por encima del 30% a principios de los años noventa. Sin embargo, hacia 1998 la participación de mercado en calzado deportivo había crecido hasta más del 38%, reafirmando el liderazgo de la empresa. En los Estados Unidos, la participación de mercado se había cuadruplicado desde menos del 3% hasta más del 12% en algunas categorías en 1998.

Para Adidas, estos resultados de ventas reflejaron su imagen mejorada. Un estudio de imagen de consumidores encontró mejoras globales en todas las asociaciones. De forma significativa, tres de las principales asociaciones que los consumidores destacaron fueron en tendencia, moderno y actual, un cambio dramático en sólo pocos años. Otra investigación mostró que más del 50% de todos los atletas percibían que Adidas había cambiado en los dos últimos años, haciéndose más moderna, contemporánea y joven. Los atletas también destacaron que Adidas había mejorado su publicidad y las formas de comunicación con sus consumidores.

Las lecciones

La historia de la construcción de marca en Adidas y Nike proporciona algunas lecciones que conviene resumir aquí (ver también la figura 6.7).

1. *La construcción de la marca no es sólo publicidad.* La publicidad jugó un papel importante, especialmente para Nike a mediados de los años ochenta y Adidas en los años noventa; sin embargo, sus esfuerzos de construcción de marca implicaron muchos otros elementos. Estos incluían patrocinios, productos con submarca, tiendas buque insignia y eventos como el Adidas Streetball Challenge, la Copa DFB-Adidas y el Adidas Adventure Challenge.

2. *La construcción de marca implica innovación.* Cuando se inventaron los rompedores programas de construcción de marcas (incluyendo las NikeTown y el Adidas Streetball Challenge), representaron nuevas direcciones, no sólo para la compañía, sino también para la industria. Tales hechos no aparecen simplemente. Requieren una capacidad organizativa de evaluación y de asimilación de nuevas ideas. Cuando una organización es tan reducida que cualquier cosa fuera de

FIGURA 6.7
Lecciones de construcción de marcas de Adidas y Nike

lo normal se debe obtener de fuera, esto no es fácil; tanto Nike como Adidas tenían gente capaz de hacerlo.

3. *La excelencia en la ejecución crea una alta recuperación de la inversión.* Varios estudios han mostrado que la calidad de la publicidad es aproximadamente cuatro o cinco veces más importante que la cantidad invertida; en resumen, una gran publicidad puede contar una historia de 50 millones de dólares por sólo 10 millones. Los exitosos programas de Nike y de Adidas se ejecutaron con brillantez, desde los iniciales patrocinios de Adidas a la publicidad del «Just do it» de Nike y al Adidas Streetball Challenge.

4. *Los productos son clave para la marca.* Tiene que haber sustancia detrás de la marca. Desde el principio, tanto Adidas como Nike tenían una herencia de innovación —creando productos que fueran excitantes y ofrecieran beneficios funcionales reales— que no era sólo humo y reflejos. Desde la zapatilla Waffle a los Air Jordan y los Feet Your Wear, y más allá, los productos y los avances eran importantes y eran proporcionados por ambas marcas.

5. *La marca es más que los productos.* Una marca fuerte tiene personalidad, asociaciones organizativas, emoción y autoexpresión. Nike

desarrolló una fuerte personalidad: provocativa y agresiva. Esta personalidad le sirvió bien, no sólo para conectar con los clientes, sino también para mantener una posición, y Nike lo fue todo en cuanto a emoción y autoexpresión. El énfasis de Adidas en los beneficios funcionales operó bien en los primeros días, pero menos cuando el mercado maduró; cuando añadió alguna personalidad y emoción en los años de 1990, la marca empezó a conectar y a ganar.

6. *Conocer la identidad de la marca.* Una clara identidad de marca debe guiar el desarrollo y la ejecución de los programas a lo largo del tiempo. (La identidad de Adidas fue muy estable durante los años de mil novecientos noventa). A destacar que tanto Nike como Adidas empezaron su recuperación desarrollando una identidad de marca. En cada caso, este ejercicio llevó a un reenfoque de la marca y a iniciativas que construyeron la marca en nuevas direcciones.

7. *El equipo de la marca debería gestionarla.* Tanto en Adidas como en Nike, los equipos de categoría o unidad de negocio gestionaron la estrategia de la marca y estuvieron muy implicados en el desarrollo de programas de construcción de marca innovadores. El liderazgo de las marcas no se delegó a colaboradores externos. De hecho, el equipo de marca de Nike estuvo tan implicado en las decisiones creativas y de medios que la agencia se frustró. En un cierto momento, escribió un anuncio de página completa con una carta dirigida a Nike diciendo «Paz».

8. *Conectar con los clientes a nivel emocional.* Estas dos marcas encontraron formas de conectar con el cliente más allá de darle beneficios funcionales. La publicidad de Nike, las NikeTowns y el Adidas Streeball Challenge conectaron con los clientes apelando a sus emociones.

9. *Usar submarcas para contar una historia y gestionar percepciones.* Nike y Adidas demostraron lo poderosas que pueden ser las submarcas en la construcción de una marca. El uso de una marca de alto nivel (como Adidas Equipment y Nike Alpha) aisló esta línea de los productos de la gran distribución, donde está la mayor parte del volumen. Además, un conjunto de submarcas bala de plata (como Air Jordan) o las tecnologías con marca (como Air y Feet You Wear) ayudaron a Nike y Adidas a contar la historia de sus marcas.

PREGUNTAS PARA EL ANÁLISIS

1. Evalúe los enfoques de construcción de marca presentados en este capítulo. ¿Cuál es el que más admira? ¿Por qué? ¿Cuál fue la clave para conseguir implementar este enfoque?

2. ¿Por qué olvidaron Adidas y Nike la tendencia del aerobic? ¿Cómo se podía ser tan negligente?

3. ¿Cuáles son los modelos de creación de marca exitosos en su mercado? ¿Cómo se pueden mejorar o refinar estos modelos de éxito?

4. ¿Tiene usted una descripción de identidad de marca que proporcione un camino claro para construir la marca? ¿Proporciona dicha identidad la suficiente orientación para decidir en alternativas de comunicación y ejecución constructora de la marca?

5. Desarrolle algunas opciones de construcción de marca que no se estén utilizando con éxito en su sector. ¿Cuáles fueron los problemas para implementarlas? ¿Cómo se podrían superar estos problemas?

Capítulo 7

Construcción de marcas: el papel del patrocinio

Historia del patrocinio de MasterCard en la Copa del Mundo[1]

MasterCard se creó en 1966 para proporcionar una fórmula de tarjeta de crédito a los bancos que no formaban parte del sistema de Americard (precedente de Visa). Actualmente integra más de 20.000 instituciones financieras y opera una familia de productos globales, todos conducidos directa o indirectamente por la marca MasterCard.

Competir con Visa fue (y sigue siendo) el mayor reto para Master-Card. En 1993, el volumen mundial de MasterCard era de sólo el 60% del de Visa, y MasterCard ha estado perdiendo terreno a lo largo de los años. El tercer actor en este mercado, American Express, se mantuvo significativamente menor, con la mitad de volumen de Master-Card.

Visa estaba bien posicionada; su proposición «En cualquier lugar donde usted quiera estar» generó una fuerte asociación con los atributos clave de una tarjeta de crédito de estar disponible en la mayoría de lugares (así, los usuarios estarían raramente frustrados por un rechazo de su tarjeta de crédito) y de ser global (así, los viajeros por todo el mundo reales o potenciales pueden esperar también que sus tarjetas sean aceptadas). Visa tenía los Juegos Olímpicos dentro de la categoría de tarjetas de crédito en virtud de su visible patrocinio desde 1986. Además de ser el mejor vehículo para transmitir los atributos de rendimiento y de ser global, los Juegos Olímpicos apelan fuertemente al patriotismo, con sus beneficios emocionales asociados.

MasterCard tenía no solamente el reto de Visa y de otros competidores en los Estados Unidos, sino que además necesitaba desarrollar asociaciones globales. Las tarjetas de crédito, en especial, necesitan una estrategia de marca mundial, porque se incluyen entre los pocos productos cuyo uso es inherentemente global, especialmente para el segmento objetivo más influyente. Además, Europa constituía una oportunidad de crecimiento significativa, dado que la cantidad de tarjetas por persona y el nivel de uso de las mismas eran considerablemente inferiores a los de Estados Unidos.

Por ello, la oportunidad para MasterCard de ser uno de los 11 patrocinadores mundiales —y el patrocinador exclusivo de tarjetas de crédito— en la Copa del Mundo de 1994, con un coste de 15 millones de dólares, era algo atractivo. Tenía el potencial de aumentar el reconocimiento del público y, con ello, fortalecer el programa de márketing de MasterCard en todo el mundo. La Copa del Mundo, que en 1994 debía ser un campeonato de 24 equipos de fútbol y celebrarse en Estados Unidos, era el único y verdadero evento deportivo global aparte de los Juegos Olímpicos. El patrocinio incluía otros 15 campeonatos de fútbol importantes entre 1991 y 1994.

Como patrocinador mundial, MasterCard recibió una serie de beneficios. La publicidad gráfica muy visible y estratégicamente situada fue colocada en los campos de fútbol en cada uno de los 269 partidos jugados durante los eventos patrocinados entre 1991 y 1994. (El patrocinio olímpico de Visa no permitía este tipo de publicidad). Además, en los programas de cada evento había una página completa de publicidad. Para la Copa de Mundo'94 y los otros acontecimientos, MasterCard tenía el derecho exclusivo en su categoría para usar la denominación de «Patrocinador Oficial» y de «Tarjeta Oficial» y para usar el emblema, la mascota y la música oficiales de los eventos. En todos ellos, MasterCard también podía mostrar sus productos *in situ* y tener acceso a entradas.

Un riesgo significativo para el patrocinio de un evento como la Copa del Mundo es el márketing de confusión, donde un competidor (como Visa o American Express) se asocia con el evento por otros medios. Para reducir este riesgo, MasterCard también patrocinó el equipo nacional de Estados Unidos y compró los derechos exclusivos de publicidad para los eventos, incluyendo los transmitidos por una cadena americana de habla española.

Plan de márketing de apoyo

MasterCard desarrolló una campaña de márketing y un plan de promoción a gran escala para explotar el patrocinio de la Copa del Mundo. Además de la publicidad, se emplearon una gran variedad de promociones, muchas de ellas para ser implementadas por los bancos afiliados. El plan incluía concursos, en los que los ganadores obtenían viajes gratis a una de las cuatro naciones participantes, una promoción de la Copa del Mundo «Ver y ganar» proporcionaba entradas gratuitas al campeonato. Un festival familiar de fútbol en 36 ciudades, las Leyendas del Football Tour, fue copatrocinado con otras marcas. En cada evento, un 90% del público (2.300 de media) pasaba frente a un stand de MasterCard. Pelé, una de las mayores estrellas del fútbol, fue contratado por 2 millones de dólares para apoyar los esfuerzos de MasterCard, mediante la aparición en pósters y publicidad, así como la participación en presentaciones personales. Los bancos y las empresas de distribución realizaron promociones que regalaban pósters y vídeos formativos de Pelé.

Se consiguió *publicity* de forma sistemática. Un equipo de MasterCard obtuvo aproximadamente 500.000 dólares de una radio local independiente, y un programa especial de televisión llamado «Puntapiés para niños» alcanzó 197 mercados. Hubo también atención de los medios en la ceremonia de la Copa de Embajadores, que honró a las 24 personas que llevaron el amor por el fútbol a Estados Unidos. Hubieron aproximadamente 36 millones de impactos como consecuencia de la cobertura local de estos y otros esfuerzos. En Los Ángeles, un simple globo de aire caliente consiguió más de 500.000 impactos.

Otro plan buscó establecer conexiones personales con MasterCard. Más de 7.500 personas atendieron a nueve seminarios «MasterCard da la bienvenida al mundo». Un área de exposición llamada Main Street USA recibió a más de 3,6 millones de personas a lo largo de los 52 partidos. 42 centros de bienvenida MasterCard/Coca-Cola, situados en zonas de mucho tráfico en los aeropuertos o cerca de los partidos, proporcionaron más de 10.000 horas de atención a más de un millón de personas; los visitantes recibían muestras de Coca-Cola y folletos con informaciones importantes sobre la Copa del Mundo (que daban descuentos en 80 establecimientos participantes). El mayor parque temático de fútbol del mundo, llamado SoccerFest, se estableció en Los Ángeles.

Dado que el patrocinio de la Copa del Mundo era a nivel global, MasterCard intentó animar a sus afiliados a lo largo del mundo a explotarlo. Se preparó una campaña de publicidad de la Copa del Mundo,

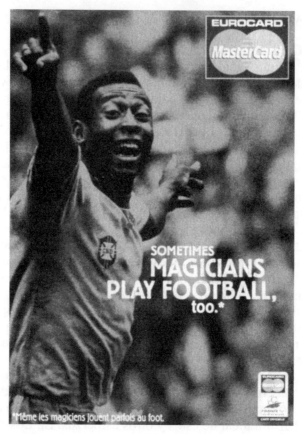

FIGURA 7.1
Un anuncio de MasterCard de la Copa del Mundo

incluyendo un anuncio de televisión que mostraba a Pelé y que se vio en más de 40 países. Además, se apoyó el esfuerzo global con cartas, guías de promoción, manuales de patrocinio, un vídeo promocional, fotos de Pelé, invitaciones corporativas y *kits* de bienvenida. El esfuerzo fue mayor en los países donde el fútbol era más popular y donde el equipo nacional estaba participando.

Los afiliados fuera de Estados Unidos siguieron el programa de MasterCard patrocinando eventos regionales y equipos nacionales. En Europa, donde la Copa del Mundo es tanto o más importante que los Juegos Olímpicos, el interés fue muy alto. Los bancos participantes en más de 18 países europeos invirtieron más de 19 millones de dólares, y una audiencia combinada estimada de 7.800 millones de personas vio alguno de los 52 partidos.

Animar y apoyar los esfuerzos de los bancos afiliados no fue fácil, en parte debido a las diferencias culturales y a la capacidad relativa para implantar el plan de patrocinio. Para superar estos obstáculos, MasterCard asignó un ejecutivo de promociones a Europa para ayudar a los socios que no tuvieran experiencia en patrocinio de eventos. Más tarde, la empresa creó un equipo de producto de la Copa del Mundo (formado por miembros de cada región) para transferir el conocimiento y la experiencia en una base regular.

RESULTADOS

Un objetivo de las actividades de patrocinio de la Copa del Mundo de MasterCard fue construir la presencia de la marca más allá de la publicidad pagada en televisión. Ciertamente hubo exposiciones documentadas de la publicidad y de los anuncios de MasterCard (ver figura 7.1). La Copa del Mundo alcanzó una audiencia televisiva mundial acumulada de 31.200 millones de personas (dos veces el volumen alcanzado por los Juegos Olímpicos de 1992); la exposición de imágenes de la marca alcanzó los ocho minutos durante cada una de la docena de programas televisivos, y llegó a más de 12 minutos en la final. Para alcanzar tal duración de exposición, la publicidad en medios comprada costaría alrededor de 493 millones de dólares; incluso si el valor de la exposición fuera de sólo el 5% de un anuncio, aún supondría 25 millones de dólares. Además, una cantidad de aproximadamente 8.500 millones de impactos se obtuvo a través de marquesinas, vallas, autobuses, stands y paradas de autobuses. Y se estimaron otros 1.000 millones de impactos debidos a las apariciones y artículos de prensa de Pelé.

MasterCard esperaba cumplir dos objetivos con todos estos impactos. El primero fue construir un reconocimiento de marca (especialmente en comparación con Visa) y crear un alto nivel de reconocimiento del patrocinio (mayor o igual que la relación Visa-Juegos Olímpicos). Las medidas que reflejaban este objetivo fueron generalmente positivas en Francia, Alemania, Reino Unido, Argentina y Brasil, donde el fútbol es muy popular, pero no tanto en Japón, Méjico y Estados Unidos. El segundo objetivo era aumentar la imaginería a nivel mundial y las actitudes hacia la marca. Este objetivo fue exitoso en Brasil, Méjico y Argentina, y fue más modesto en Estados Unidos, Japón, Alemania y el Reino Unido.

La investigación de los bancos asociados mostró que el patrocinio ayudó significativamente a MasterCard en tres áreas: 1) proporcionando a los bancos asociados oportunidades de negocio apoyadas por un mayor reconocimiento de marca y una imaginería global; 2) estimulando la adquisición y el uso de la tarjeta; y 3) aumentando la imagen de MasterCard como una organización fuerte de márketing. El éxito en estos criterios llevó a un considerable apoyo para mantener el patrocinio de la Copa del Mundo.

El capítulo anterior examina el uso del patrocinio por parte de Adidas y Nike. Adidas, en particular, fue un pionero en los patrocinios, y su temprana conexión con los Juegos Olímpicos fue un importante factor para construir una marca fuerte durante los años cincuenta, sesenta y setenta. El capítulo 6 también analiza el poder de los patrocinios propios, con la descripción del rol que el Adidas Streetball Challenge tuvo en la recuperación en los años noventa.

En este capítulo, se explora más detalladamente el uso del patrocinio como herramienta de construcción de marca. El objetivo consiste en entender cómo trabaja el patrocinio en el soporte de la marca y cómo esta introspección se puede traducir en planes de patrocinio eficaces. Este estudio estructurado dejará claro que el patrocinio es una herramienta de construcción de marca muy distinta de la publicidad, que se debe gestionar teniéndolo en cuenta.

El patrocinio supone la asociación comercial de una marca con un elemento tal como un evento deportivo, un equipo, una causa, las artes, una atracción cultural o el entretenimiento. Por tanto, va más allá del patrocinio de eventos para incluir, por ejemplo, el patrocinio de un equipo de baloncesto por parte de una empresa de automóviles japonesa o una ayuda para el tratamiento del cáncer por parte de una empresa textil. El patrocinio no implica un respaldo de la marca. Una persona como Tiger Woods pone su nombre en productos y aparece en publicidad y por todas partes como defensor de la marca. Contrariamente, un evento o un grupo patrocinados no proporcionan (a pesar de que el patrocinio podría implicarlo) un respaldo de la marca.

El patrocinio existe desde hace mucho tiempo. La marca Bovril patrocinó al Nottingham Forest Football Club en 1898, Gillette patrocinó el beisbol en 1910, y Coca-Cola patrocinó los Juegos Olímpicos en 1928. Sin embargo, en los últimos años, el rol del patrocinio en la construcción de marcas ha aumentado de una forma importante.

De acuerdo con el estudio «Sponsorship Report», del Instituto de Chicago IEG, las inversiones en patrocinio del año 2000 se espera que superen los 7.000 millones de dólares en Norteamérica, con casi un 67% implicando deportes, otro 19% cubriendo viajes de entretenimiento y eventos como festivales o ferias, un 8% vinculado a causas benéficas y alrededor del 6% en patrocinio de arte. Las inversiones mundiales se han estimado en tres veces las de Norteamérica. Además, las partidas controladas en el patrocinio de eventos subestiman su impacto, dado que la mayoría de patrocinios de eventos derivan quizás de una a tres veces su volumen en dólares en publicidad y promociones asociadas y otras vías.

El patrocinio ofrece ventajas exclusivas en la construcción de marcas. Mientras la publicidad es intrusiva y es, claramente, un mensaje pagado que intenta persuadir o cambiar actitudes, un patrocinio puede convertirse en parte de la vida de las personas. La publicidad es atractiva para la comunicación de atributos y beneficios funcionales, a pesar de que la mayoría de marcas importantes van aún más allá, buscando proporcionar beneficios emocionales y autoexpresivos, tener una personalidad y diferenciarse en atributos intangibles. El patrocinio puede ser muy eficaz en extender las marcas más allá de los atributos tangibles, dado que desarrolla asociaciones que añaden profundidad, riqueza y un sentimiento actual para la marca y su relación con los clientes.

A pesar de esto, el patrocinio, sorprendentemente, está infrautilizado. La mayoría de empresas tienen infraestructuras que hacen de la publicidad y las promociones unos medios de acceso más fácil; las empresas de apoyo como las agencias están mejor preparadas y más orientadas a la publicidad y las promociones que al patrocinio de eventos. Además, incluso cuando las alternativas de medios son bien conocidas, no existen departamentos con un inventario de eventos, planes o instituciones entre los cuales hacer la selección. E incluso si existieran, hay tantas alternativas y variantes que la selección y la gestión de patrocinios se convierten en un arte que requiere algún tipo de pensamiento novedoso, que nunca es fácil en la mayoría de organizaciones.

Cómo el patrocinio construye marcas

El patrocinio tiene el potencial de contribuir a la construcción de marcas de diferentes formas, muchas de las cuales le son exclusivas (ver figura 7.2). Habitualmente, el objetivo primario es crear exposición para la marca y desarrollar asociaciones. Sin embargo, otros tres beneficios de la construcción de marcas pueden ser muy relevantes para la selección y evaluación de patrocinios: movilizar la organización para la construcción de marcas, proporcionar una experiencia de

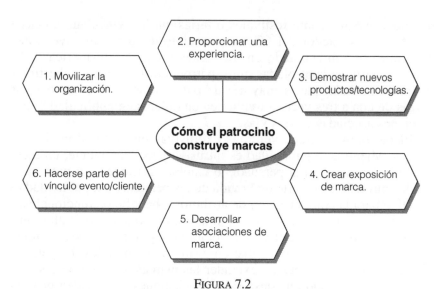

FIGURA 7.2
El patrocinio como constructor de marcas

eventos a los clientes y demostrar nuevos productos o tecnologías. Conectar la marca con la vinculación evento/cliente es otro objetivo aspiracional.

1. MOVILIZAR LA ORGANIZACIÓN PARA LA CONSTRUCCIÓN DE LA MARCA

Tanto el proceso como el resultado de un esfuerzo de construcción de marca tienen a menudo una recuperación de la inversión clave, internamente para los empleados y otros socios de la marca, y externamente para los clientes. Este fenómeno es particularmente común en los patrocinios.

Los empleados y otros socios de la marca pueden recibir beneficios emocionales que resultan de la satisfacción de ser asociados con los patrocinios, además de la relación entre el patrocinio y sus propios estilos de vida y valores. Por ejemplo, la gente que trabajaba en el equipo de patrocinio de MasterCard se sentía estimulada por la Copa del Mundo y por el hecho de que tenían una relación directa con ella.

Una investigación buscó específicamente determinar el impacto del patrocinio sobre los empleados[2]. El Bank of Ireland quería conocer el impacto sobre su equipo de sus dos patrocinios bandera, el Bank of Ireland Gaelic Football Championship y el Bank of Ireland

Proms (un evento musical clásico que se televisa en directo). Incluso a pesar de que estos patrocinios se dirigían en primer lugar hacia los clientes del banco, más del 80% de todos los empleados —desde los altos directivos hasta los auxiliares— expresaban satisfacción en el patrocinio de eventos por parte del banco; un 75% expresaban satisfacción por el patrocinio de arte que hacía el banco. Conseguir que los empleados asistan a los eventos puede aumentar estos beneficios emocionales.

El patrocinio de un equipo puede ser particularmente exitoso en la generación de beneficios emocionales porque hay una implicación con un objetivo y con un ganador, así como con una actividad. Una empresa que patrocinaba un coche de carreras informó que sus empleados seguían los éxitos y fracasos de muy cerca y estaban muy contentos de su asociación. Cuando las finales de baloncesto de Japón enfrentaron a un equipo patrocinado localmente por Toyota y a otro patrocinado por Isuzu, hubo un gran interés por las mismas entre los empleados de ambas compañías. Para considerar lo poderoso que puede ser este beneficio, imagínese el canalizar el interés y la intensidad de un fan de fútbol americano de Ohio State o de Texas hacia los miembros de un equipo de marca extendido.

Un patrocinio de un evento también puede actuar como catalizador para crear un proceso y un equipo globales de implantación de una construcción de marca. Por ejemplo, en su patrocinio de la Copa del Mundo, MasterCard tuvo que generar consistencia y sinergia entre diferentes regiones y miles de bancos. Hacer un éxito del patrocinio requería un enorme esfuerzo para compartir información y coordinar publicidad y promociones a nivel mundial. Sin embargo, los canales de comunicación y la experiencia conseguidos siguieron un largo camino hacia la solución de este problema, inalcanzable previamente, en áreas que iban más allá del propio patrocinio.

2. Proporcionar una experiencia para los clientes

Una experiencia de un evento (como jugar en el entorno de un campeonato de golf o ser atendido en el recinto de Wimbledon) puede proporcionar al cliente una oportunidad única para desarrollar una relación con la marca y su organización. Simplemente el hecho de proporcionar a los clientes una experiencia de un evento, especialmente cuando éste es prestigioso, dice mucho de la marca y de su organización. Además, representa una forma tangible y única para premiar a un cliente clave. Si se asume que el evento se patrocina a lo largo del tiempo, el premio se puede proporcionar año tras año, dando al cliente un incentivo para alimentar la relación. Adicionalmente, el evento proporciona una forma de interactuar con clientes clave en un ambiente relajado; se puede conseguir un acceso que no sería posible sin la excusa del evento.

La implicación de un cliente en un evento también puede hacer que dicho cliente se convierta en parte de la misma familia o equipo que la marca. Especialmente cuando la experiencia se duplica en varias ocasiones (anualmente, por ejemplo), se puede crear un intenso nivel de lealtad. Tal relación es una recuperación real de la inversión, y es más probable que ocurra cuando se trata al cliente como a alguien de la propia organización de la marca y/o cuando el evento está relacionado con la propia identidad, personalidad o estilo de vida del cliente.

3. DEMOSTRAR NUEVOS PRODUCTOS Y TECNOLOGÍA

Como se dijo anteriormente, una nueva submarca de producto o de tecnología puede ser una bala de plata para la marca, representando la identidad de la marca para las audiencias objetivo. Así, un nuevo producto o tecnología podría reflejar la propiedad por parte de la marca de un beneficio para el cliente, o mostrar que la marca es innovadora u orientada al cliente.

El medio más poderoso para introducir un nuevo producto o tecnología es la *publicity*. Si es novedoso, interesante y suficientemente importante para recibir la cobertura de la prensa, sus objetivos de construcción de marca serían mucho más fáciles de conseguir. La *publicity* no sólo es más eficaz en costes que la publicidad; también es más creíble. Un patrocinio puede ser la palanca necesaria para aumentar el valor del producto o la tecnología para la prensa, con el consiguiente resultado en cobertura. Incluso si no se dispone de esta cobertura, el patrocinio puede proporcionar un contexto para hacer una demostración más interesante y viva. Y, además, la visibilidad del producto o la tecnología también puede aumentar la relación entre la marca y el evento.

M&M's, por ejemplo, introdujo un nuevo color en el maratón de Nueva York. El concepto de una empresa de dulces haciendo tal acción con un nuevo color y conectando la introducción con un evento de Nueva York fue tan peculiar que generó una *publicity* significativa, incluyendo una mención especial durante la cobertura en televisión del evento. De forma parecida, las demostraciones de la nueva tarjeta

Visa Cash en los Juegos Olímpicos de 1998 atrajeron la cobertura de la prensa.

Un evento también se puede utilizar para mostrar una tecnología que represente una asociación clave de una marca de organización. Por ejemplo, Panasonic instaló la mayor pantalla de vídeo en un estadio de Estados Unidos en los Juegos Olímpicos de Atlanta, en 1996. *Sports Illustrated* aplicó una nueva tecnología de impresión y de fotografía para editar y distribuir un ejemplar diario olímpico, por primera vez. Motorola proporcionó el mayor sistema digital jamás creado para un evento deportivo, también en los Juegos Olímpicos de Atlanta. Y Sprint ha mostrado su tecnología de voz con la marca de los auriculares que los entrenadores de la NFL usan durante los partidos.

4. CREAR EXPOSICIÓN DE MARCA

A menudo, el coste de un patrocinio se puede justificar únicamente por la exposición del nombre de la marca conseguida en la *publicity* o la publicidad gráfica del evento. Una forma de medir el efecto de esta exposición es realizar estudios de reconocimiento de marca antes y después del evento. Muchos ejemplos demuestran que el reconocimiento aumenta sustancialmente como consecuencia de un patrocinio, especialmente cuando las marcas continúan la actividad patrocinada con otras actividades de márketing. Por ejemplo, una empresa de ordenadores, anteriormente poco conocida, descubrió que su patrocinio de un equipo de fútbol desarrollaba altos niveles de reconocimiento de patrocinio espontáneo (que se correlaciona con el reconocimiento de marca) entre la gente que asistía a los partidos del equipo (53%), así como entre aquellos que asistían a otros partidos de la liga (22 %)[3].

Un segundo enfoque consiste en cuantificar las exposiciones de marca que un patrocinio genera desde la publicidad gráfica a las imágenes sobre las prendas que llevan los participantes. Joyce Julius & Associates descompone la cobertura televisiva de los eventos en «tiempo de exposición clara y enfocada»; entonces se puede calcular el valor de este tiempo. Esta empresa descubrió que el principal evento deportivo de 1992 fueron las 500 Millas de Indianápolis, con 307 menciones de patrocinadores, que se habrían podido evaluar en 72 millones de dólares usados al mismo tiempo[4]. El segundo evento más valorado fue también una carrera de coches, las 500 Millas de Daytona, seguido por el Campeonato de *Neewsweek*, una parte del campeonato de la ATP de tenis, y la Federal Express Orange Bowl (no por casualidad, dos de los cuatro fueron eventos «con nombre»).

El impacto de la publicidad exterior *in situ* se puede estimar analizando la cantidad de personas expuesta al evento. Como se ha mencionado, MasterCard estimó más de 8.000 millones de exposiciones de sus imágenes en la Copa del Mundo. Desde luego, la publicidad con un mensaje enfocado es sin duda más eficaz (incluso a pesar de que es abiertamente más comercial), por lo que se deben aplicar algunos factores de reducción. En cualquier caso, no es extraño que el valor de la exposición exceda el coste total del patrocinio, incluso si se considera que una exposición basada en el evento vale sólo el 10% de una exposición de publicidad pagada.

Se debería hacer una distinción entre el estatus de patrocinador (por ejemplo, ser un patrocinador olímpico) y los eventos con nombre (como el Open Buick), dado que el segundo tiene dos beneficios adicionales. En primer lugar, la *publicity* de un evento con nombre ayudará a construir la presencia de la marca, dependiendo de la cantidad de cobertura de prensa. En segundo lugar, la asociación de la marca con el evento es mucho más fácil si es un evento con nombre más que uno en el que la marca es simplemente un patrocinador a un cierto nivel.

Un estadio con nombre es una manera especialmente poderosa de ganar reconocimiento y presencia. 3Com es la segunda mayor empresa del mundo en datos/redes, pero poca gente había oído hablar de ella hasta que pagó 4,5 millones de dólares durante cuatro años para poner su nombre al estadio donde juegan los equipos de fútbol americano San Francisco 49ers y de béisbol Giants. Después de que el estadio cambiara de nombre, el comentarista de televisión Al Michaels dedicó cinco minutos a hablar del acuerdo en una emisión de lunes por la noche; la misma cantidad de tiempo de publicidad habría costado tanto como lo que 3Com pagó por los derechos del nombre. Además, el hecho del cambio de nombre se trató en periódicos de todo el mundo, y 3Com se menciona de forma destacada cada vez que hay un partido (alrededor de 200 veces por año). Sin embargo, puede haber un inconveniente a corto plazo por comprar los derechos de dar el nombre a unas instalaciones. Al menos un estudio descubrió que más del 30% de entrevistados eran activamente hostiles a una empresa que cambiara el nombre de una instalación por el suyo propio[5].

Relacionar el nombre con la propiedad de un patrocinio tiene la ventaja adicional de que se hace más difícil romper la relación; tanto el patrocinador como la propiedad tienen una mayor necesidad e incentivo de hacer que funcione. En el patrocinio de un título, los patrocinadores desaparecen a menudo de la cobertura por muchas razones, con lo que no se puede valorar el impacto de la construcción de marca.

Un experimento natural único realizado en la India a mediados de los años ochenta demostró que patrocinar eventos puede afectar al reconocimiento[6]. Una de las tres empresas de neumáticos de la India, MRF, convirtió su presupuesto de publicidad de tres años casi enteramente en patrocinios deportivos (hubo alguna publicidad sobre los eventos y su relación con la marca MRF); sus dos competidores (Ceat y Dunlop) continuaron con publicidad tradicional durante este tiempo. El reconocimiento como primera marca recordada pasó del 4 al 7, al 20 y al 22% en estos cuatro años, y su reconocimiento espontáneo creció del 39 al 72, 70 y 76%. Claramente, el reconocimiento mejoró mucho durante los primeros años, y los altos valores no descendieron, sino que en realidad aumentaron a medida que pasó el tiempo.

5. DESARROLLAR ASOCIACIONES DE MARCA

Una quinta y, a menudo, dominante razón para los patrocinios consiste en obtener una asociación con un segmento objetivo. La creación de asociaciones deseadas dependerá de la fuerza de tres enlaces, como se muestra en la figura 7.3 y se detalla a continuación.

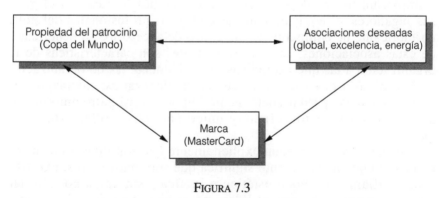

FIGURA 7.3
Desarrollar asociaciones de marca mediante el patrocinio

Las asociaciones conectadas con la propiedad del patrocinio

Las mismas técnicas cualitativas y cuantitativas usadas para observar asociaciones de marca se pueden usar para determinar las asociaciones conectadas con la propiedad del patrocinio y su fuerza relativa.

Para los patrocinios más importantes, una comprensión en profundidad de la imagen obtenida por el patrocinio entre los grupos objetivo (la que va más allá de los atributos tangibles) puede ser crítica para maximizar la efectividad de dicho patrocinio.

Igual que una marca, una propiedad patrocinada puede tener muchas asociaciones. Algunos eventos (como los bolos) se consideran de bajo nivel, mientras que otros (como la ópera) son de un nivel muy alto. Algunas son antiguas y tienen una larga historia (Kentucky Derby) y otras son nuevas y muy enérgicas (los eventos de Swatch). Algunas se perciben como masculinas (carreras de coches), mientras que otras son muy femeninas (patinaje artístico). Los eventos también pueden tener personalidades muy diferentes: una competición de esquí es excitante, un equipo de fútbol americano es rudo, un proyecto de desarrollo urbano puede ser competente, y un concurso de belleza puede ser sofisticado. La localización, sea una ciudad o un edificio (como la Pirámide Transmerica), un país (España) o una región (el sur de Francia) puede ser también relevante, especialmente para una empresa de viajes o un grupo hotelero.

Hay cinco asociaciones que conviene destacar por su importancia para muchas marcas y porque los patrocinios pueden jugar un papel único en su creación. La primera son las asociaciones conducidas por las características funcionales de la propiedad en sí misma. Por ejemplo, un torneo de golf tendrá asociaciones fuertes con el golf, sus jugadores, el equipamiento de golf y los profesionales del golf; un fabricante de equipamiento de golf o de accesorios se beneficiará de estas asociaciones. Las cuatro restantes son características de la organización a las que las marcas (especialmente las de organizaciones) aspiran, a pesar de la dificultad de alcanzarlas: liderazgo, ser global, ser local y estar socialmente implicado. El patrocinio ofrece a menudo un vehículo eficaz y único para desarrollar estas asociaciones.

Muchas marcas afirman explícitamente que son líderes en su categoría, lo que normalmente significa que son innovadoras, exitosas y de confianza. Es poco estético e ineficaz, sin embargo, afirmar esto uno mismo. «Yo soy el líder» no es una expresión afortunada. El patrocinio de un evento deportivo puede ayudar a aumentar la asociación de liderazgo de una marca de muchas formas. En primer lugar, algunos eventos tienen por sí mismos la imagen de ser los mejores o los de mayor prestigio (el Masters, Wimbledon, el Kentucky Derby, las 500 Millas de Indianápolis y los Juegos Olímpicos, están todos en esta categoría). En segundo lugar, porque todos los eventos deportivos tienen ganadores, y la determinación y el talento necesarios para ello se deberían reflejar en cualquier cosa conectada con el evento.

Una segunda asociación organizativa importante para muchas marcas es ser global. Una asociación de un patrocinador con una propiedad verdaderamente global como la Copa del Mundo o los Juegos Olímpicos es una manera de decir que la marca es global. Este fue ciertamente uno de los objetivos de MasterCard en el patrocinio de la Copa del Mundo, dado que tuvo que competir con la expresión de Visa «En cualquier lugar donde quieras estar» y sus asociaciones olímpicas. De hecho, la asociación mundial es uno de los atractivos de los Juegos Olímpicos. UPS patrocinó los Juegos Olímpicos de 1996, por ejemplo, en parte para desarrollar una asociación de competencia global con objeto de convertirse en un competidor viable contra FedEx y DHL.

Patrocinar eventos locales es un vehículo excelente para relacionarse con la comunidad y, con ello, desarrollar asociaciones locales más fuertes. En un estudio, dos tercios de los entrevistados se sintieron más favorables hacia organizaciones que participaban en eventos tradicionales y comunitarios, frente a sólo alrededor del 40% que tenían la misma reacción hacia el patrocinio por parte de las organizaciones de eventos nacionales[7].

Para crear una mayor presencia y sinergia, se deberían relacionar múltiples patrocinios locales. El Adidas Streetball Challenge y la Copa DFB-Adidas, descritos en el capítulo anterior, son ilustrativos de ello. Como se analiza en el capítulo 6, Adidas organiza docenas de eventos cada año en Alemania, con varios cientos de eventos locales duplicados en otros países europeos. Los campeonatos locales se organizan con la ayuda de asociaciones locales, clubes deportivos y detallistas. Los detallistas también pueden «alquilar» un torneo y organizar eventos adicionales por su cuenta. Todos los eventos locales están relacionados con eventos nacionales y otros a nivel europeo.

Patrocinar una actividad visible que contribuya al bien común (quizás ayudando al entorno o a la comunidad) es una forma excelente para una organización de comunicar que tiene valores y creencias que van más allá de hacer productos. Por ejemplo, McDonald's patrocina la Ronald McDonald House, un lugar para que las familias residan mientras sus hijos reciben tratamiento médico. Tanqueray patrocinó una carrera benéfica de bicicletas de ayuda a la lucha contra el sida que atrajo a 1.800 participantes y consiguió más de 5,5 millones de dólares; a nivel detallista, organizó 180 noches de recuerdo de los problemas del sida en 30 bares de California. La Lucha contra el Hambre, de American Express, donó tres centavos de cada transacción a una organización contra el hambre y promovió esta acción con un *tour* de Steve Wonder por once ciudades.

Relacionar la marca con la propiedad patrocinada

Una marca no queda automáticamente relacionada con la propiedad patrocinada. Quizás el mayor error que cometen los patrocinadores, de hecho, es no conseguir crear y apoyar la relación entre la marca y lo que está siendo patrocinado.

El SponsorWatch de DDB Needham utiliza un panel de consumidores para seguir la eficacia del patrocinio[8]. Mensualmente, de 500 a 800 hogares son contactados por correo, y se pregunta al cabeza de familia que conteste un cuestionario. Los datos se analizan durante un período de 3 a 12 meses alrededor de un evento o una temporada deportiva.

Los datos del SponsorWatch muestran que la relación entre patrocinadores y la propiedad patrocinada es menor de lo que se podría esperar. El SponsorWatch utiliza el «reconocimiento exclusivo» como una medida de la relación (el porcentaje del mercado objetivo que reconoce la relación entre la marca y la propiedad, menos el porcentaje que cree por error que hay una relación entre la propiedad y la principal marca de la competencia). Obviamente, una relación con un competidor se deduce de la ventaja creada por la propiedad (de hecho, en casos de excesiva confusión, promover la propiedad y sus asociaciones podría beneficiar al competidor).

Algunos patrocinios proporcionan reconocimientos exclusivos sorprendentemente bajos. Coca-Cola ha sido la bebida de refrescos oficial de la NFL durante muchos años, y en 1993 pagó 250 millones de dólares para obtener una extensión de cinco años. Sin embargo, y según SponsorWatch, el 35% de los encuestados creían que Pepsi era el patrocinador, sólo un 1% inferior a los que creían que era Coca-Cola. Sólo un 15% mencionó correctamente a Hilton como patrocinador de los Juegos Olímpicos de Verano de 1992; la misma cantidad pensaba que el patrocinador era Holiday Inn. Otros patrocinadores de Juegos Olímpicos como Crest, Oscar Mayer, Panasonic, Maxwell House y Nuprin tuvieron un destino similar. Contrariamente, más del 50% reconocieron a Visa como patrocinador, mientras que el nivel de reconocimiento de sus competidores MasterCard y American Express fue de justo por debajo del 30%, lo que, desde luego, sigue siendo una cantidad importante.

De los 102 patrocinadores olímpicos controlados por Sponsor-Watch desde 1984, sólo la mitad construyeron una relación exitosa, lo que se definió como tener al menos un 15% de reconocimiento del patrocinador (y al menos 10 puntos porcentuales más que el competidor más próximo), un criterio no especialmente exigente. En otras palabras, si el objetivo era crear reconocimiento y una relación con los Juegos Olímpicos, muchos de los patrocinadores tiraron básicamente su dinero.

¿Por qué es tan baja esta cantidad? La primera de tres razones clave es que los patrocinios olímpicos no incluyen publicidad en los estadios ni publicidad de los programas (a diferencia de la Copa del Mundo), por lo que no es fácil crear reconocimiento del patrocinio. La segunda razón es que hay poca relación o asociaciones naturales entre algunas marcas y los Juegos Olímpicos. En tercer lugar, los patrocinadores pueden no invertir en la creación de la relación porque su presupuesto ya se ha agotado con los costes fijos del patrocinio.

Una manera directa de construir una relación es hacer publicidad en el evento televisado. En los Juegos Olímpicos de Verano de 1984, 1988 y 1992, los datos de SponsorWatch mostraron que el 54% de las 58 marcas que hicieron publicidad tuvieron éxito en la creación de una relación, mientras que sólo una marca de las 27 que no hicieron publicidad tuvo éxito (*Sports Illustrated*, que es, desde luego, un vehículo para los medios en los Juegos Olímpicos).

La duración y la fuerza de la relación son también importantes, porque el impacto de la asociación puede multiplicarse varias veces para un evento que no se restrinja a una visión de un corto período de tiempo. J.C. Penney, por ejemplo, estableció una relación fuerte con los Juegos Olímpicos, pero sólo durante el evento en sí. Antes de los Juegos, su relación era en realidad inferior a la de Sears, y después fue de sólo un 6% mejor. Visa, contrariamente, tuvo una relación del 16 al 20% superior a su competencia tres meses antes de los Juegos Olímpicos y un mes más tarde. De hecho, la relación es probablemente fuerte incluso en los años sin Juegos.

Los datos de SponsorWatch mostraron que, de los 51 patrocinadores que se relacionan con éxito con los Juegos Olímpicos, sólo el 60% mantuvieron también la relación antes y después del evento; el otro 40% tuvo la relación solamente durante los Juegos. Claramente, una inversión en crear la asociación durante varios años hace que la relación percibida sea más fácil de conseguir. Visa lo ha hecho tan bien, en parte porque ha estado asociada con tantos Juegos Olímpicos que no tiene que enfrentarse a la confusión cada vez que los Juegos tienen lugar; sólo tiene que recordar a la audiencia que Visa es el patrocinador oficial.

> **IBM patrocina las artes***
>
> Los patrocinios de IBM intentan construir reconocimiento positivo, promocionar la compañía como un líder excitante en una industria continuamente cambiante y demostrar que la organización y su gente están contribuyendo a la comunidad. IBM ha aprendido de la investigación sistemática que sus patrocinios son mucho más eficaces si se apoyan con otros medios.
>
> Un patrocinio de una exposición de Leonardo de Vinci en Londres fue evaluado a través de un estudio. Todos los asistentes recibieron un corto cuestionario que proporcionaba un incentivo por dar sus nombres y sus números de teléfono. Varios de los entrevistados recibían más tarde una llamada y se les preguntaba sobre una serie de temas, incluido si sabían quién era el patrocinador, cómo lo habían sabido, la adecuación del patrocinador, la naturaleza de la contribución del patrocinador a la muestra y las actitudes hacia IBM. La mención espontánea de IBM como patrocinador fue del 28% (inferior a la norma del 41%), y la mención sugerida fue del 57% (también inferior a la norma del 66%). Además, la mayoría conocieron el patrocinio en la exposición, lo que suponía que había pocas posibilidades de información entre los que no asistieron.
>
> Algunos años más tarde, IBM patrocinó la exposición de Pompeya, también en Londres. En este caso, una sustancial campaña publicitaria comunicó el patrocinio de IBM y se usaron ordenadores interactivos de IBM en la exposición. El recuerdo fue mucho mayor, el espontáneo del 45% y el sugerido del 74%. Además, el 34% conocían el patrocinio antes de tener lugar, sobre la norma del 25%. Casi el 60% dijo que se sentía más favorable hacia IBM, mientras que sólo el 1% era menos favorable en sus percepciones.
>
> * *Fuente:* Peter WALSHE y Peter WILKINSON, «Pompeii revisited: IBM digging for success», *Marketing and Research Today*, febrero de 1994, págs. 89-95.

Cambiar o aumentar la imagen de marca

Considerando que una propiedad patrocinada sea visible, tenga asociaciones deseadas y esté relacionada con una marca, el paso final es conectar aquellas asociaciones con la marca con objeto de que su imagen mejore o se refuerce. Se podrían conceptualizar dos tipos de procesos. En primer lugar, se podría asumir que el proceso está conducido por el deseo de consistencia. Los psicólogos han descubierto que, cuando una asociación fuerte (como ser global) está conectada con un evento que a su vez está conectado con una marca, la gente tiende a reforzar la percepción de que la marca es global, con objeto de tener un conocimiento cognitivo más consistente. En segundo lugar, un intento de persuadir a alguien de que una marca es global podría ser más fácil en un contexto como los Juegos Olímpicos, donde el concepto es más fácil de asimilar y destacar.

Es evidente que un patrocinio puede influir en una imagen de marca. SponsorWatch encontró, por ejemplo, que entre los entrevistados la ventaja de Visa sobre MasterCard con respecto a qué marca ofrecía el mejor servicio pasó del 15% antes de los Juegos Olímpicos de 1992 al 30% durante el evento y al 20% un mes más tarde (la figura 7.4 muestra estos resultados). Una investigación a finales de 1997 mostró que la cantidad de consumidores en todo el mundo que valoraban Visa como la mejor en una variedad de características (como aceptación por los intermediarios o valoración global) alcanzaba un 10% por encima de aquellos que no eran conscientes del patrocinio[9]. De forma parecida, el diferencial de mejor producto de Seiko frente a Timex creció del 5% a casi el 20% durante los Juegos Olímpicos y un 10% un mes más tarde; no por casualidad, la relación de Seiko con los Juegos Olímpicos pasó de un 2% negativo (es decir, que se mencionaba a Timex como patrocinador olímpico antes que a Seiko) un mes antes de los Juegos Olímpicos al 18% durante los Juegos y al 8% un mes más tarde.

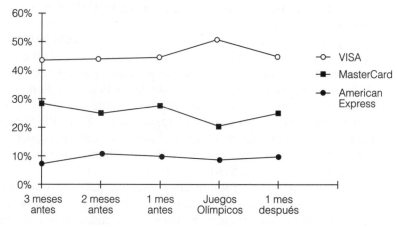

Fuente: Crimmons and Horn, 1996.

FIGURA 7.4

Superioridad percibida de las tarjetas de crédito

En el experimento que implicaba a la empresa india de neumáticos MRF, la conversión del presupuesto de publicidad en patrocinio deportivo afectó a la imagen y a la preferencia, así como al reconocimiento. Los siete elementos de imagen crecieron de forma estable durante el período de cuatro años examinado, así como también lo hizo la preferencia de marca (el porcentaje de clientes que preferían MRF creció del 4 al 9, al 21 y al 22%, mientras la competencia se mantenía estable). Una dimensión de imagen, la innovación, era extremadamente baja al inicio del test, y creció fuertemente en los primeros años, incluso a pesar de que no había publicidad durante aquel período. ¿Por qué? Además de un efecto global de halo, el patrocinio deportivo puede dar a una marca alguna energía y excitación que se traslade en percepciones de capacidad de innovación[10].

Las asociaciones tienen que encajar

Cuando las asociaciones de eventos realmente encajen bien con la marca y sus asociaciones, todo se hace más fácil. Es más fácil relacionar la marca con el evento y es más probable que la imagen de marca aumente como consecuencia. A continuación hay tres ejemplos de un buen encaje:

1. Un fabricante de artículos de golf (como Callaway) patrocina un torneo de golf donde se utilizará su producto y donde quienes sigan el evento serán potenciales usuarios de dicho producto. Si un jugador que use equipamiento Callaway lo hace bien, tanto mejor.
2. Sony patrocinó el entretenimiento total proporcionado por varios barcos de Celebrity Cruise Lines. Cada barco se convirtió en una demostración de la tecnología de Sony, incluyendo los televisores de los camarotes, el sistema de sonido, las películas de Sony mostradas en el centro de préstamo de cintas de vídeo, el área conceptual de Sony (con una tienda de regalos), las Sony PlayStation para niños, la pantalla de vídeo de Sony y la sala de proyección con 1.000 asientos. Para coronar todo esto, hubo una emisión de la principal película de Sony a 1.200 invitados a bordo.
3. DuPont, fabricante de ropa interior térmica, patrocinó la exploración de los estrechos de Bering, que suponía para una docena de exploradores americanos y rusos el ascender inmensas masas de nieve con un frío extremo.

Un estudio documentó el rol del encaje del patrocinio, comparándolo con otras variables diversas para entender su impacto relativo en la compra de una entrada a un parque temático. Estas variables incluían el patrocinio (Children's Miracle Network y el Kennedy Center for the Performing Arts gustaban a un nivel similar, pero con un encaje diferente para los parques temáticos), distancias realizadas (45 ó 90 minutos), cantidad de utilización de atracciones (32 ó 46), calidad de la comida (correcta o buena), precios (24,95 ó 34,95 dólares) y horas funcionando (12 ó 16)[11]. El impacto del encaje del patrocinio en la compra de entradas fue dos veces superior al del precio, distancia u horas, y más de 1,6 veces superior a la cantidad de utilizaciones y la comida.

Crear su propio evento

Puede que un evento ideal en términos de encaje no exista o sea posible; hay pocos eventos de gran calidad[12]. En este caso, la solución puede ser crear uno y poseerlo. He aquí algunos ejemplos:

—El Chase Corporate Change del Chase Bank, iniciado en 1977, es una serie de carreras de 3,5 millas (ahora en 19 ciudades de Estados Unidos, más Londres y Fránkfort) que culminan en una carrera por el Campeonato en Nueva York en el mes de octubre. Las carreras tuvieron 150.000 corredores de más de 6.000 organizaciones. Chase ha atraído también socios patrocinadores nacionales y locales.

—El PowerBar CEO Challenge Race invita a otros consejeros delegados a derrotar al consejero delegado de PowerFoods. El ganador obtiene 5.000 dólares para ser donados a la entidad benéfica preferida[13].

—El Stoli Vodka Ski Classic es una serie de cinco carreras de esquí que está estrictamente limitada a profesionales de la alimentación y bares. El evento incluye un contexto de recetas y degustaciones después de cada carrera y fue un factor importante para introducir seis nuevas variedades de vodka de Stoli.

—El Sta-Bil National es una serie de carreras en 12 ciudades para máquinas cortadoras de césped, patrocinada en parte por Sta-Bil (un aditivo que ayuda a la gasolina a evitar su degeneración debido a su almacenamiento), Dixie Chopper (una de las primeras máquinas cortadoras) y los lubricantes Citgo. Las ventas de Sta-Bil han crecido un 50% cada año desde 1992, cuando se creó el evento.

—El Black Velvet Smooth-Steppin' Showdown es la mayor competición del país para aficionados de baile de dos pasos. La marca presentó un crecimiento del 320%, asociado con seis eventos regionales.

—Las celebraciones de la Reunión de Aniversario de Harley-Davidson son amplios eventos que atraen a más de 100.000 entusiastas conductores de Harley a Milwaukee, en Wisconsin. Además, una promoción internacional (incluyendo spots de televisión en colaboración con la Miller Genuine Draft de Miller Brewing Company) moviliza a millones de clientes en todo el mundo a participar en eventos locales en sus países. Estas celebraciones tienen un valor de construcción de marca significativo.

—Nike organiza una serie de partidos de fútbol entre sus equipos nacionales patrocinados. Estos partidos suponen una especie de mini Copa del Mundo, proporcionando ingresos a Nike a través de la venta de entradas, venta de los derechos de emisión y ventas de patrocinio[14].

6. HACERSE PARTE DEL VÍNCULO EVENTO/CLIENTE: EL EFECTO DE AFILIACIÓN

Para casi cualquier evento, equipo u otra propiedad patrocinados, existe un segmento de gente altamente implicada que buscan tiempo para la actividad y que están al corriente de ella. La propiedad patrocinada puede ser una parte significativa de sus vidas como vehículo para expresar sus identidades; (para algunos, ser patrón de una ópera o poseedor de un ticket para la estación de los Jets es una parte destacada de su autoconcepto. La existencia de un grupo de referencia (como otros poseedores de un ticket para la estación de los 49ers u otros participantes en las carreras de Ironman) solidifica el vínculo entre una persona y el evento.

El factor de la satisfacción puede relacionarse también con un efecto de autoidentidad. Algunas personas pueden estar intensamente satisfechas de su equipo nacional olímpico, de un museo o evento locales, o de un programa de empresa. (Más del 95% de estadounidenses y el 90% de habitantes del Reino Unido estuvieron de acuerdo en que los Juegos Olímpicos eran una fuente de satisfacción nacional[15]). Esta emoción puede ser un importante conductor para proporcionar un vínculo entre una persona y la propiedad patrocinada.

¿Puede un patrocinador de un evento convertirse en parte de este compromiso emocional, efecto autoexpresivo y vínculo social? ¿Hay un efecto de afiliación, donde una marca no sólo se asocia, sino que además se convierte en parte de esta implicación? La recuperación de la inversión de tal efecto podría ser grande, no sólo entre el segmento implicado, sino también entre los conectados con ellos.

Tres factores podrían predecir cuándo podría ocurrir un efecto de afiliación. En primer lugar, la marca probablemente necesitaría estar fuertemente asociada con un equipo o evento con nombre (tal como el Adidas Predator Cup, el Toyota Wildcats o el Transamerica Open) a lo largo de un período largo. No sería suficiente poner una etiqueta con el nombre Chevron entre otras 10 en una carrera de coches; el coche tendría que mostrar los colores y el logo de Chevron y representar al equipo de competición de Chevron. La marca también tendría que estar conectada a un producto que juegue un papel en la actividad. El aceite para motor Pennzoil o los automóviles Porsche son contribuyentes lógicos a un equipo de carreras, por ejemplo, mientras que Kool-Aid no lo es.

En segundo lugar, la actividad tendría que ser una parte implicante de las vidas de la gente (más que, por ejemplo, un concierto esporádico al que se asiste si se considera conveniente). Los indicadores de tal implicación podrían incluir niveles de asistencia, la tendencia a seguir las noticias sobre la propiedad, y hacer visible la implicación para los demás con objeto de que se convierta en un distintivo. Para considerar un caso extremo, los seguidores apasionados del equipo de fútbol americano Texas Longhorns no van a los partidos por conveniencia, más bien, sus vidas están organizadas alrededor del programa de los Longhorns.

En tercer lugar, algún sentimiento de que la marca está tomando un riesgo por comprometerse con una actividad debería contribuir al efecto de afiliación. Barclays Bank empezó a patrocinar al equipo de fútbol de Inglaterra cuando Canon se retiró, quizás en parte debido a la afición que el deporte experimentaba[16]. Barclays sintió que el patrocinio tenía un alto nivel y que estaba conectado a la esencia británica, y que además era un enlace con la audiencia joven. La investigación del patrocinio reveló que los aficionados al fútbol sentían que Barclays había tomado riesgos por su compromiso y que su patrocinio era crítico para la salud del deporte. De hecho, se descubrió que el apoyo de una institución financiera nacional ayudaba a la imagen de la liga (que, desde luego, le daba más valor al patrocinio).

Transferencia de afecto

Una razón para el patrocinio de muchos eventos es que, dado que la audiencia disfruta del evento, este sentimiento positivo puede transferirse a la marca. Es la misma lógica que ha hecho que el que un anuncio guste sea un importante constructor para explicar por qué cierta publicidad es eficaz. Hay una evidencia sustancial de que la gente a la que le gusta una publicidad hace más que crear atención e interés; la atracción también se transfiere a la marca. Parece probable que el mismo fenómeno ocurra con los eventos.

Lo que puede ir mal

Algunos patrocinios son poco más que ejercicios en el ego del *management*, en el mejor caso, mientras otros son grandes éxitos. ¿Qué es lo que discrimina estas dos situaciones? Volver atrás para ver cómo las cosas pueden ir mal proporciona alguna información.

EL EVENTO FRACASA

Cuando el evento falla, el patrocinio se convierte en inútil y puede incluso perjudicar al patrocinador. Kodak patrocinó en una ocasión el Kodak Liberty Ride Festival, donde personas de 100 ciudades iban a pagar 23 dólares para montar en sus bicicletas, hacer *picnics* y asistir a un concierto de Huey Lewis. El problema fue que los organizadores sólo consiguieron una pequeña parte de las 500.000 personas prometidas; una débil organización y un pobre concepto fueron las causas[17]. Los torneos de golf y otros eventos mostrando personalidades individuales tienen siempre la amenaza de que los principales jugadores no participen o se retiren pronto (bien por perder o por alguna lesión).

LAS MALAS ASOCIACIONES EMERGEN

Lo peor ocurre cuando una mala asociación emerge y la marca queda perjudicada. Una compañía de seguros patrocinó en una ocasión un coche de carreras que tuvo un accidente. El patrocinio por parte de IBM de los Juegos Olímpicos de Atlanta en 1996 pretendía mostrar la tecnología de la compañía proporcionando información instantánea. Sin embargo, los problemas en el sistema de IBM dieron una imagen negativa en todo el mundo.

Una combinación de patrocinadores corporativos podría generar confusión o incluso asociaciones negativas. Sprint, por ejemplo, fue un patrocinador de segundo nivel de la Copa del Mundo de 1994, mientras que MasterCard fue el patrocinador oficial de tarjetas de crédito del mismo evento. Mientras Sprint ofrecía tarjetas telefónicas prepagadas con el logo de la Copa del Mundo, MasterCard presentó una denuncia y ganó. Mientras que el patrocinio del evento por parte de Sprint no fue un fracaso absoluto, la *publicity* negativa contra la empresa de telecomunicaciones estropeó su éxito.

Las asociaciones buenas no llegan a emerger

A veces hay un encaje natural entre la marca y el evento, pero una buena parte de la audiencia simplemente no se da cuenta. En este caso, se les podría ayudar haciendo más explícito el encaje. Seiko hizo publicidad durante los Juegos Olímpicos de 1992 para asegurar que la conexión entre los horarios de las carreras y el rendimiento de la marca era claro: «Nosotros somos el reloj y estamos detrás de todo el que corra por la grandeza de los Juegos de la XXVª Olimpiada. Somos Seiko, la medida de la grandeza[18]».

Desde que los conductores de coches de carreras no pudieron usar gafas de sol de moda debajo de sus cascos, Revo vio poca rentabilidad en su patrocinio de las carreras. Así, la compañía decidió retrabajar el parabrisas del coche insertando el nombre de marca de Revo para que fuera visible para las cámaras de televisión y las audiencias. A través de esta investigación y desarrollo adicional, la compañía mejoró significativamente el valor de su patrocinio porque asoció Revo con la tecnologóa del cristal del parabrisas.

Pérdida de futuros derechos

Si se ha creado con éxito una relación con una propiedad patrocinada, es ruinoso alejarse de esta propiedad. Los patrocinios de larga duración tendrán lógicamente una mayor relación, requerirán menor inversión para ser creados y tendrán un impacto sobre un período de tiempo más largo. Si se pierde un patrocinio porque no había nada (legal o moralmente) que ate a la propiedad con el patrocinador, la inversión se habrá desperdiciado. Peor aún, algunas asociaciones buscadas podrían acabar en manos de la competencia. Como consecuencia, es muy útil obtener un acuerdo para tener el derecho de volver al patrocinio en los años subsiguientes. American Express todavía está pagando un precio por haber perdido los Juegos Olímpicos a favor de Visa antes de los Juegos de 1988; el porcentaje de los que valoraron a Visa como la mejor tarjeta de crédito para viajes internacionales pasó del 11,5% antes de los Juegos al 27% al final de los mismos[19].

La confusión del patrocinio

Algunas veces es difícil relacionar una marca con una propiedad patrocinada debido, simplemente, a que hay demasiada confusión, demasiados patrocinadores y demasiadas imágenes. La confusión y su rol en interferir con la relación y las exposiciones deberían ser una consideración a la hora de evaluar un patrocinio. Una forma de atacar la confusión es el uso de una diversidad de medios como las promociones y la Red para construir relaciones.

Cuando está implicada la televisión, una manera de crear exposición a la marca en un entorno confuso es la utilización de la señalización virtual, esto es, una señal sobreimpuesta en la cobertura de la televisión en medio de un campo de fútbol o de una pista de tenis, un espacio ideal que destacará y mejorará la asociación con el evento. Tal señalización tiene la capacidad de hacerse en 3-D, así como de aparecer en momentos críticos sin molestar al desarrollo del juego.

MÁRKETING DE CONFUSIÓN

Un riesgo que los patrocinadores de los principales eventos encuentran es que la competencia puede iniciar un márketing de confusión, intentando asociarse con un evento sin patrocinarlo. En estos casos, la marca del competidor consigue los beneficios de aquello por lo que la marca patrocinadora pagó.

Un enfoque de confusión se da mediante la publicidad en medios conectada al evento. Nike tuvo una agresiva campaña de vallas en Barcelona durante los Juegos Olímpicos de 1992, por ejemplo, y en Atlanta durante los Juegos Olímpicos de 1996. Estos esfuerzos tuvieron tanto éxito en la creación de la impresión incorrecta de que Nike era un patrocinador, que el Comité organizador de los Juegos Olímpicos decidió requerir a Sidney, la siguiente sede, ceder todas sus instalaciones de publicidad exterior al Comité las seis semanas previas a los Juegos Olímpicos del 2000. De forma parecida, Federal Express emitió una serie de anuncios durante los Juegos de Invierno de Albertville, Francia, que llevaron a creer al 61% de los espectadores que Federal Express era el patrocinador oficial. El patrocinador verdadero, U.S. Postal Service (de quien sólo el 13% pensaba que era el patrocinador), no fue amenazado[20]. Otra táctica de confusión es patrocinar una subcategoría; por ejemplo, Fuji dio un golpe bajo al patrocinio mundial por parte de Kodak de los Juegos Olímpicos de 1988 mediante el patrocinio del equipo de natación de Estados Unidos.

Una manera de defenderse del márketing de confusión consiste en invertir más en la relación con el evento y en realizar publicidad y promociones relacionadas con dicho evento. Una aproximación extrema es destacar explícitamente que la competencia no está allí. Así, en 1996 Visa defendió su patrocinio olímpico mediante la realización de anuncios que proclamaban que American Express no había sido aceptado en los Juegos Olímpicos. Esta campaña ayudó al esfuerzo de Visa para aumentar su reconocimiento exclusivo y redujo el márketing de confusión de American Express: también ayudó a posicionar a Visa hacia American Express (con todos sus beneficios autoexpresivos) y alejarla de MasterCard, el verdadero competidor[21].

SOBREPAGAR POR LOS DERECHOS DE PROPIEDAD

El patrocinio puede tener excelentes retornos sobre la inversión, como demostró Sprint ganando aproximadamente 2,5 veces sus inversiones en ingresos adicionales por llamadas sólo durante su exitoso patrocinio de la Copa del Mundo de 1994[22]. Pero hay ocasiones en que los beneficios y los valores del patrocinio decepcionan al patrocinador, porque el coste es demasiado alto. Cuando los costes se disparan con el tiempo, la probabilidad de pagar en exceso aumenta.

¿Cómo calcular el valor del patrocinio para saber si es una inversión interesante? La capacidad de relacionar el patrocinio con las ventas, como hizo Sprint, es infrecuente. Es posible, sin embargo, comparar el impacto de un patrocinio con medidas que usen métodos de evaluación estándar de la industria. Un ejemplo de ello es el Servicio de Evaluación de Patrocinio de IEG descrito a continuación.

El Servicio de Evaluacion de Patrocinio de IEG

Cada año, IEG investiga 3.000 oportunidades de patrocinio y audita más de 500 planes y contratos de patrocinio. Mediante el análisis de la relación entre los derechos que los patrocinadores pagan y los beneficios que obtienen, IEG codifica valores para una gama completa de beneficios del patrocinio. Usando una fórmula propia, calcula las cuotas de patrocinio recomendadas, mediante el análisis de cinco categorías amplias de factores: beneficios tangibles (impresiones en medios medidos y no medidos, imagen en televisión, tickets, etc.), beneficios intangibles (como niveles de lealtad de la audiencia, exclusividad de la categoría y prestigio de la propiedad), alcance/impacto geográfico (impacto local frente a alcance global), ratio coste/beneficio (incluyendo el análisis del retorno sobre la inversión por tipos de propiedad) y factores específicos exclusivos para los patrocinadores (como la duración del compromiso del patrocinio y la competitividad de la categoría).

La evaluación de IEG es muy amplia y ofrecida por una respetada organización imparcial que no vende oportunidades de patrocinio (como consecuencia, hay un alto grado de objetividad). Más de 130 de los patrocinadores más activos en los Estados Unidos han apoyado la evaluación de IEG.

Las siete claves de los patrocinios eficaces

¿Cómo puede una empresa localizar y gestionar con éxito los patrocinios? Analizando la experiencia de patrocinios exitosos y no exitosos, es posible identificar siete guías clave, mostradas en la figura 7.5, que deberían aumentar las posibilidades de experiencias de patrocinio eficaces.

FIGURA 7.5
Siete claves para un patrocinio efectivo

1. *Tener objetivos claros de comunicación para la marca.* Una estrategia de patrocinio debería responder a los objetivos de comunicación de la marca. A menudo hay tres tipos de objetivos: visibilidad/reconocimiento, desarrollo de asociaciones y desarrollo de la relación. Cada uno de ellos podría ser un importante conductor de la estrategia de patrocinio.

Tener objetivos de comunicación claros, desde luego, empieza con una comprensión de la esencia de la marca, la identidad básica, la identidad extendida y la proposición de valor. También implica establecer prioridades. ¿Es el objetivo aumentar las asociaciones propias existentes o cambiarlas, o las dos cosas a la vez? El conocimiento de las asociaciones necesarias debería conducir la estrategia de patrocinio (no sólo la selección de patrocinios, sino cómo se gestionan y se explotan).

2. *Ser proactivo.* La tentación en el patrocinio está en seleccionar simplemente de lo que se ofrece, especialmente cuando algunas organizaciones reciben miles de solicitudes cada año. Sin embargo, la selección del patrocinio necesita ser gestionada de forma proactiva por el desarrollo de un conjunto de criterios para el patrocinio ideal, y a continuación listar las posibles opciones que se valoren bien en base a estos criterios. Ser proactivo aumenta la probabilidad de que el patrocinio sea original y se aleje de la confusión. Para apreciar adecuadamente patrocinios potenciales, se necesitará obtener alguna información básica sobre la audiencia objetivo y sus asociaciones. Hacer una escala con una gran variedad de patrocinios respecto a su personalidad y compararlos con la personalidad reflejada en la función de comunicación es, a menudo, una forma útil de valorar opciones de patrocinio.

Un simple esquema de decisión como el de la figura 7.6 también puede ser útil en la selección final. El esquema requiere una evaluación del encaje de la oportunidad de patrocinio con la identidad de la marca. ¿Qué asociaciones de la identidad básica desarrolla el patrocinador? La segunda dimensión es el grado en el cual la oportunidad proporciona interactividad: ¿hasta qué nivel proporciona el patrocinio una oportunidad para una experiencia de uso de la identidad de marca?

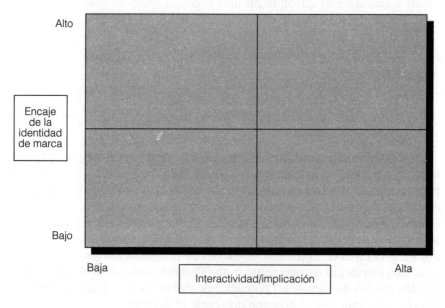

FIGURA 7.6

Matriz de evaluación del patrocinio

3. *Buscar un encaje excepcional.* Un encaje excepcional entre el evento y la marca es mucho mejor que un buen encaje, y un encaje forzado o la falta del mismo es un serio inconveniente. Un encaje excepcional se produce cuando el producto se puede mostrar de tal manera que sea integral para la esencia básica del patrocinio. El encaje entre el tejido térmico de DuPont y la expedición a los estrechos de Bering es un buen ejemplo. Para los Juegos Olímpicos, los roles de Seiko en cronometrar los eventos, de UPS en entregar entradas y de Champion en proporcionar los uniformes del desfile y de la entrega de premios al equipo de Estados Unidos hicieron más fácil para los patrocinadores la relación con los Juegos.

4. *Patrocinios propios.* La tarea clave de un patrocinio exitoso es conectar la marca con las asociaciones del evento, y esta tarea se hace más fácil y más efectiva en coste cuando la marca es una parte inseparable del propio evento. Como se dijo antes, la clave real para el éxito es poseer el evento patrocinado durante mucho tiempo y no sólo durante el mismo; recuérdese el estudio de los Juegos Olímpicos en el que menos de la mitad de las marcas patrocinadoras estaban conectadas al evento de una manera significativa. La propiedad del evento tiene varias implicaciones:

a) Considere el enfoque en uno o pocos eventos más que en formar una asociación débil con muchos.
b) Busque relaciones y contratos a largo plazo; sea consciente de situaciones donde, si funciona bien, un competidor puede ocupar su lugar.
c) Considere un patrocinio con nombre.
d) Sea consciente de la confusión del patrocinio.
e) Considere la amenaza del márketing de confusión y tenga un plan para tratarlo.

5. *Buscar oportunidades de «publicity».* Este es un punto clave en muchos patrocinios eficaces. Un cálculo aproximado diría que el coste presupuestado de un patrocinio eficaz debería ser de tres a cuatro veces el del coste del patrocinio *per se*; este presupuesto adicional es necesario para ayudar a conectar la marca con el evento y explotar totalmente el potencial de dicho evento. La *publicity* hará más efectiva y eficiente la tarea de conseguir objetivos de construcción de marca. Además, una estrategia de un evento o una demostración de producto dentro de otro evento que tenga un potencial de *publicity* significa que tiene un interés inherente (usted no tiene que crear el evento).

6. *Considerar múltiples recuperaciones de la inversión del patrocinio.* Algunos patrocinios se pagan por sí mismos creando exposición

y creando y reforzando ciertas asociaciones de marca. El patrocinio, sin embargo, puede alcanzar objetivos de construcción de marca significativos de otras formas, proporcionando experiencias del evento a los clientes clave, demostrando nuevos productos, movilizando la organización para la construcción de la marca e interponiendo la marca en la relación evento/cliente. Nuevamente, una buena evaluación del patrocinio es beneficiosa.

Las marcas poderosas con grandes recursos financieros se benefician más del patrocinio; las marcas pequeñas están en desventaja. A menudo, los derechos de propiedad son demasiado altos. Para hacer rentable un patrocinio, considérese el comárketing con otras marcas poderosas. Ocean Spray, por ejemplo, estudió copatrocinar el equipo de carreras Dale Jarrett's Busch Series con Polaroid y Gillette para hacer asequible el patrocinio y aumentar su impacto con detallistas y clientes.

7. *Gestionar activamente el patrocinio.* Un patrocinio efectivo no ocurre simplemente: (se necesita establecer objetivos, definir planes para conseguir los objetivos y medir los resultados). Considérese el patrocinio como una experiencia de co-marca; una co-marca necesita ser creada mediante el uso consistente de un logo compuesto y la creación activa de reconocimiento y asociaciones de marca. La co-marca es el último activo del patrocinio. El *management* activo también significa implicar a la organización extendida, como se muestra en el caso de MasterCard, en el que el patrocinio de la Copa del Mundo se apalancó haciendo participar a una buena parte de la organización extendida.

El patrocinio puede ser poderoso. Considérese cómo Virgin expresa su personalidad a través del Virgin Balloon Challenge, la visibilidad y la implicación del Adidas Streetball Challenge, la construcción de relación del Saturn's Homecoming Event y las asociaciones creadas por el Hallmark Hall of Fame. Estos patrocinios eficaces no fueron *ad hoc*; más bien, eran propios, activamente gestionados, integrados en otros planes de construcción de marcas y adecuados a su objetivo, siguiendo los objetivos estratégicos de la marca. Como cualquier otro elemento de la construcción de la marca, hay una diferencia significativa entre bueno y grande. El nivel se tiene que situar alto.

PREGUNTAS PARA EL ANÁLISIS

1. Evalúe los patrocinios en los que su marca ha estado implicada. ¿Cuáles son las asociaciones de las propiedades del patrocinio? ¿Cómo contribuyeron a la construcción de la marca?

2. Tome uno de los elementos prioritarios de la identidad básica. Identifique propiedades que tengan asociaciones similares; considere deportes, entretenimientos y eventos o entidades culturales.

3. El patrocinio puede ser particularmente efectivo en el refuerzo de elementos de la identidad. ¿Complementan sus esfuerzos de patrocinio otros intentos de construcción de marca, mediante el desarrollo o el refuerzo de elementos de la identidad básica o de la identidad extendida?

4. Identifique patrocinios de competidores que hayan conseguido un encaje perfecto con la marca. Identifique patrocinios fuera de su industria que tengan un perfecto encaje. Considere también eventos propios.

5. ¿Cómo se gestionan sus patrocinios? ¿Podría mejorarse? ¿Cómo coordina los patrocinios a través de la organización?

Capítulo 8

Construir marcas: el papel de la Red

> *El estar* online *nos da una manera de descubrir las necesidades insatisfechas del cliente no conocida desde los días de la venta puerta a puerta.*
>
> George Fisher, director general de Kodak
>
> *La Red representa la convergencia de los medios y del comercio de una forma que puede desestabilizar fundamentalmente los canales de comunicación existentes.*
>
> Martin McClanan, gurú de Internet,
> Prophet Brand Strategy
>
> *Aprovecha la oportunidad y prueba mi alimento;*
> *Se hará fuerte en ti, lo juro;*
> *Pronto lo encontrarás sabroso;*
> *Si por entonces quisieras más,*
> *Todas las cosas que he hecho antes inspirarán cosas verdaderamente nuevas.*
>
> Friedrich Nietzsche, un adelantado gurú de Internet

AT&T y los Juegos Olímpicos

Como parte de su patrocinio de los Juegos Olímpicos de Verano de 1996, AT&T desarrolló un sitio en la Red con la intención de proporcionar una experiencia virtual de estar en el evento. Una página dejaba ver a los visitantes la Villa Olímpica en vivo. En otro lugar del sitio, un visitante podría pasear por el Museo Olímpico, obtener una actualización de las competiciones atléticas o participar en juegos de «eventos virtuales» y comparar sus resultados con los de otros deportistas. Desde luego, los usuarios también podrían acceder a la página de AT&T[1].

El lugar premiaba a los visitantes, no sólo porque era informativo e interesante, sino también porque proporcionaba una exclusiva visión en el interior de los Juegos Olímpicos. Además de proporcionar exposición a la marca AT&T (más de 300.000 exposiciones a páginas por día), el sitio creó asociaciones clave. La implicación activa de los visitantes relacionó a AT&T con los Juegos Olímpicos con mucha más fuerza y profundidad de lo que podía hacer la publicidad, y también aumentó la posibilidad de que el prestigio y la emoción de los Juegos se relacionaran con la marca AT&T. Y dado que el sitio era también una demostración del poder de las telecomunicaciones, reforzó indirectamente algunos valores clave de la marca AT&T.

H&R Block

El sitio de la Red de H&R Block describe los servicios de preparación de impuestos de la empresa, así como otros productos y servicios financieros, de una forma seria y fácil de comprender. Diseñado para educar a los clientes potenciales, el sitio ofrece también informaciones prácticas y herramientas como las noticias vinculadas a los impuestos; acceso a Henry, un consultor fiscal virtual; *software* de preparación de impuestos que se puede bajar; e impresos de impuestos sobre las rentas federales y estatales. El sitio es, así, una forma eficiente y económica para los 18 millones de clientes de la empresa para acceder a información y a materiales. Los *banners* en varios sitios de destino y el buscador Yahoo! ayudan a dirigir el tráfico.

Esperando añadir pimienta a esta sólida base, la publicidad del *banner* de la empresa invitaba a los clientes a participar en el concurso «H&R Block: pagaremos sus impuestos». Más de 50.000 clientes participaron en un juego de trívial de 10 semanas. Los participantes recibían tres correos electrónicos por semana con temas sobre impuestos, información específica sobre los servicios fiscales de H&R y un conjunto de preguntas de trívial. El nivel de respuestas al correo electrónico semanal fue del 40%, con un 97% de los participantes permaneciendo en el juego durante las 10 semanas. Las investigaciones posteriores al concurso revelaron que el reconocimiento de marca para ciertos servicios de H&R Block aumentaron muchísimo, al igual que el tráfico del sitio.

El sitio de la Red de Kotex

El sitio de la Red de Kotex se dirige a chicas jóvenes cuyos cuerpos y vidas están sufriendo tensión y cambios. La imagen, el sentimiento y el lenguaje del sitio están diseñados para hacerlas sentirse cómodas (es su mundo,

FIGURA 8.1

El sitio en la Red de Kotex

sin ningún menosprecio). El objetivo es conectar con chicas y mujeres jóvenes y hacer de los productos de Kotex una parte clave de sus vidas. La figura 8.1 muestra una página del sitio de Kotex.

Una sección de información sobre la menstruación tiene segmentos sobre anatomía, emociones, ejercicio, cuidado del cuerpo, hacerse mujer, el ciclo menstrual, el síndrome premenstrual y el síndrome del shock tóxico y, frecuentemente, se les hacen preguntas. Una sección de producto proporciona recomendaciones de productos basadas en necesidades personales (salir de noche, actividad, flujo ligero, etc.). Una sección de «cosa de chicas» deja que las chicas expresen opiniones, reciban preguntas, etc. Por ejemplo, las chicas pueden dar consejos o comentarios sobre lo que realmente quieren o detestan, y más tarde ver aparecer sus comentarios en la Red. El vínculo social resultante puede ser poderoso e, igualmente importante, puede incluir la marca Kotex. Mientras puede no ser realista creer que el sitio Kotex será uno de los sitios de enlace ganadores, puede tener impacto para un grupo sustancial de chicas.

A pesar de la llegada relativamente reciente de la World Wide Web al paisaje del consumidor, ha tenido un gran impacto en las marcas y en la construcción de marcas. Muchas marcas poderosas (incluyendo las iniciales grandes marcas *online* como America Online, Amazon.com y Yahoo!) vieron que la Red puede crear marcas a través de sus propios canales de comunicación únicos y a través de sus conexiones con el cliente basadas en la experiencia. Al mismo tiempo, organizaciones como The Gap, ESPN, Disney y Schwab han invertido muchos recursos para crear un componente de Red muy importante para sus marcas ya poderosas.

Está claro que hemos entrado en una era digital y que las marcas poderosas de esta era serán aquellas que mejor utilicen la Red como una herramienta de construcción. El crecimiento de la Red como un vehículo de construcción de marca está en una vía rápida; los números son asombrosos. En los Estados Unidos, la Red alcanzó 50 millones de hogares en sólo cinco años, comparado con 13 años para la televisión y 38 años para la radio. La curva de crecimiento en otros países no es tan fuerte como en los Estados Unidos, pero también es impresionante. Como aspecto a destacar, la Red alcanza a gente que nunca ha estado expuesta a los medios occidentales.

La Red está también en una situación de rápido crecimiento con respecto a su influencia en los modelos de negocios y su impacto en las comunicaciones de marca. Dell, Amazon, Schwab, eBay y otros han demostrado que la Red puede ser un reto para los modelos de negocio dominantes de industrias completas y puede crear marcas poderosas en el proceso. Y las comunicaciones de marca también han cambiado (la presencia de una marca en la Red aumenta la eficacia de otros vehículos y, en algunos casos, es la cola que une el esfuerzo de comunicación total).

Características únicas de la Red

Casi toda la publicidad en medios tradicionales asume que los miembros de la audiencia son receptores pasivos del mensaje; el constructor de la marca controla no sólo el contenido, sino también el contexto que lo rodea. Utilizando la publicidad, las marcas se construyen en un aislamiento espléndido, mientras las agencias crean monumentos antiguos y cuidados cuya brillante imagen perfora repetidamente las mentes de los consumidores. De alguna manera, la publicidad emitida tradicionalmente crea una barrera entre la marca y el consumidor, debido a que al segundo no se le permite ningún papel en la experiencia (es como ver una pintura o una escultura desde detrás de la cuerda de protección del museo). Tradicionalmente, los contructores de marca de mayor éxito son aquellos que han mantenido un enfoque inflexible en la pureza del monumento de la marca: la marca de Marlboro está sólidamente implantada en su imaginería del Oeste porque cada simple comunicación se ha esculpido para reflejar perfectamente esta imaginería.

Los esfuerzos iniciales de construcción de marca en la Red la trataron como otro medio publicitario. Los anuncios de *banners* pasivos se colocaron en páginas, normalmente como un plan de medios programaría un conjunto de anuncios de televisión para emitir en programas seleccionados a lo largo de la semana; la medida de rendimiento clave era la cantidad de exposiciones visuales entre una audiencia objetivo. Los sitios de la Red, por su parte, tendían a ser copias de anuncios y catálogos impresos. Los resultados eran generalmente desalentadores en términos de (ligeramente adaptadas) medidas tradicionales, como la exposición al coste por mil o el coste por clic.

De alguna manera, la popularidad inicial de esta visión no es sorprendente. Desde la antigua Grecia (donde los dramas antiguos eran exposiciones coreografiadas de canciones) a los primeros programas de televisión (que entrenaban al cámara con alguien hablando con un micrófono), el uso de nuevos canales de comunicación se ha basado siempre y en primer lugar en las tradiciones de un canal anterior. Sin embargo, la lección ha sido aprendida: la Red es un medio muy diferente. La publicidad tiene todavía un papel que desempeñar, pero necesita adaptarse al entorno de la Red y raramente será el intérprete que conduzca los programas de construcción de marca.

En contraste con el modelo de publicidad tradicional, todo en la Red es experiencia. En el entorno de la Red, el papel de la audiencia es activo; la actitud de inclinarse hacia adelante en lugar de hacia atrás lo cambia todo. El componente de la audiencia tiene normalmente un objetivo funcional en la mente (buscando información, entretenimiento o transacciones) e ignora o trata como una molestia cualquier cosa que se ponga en el camino (incluyendo los sitios lentos o la navegación pobre y no intuitiva). Cuando construir marcas en la Red encaja en las expectativas del consumidor, las experiencias creadas pueden ser más poderosas que emitir publicidad en el contexto de un plan global de construcción de marca.

Si esto parece difícil de creer, considere el poder de construcción de marca de la experiencia de Disneyland frente a ver una película Disney. Pasar un día en Disneyland crea una intensa asociación personal con Disney que ni siquiera la mejor película Disney puede esperar generar. De forma parecida, visitar una tienda Pottery Barn tiene el potencial de conectar la marca con el cliente de maneras más ricas e intensas que cualquier anuncio impreso de Pottery Barn. Para comprender la Red, un modelo basado en la experiencia como un parque temático o una tienda detallista es una metáfora mejor que la publicidad recibida pasivamente.

Desde la concepción inicial al soporte actual, el desarrollo y mantenimiento de las experiencias de la Red son también empeños más complejos que en las campañas publicitarias. Una marca ya no está segura en un espléndido aislamiento detrás de la cuerda de seguridad. Contrariamente, se mueve entre la gente, una situación que presenta riesgo y oportunidad a partes iguales. El arte y la ciencia de crear experiencias de construcción de marca en la Red requieren entonces nuevas perspectivas y habilidades, así como un deseo de comprender las propiedades únicas de la Red (es interactiva e implicante, ofrece información actual y rica, y personaliza la experiencia).

En primer lugar, la Red es *interactiva e implicante*. Un componente de la audiencia de la Red podría participar en el juego, intervenir en una conversación, buscar información, expresar opiniones o interpretar música, todo ello con una pulsación del ratón o de una tecla del teclado. Esto es todo lo que necesita hacer alguien que cree un evento musical en el sitio de Pepsi, especifique su contexto financiero en un sitio de American Express antes de pedir consejo sobre un problema específico o intercambie correo electrónico con Compaq Computer sobre una actualización. En el ciberespacio de un patio de escuela de General Mills, los niños pueden hablar por correo electrónico con el conejo Trix y el duende Lucky Charms. Un comprador en el supermercado en la Red de Peapod solicita información sobre el precio y nutricional de productos antes de comprarlos. Un grupo interesado por Intel intercambia información, buena y mala, sobre la empresa y sus productos. Proporcionando un punto de interrelación, la Red puede estimular la comunicación de marca extensa, incluso apasionada, que de otra manera no ocurriría (o, al menos, no se sabría).

La interacción con otra gente en el contexto de un sitio en la Red puede crear el potencial para una experiencia social significativa implicando a la marca. Incluso aquellos que no se implican en conversaciones en Starbucks siguen diciendo que han tenido una experiencia social, y la socialización basada en la Red proporciona un potencial incluso mayor para que la marca se convierta en una parte importante de la vida de una persona. Una marca no puede pedir más. El sitio de Kotex, por ejemplo, aspira a proporcionar una salida social a muchas chicas jóvenes y una experiencia de vínculo para algunas de ellas.

La experiencia de compra no está siempre asociada con la construcción de la marca, porque el espléndido aislamiento de los medios de difusión permitió a muchas marcas dejar los mecanismos de compra a otros. La Red, sin embargo, permite a casi todo el mundo tener la posibilidad de servir a sus clientes directamente y convertir la consumación de esta relación en una experiencia poderosa de construcción de marcas. Compañías como Longs Drugs y Compaq han usado la Red para obtener los beneficios del modelo vertical que disfrutan rivales como Drugstore.com y Dell.

Dado que la mayor implicación y la participación activa hacen la Red considerablemente diferente de los medios convencionales, cualquier impacto —sea positivo o negativo— será probablemente más intenso. Es más probable que se recuerde el aprendizaje y que se influya en el comportamiento futuro; la implicación activa creará con mayor probabilidad un vínculo entre la marca y la persona. Es más probable que la marca se haga parte del mundo de una persona, y que lo haga de una forma vívida. En general, las asociaciones de marca creadas serán más fuertes debido a la experiencia y al esfuerzo que acompañan a una implicación directa.

En segundo lugar, la Red ofrece *información actual y rica* (realmente, una profundidad de información que no se puede encontrar en ningún otro lugar). Así, Ford puede describir en detalle toda su línea, completada con especificaciones para cada modelo. Puede organizar esta información en diferentes formatos, mostrando modelos por estilo de vida, aplicación o clima; puede incluso proporcionar información para los pedidos. Si el envío directo de pedidos no es práctico, se puede proporcionar una lista de concesionarios.

Los compradores de productos de alta implicación como coches, seguros, esquís o motocicletas se interesan, a menudo, por una obtención y análisis de información extensa. En la Red, una marca puede participar en este proceso suministrando información útil y visible, influyendo con ello en el proceso de compra del consumidor e (incluso más importante) reduciendo la posibilidad de que la información influyente venga de los competidores.

La información fresca y actualizada en un sitio o un *banner* puede crear un sentimiento de energía y de estar al día. Proporcionando una motivación para revisitar un sitio de la Red, también puede ayudar a crear una relación. El hecho de que un sitio de la Red podría tener un nuevo comentario, imagen, juego, actualización en un tratamiento para una enfermedad, o nueva información de producto es una razón para memorizar este sitio de la Red con objeto de que se pueda verificar de forma regular. Algunos sitios de la Red proporcionan un indicador de noticias (tal como las cotizaciones del mercado de valores en el sitio de Schwab, o los resultados deportivos en el sitio de ESPN) que hace que el sitio se visite frecuentemente; el sitio de noticias de la CNN, por ejemplo, se actualiza de 30 a 40 veces por día; el sitio de Adidas proporcionaba resultados al minuto de los partidos de la Copa del Mundo, así como resúmenes de los partidos principales. El sitio de Levi's tiene un área Backstage que muestra un nuevo músico o banda de rock alternativo cada mes y añade un sentimiento contemporáneo a la marca Levi Strauss. Los visitantes pueden escuchar música, ver vídeos y comprobar las fechas de las giras.

Comunicar información rica y detallada de una marca puede aumentar la profundidad de la relación marca-consumidor. A un nivel personal, los individuos cuyas características y antecedentes se conocen en profundidad son los más próximos (sus amigos, familiares y colaboradores en los negocios). De forma parecida, si su sitio de la Red puede motivar a los clientes a conocer realmente la marca (esto es, aprender sobre su herencia, símbolos y valores), se producirá una relación más profunda.

En tercer lugar, la Red *personaliza*. Una persona que entra en un sitio de la Red puede seleccionar a menudo el contenido de su interés y evitar contenidos irrelevantes escogiendo entre menús. Por ejemplo, el sitio de McDonald's empieza con una familia entrando en un restaurante. Si se aprieta el botón «padre», el sitio se hará más orientado a adultos. Si se aprieta el botón «niño», el sitio muestra contenido para niños. La información de producto se puede personalizar en cuanto a beneficios funcionales. La sección del sitio AT&T para gente que empieza un negocio permite a los visitantes escoger si están más interesados en ahorrar tiempo o en ahorrar dinero; entonces proporciona una presentación adaptada a cada preferencia.

Un sitio de la Red también se puede personalizar sin la implicación de la audiencia actual. La información sobre un visitante (basado en anteriores usos y actividades del sitio) puede usarse para crear un sitio para el cliente adaptado a cada cliente individual. El sitio de la Red de The Gap recuerda las preferencias de los visitantes sobre talla y color, y Amazon recomienda libros basados en compras anteriores. Un sitio de alimentación puede recordar el tipo de recetas en las cuales el visitante está interesado y modificar la información e incluso el sentimiento del sitio de acuerdo con ello (gente interesada en una cena sofisticada, por ejemplo, podría ver un sitio más estilizado y formal que la gente que ha buscado recetas para comidas informales). Algunos sitios (como Hotmail, Firefly o Pointcast) usan información obtenida cuando una persona se da de alta en el sitio para crear una experiencia de marca personalizada. A pesar de que las preocupaciones sobre la intimidad pueden dificultar que el proceso llegue a su potencial total, la era de la clientelización de masas ha llegado.

La personalización también significa que las marcas pueden tener diferentes posiciones e incluso diferentes identidades para diferentes segmentos. Como se dijo anteriormente, el sitio de McDonald's puede posicionar la marca de forma diferente para niños y adultos. La marca de pequeños aparatos Robert Krups tiene un posicionamiento de buena relación calidad-precio en su sitio de la Red europeo y un posicionamiento bastante superior, con una imagen y un sentimiento muy diferentes, en su sitio de la Red en Estados Unidos. La experiencia en el sitio de la Red de CDNow y las asociaciones de marca pueden ser muy diferentes en una emisión de música clásica o en un contexto de rock.

En otros medios, las asociaciones de marca pueden perder intensidad debido a la presencia de un mercado no objetivo (segmentos de mercado que son importantes para la empresa pero que no son los objetivos primarios). Desgraciadamente, cualquier comunicación que se dirija eficazmente a un segmento puede no dirigirse o incluso no agradar al mercado no objetivo. En un contexto de Red, sin embargo, el mensaje se puede adaptar al visitante con objeto de que las comunicaciones muy orientadas no se expongan a aquellos que están fuera del segmento objetivo.

La personalización significa que todas las tareas de construcción de marca, desde la construcción de asociaciones a la afinidad, pueden ser más eficaces. La Red puede crear una marca virtual adaptada a cada visitante, permitiendo que las asociaciones sean más intensas y, con ello, crear un vínculo de marca más fuerte. La personalización es el resultado natural de la interactividad y la riqueza; así como cada visitante de Disneyland se lleva una experiencia individual, un consumidor de la Red creará una experiencia de marca personal.

Construcción de marca en la Red

La figura 8.2 muestra seis herramientas para construir marcas en la Red. Se analizan en detalle las herramientas más obvias, los sitios de la Red y el uso del contenido de publicidad/patrocinio y se presentan guías para emplearlos. Sin embargo, hay cuatro herramientas adicionales (la intranet, la extranet de cliente, las relaciones públicas en la Red y el correo electrónico) que tienen un potencial de construcción de marca significativo. Usar la Red productivamente implica comprender cómo emplear todas las herramientas. Ignorar cualquiera de ellas reducirá el potencial de la Red para la construcción de la marca.

FIGURA 8.2
Liderazgo de la marca: paradigma evolutivo

UN SITIO EN LA RED

Un sitio (o subsitio) en la Red dedicado a la marca es, potencialmente, la más poderosa herramienta de construcción de marca, en parte porque puede adaptarse a las necesidades de la marca y de la relación cliente/marca. Además, puede ordenar todo el poder de la Red para crear y reforzar asociaciones.

CONTENIDO DE PUBLICIDAD Y PATROCINIO

Los anuncios en *banners* y otras colocaciones pagadas en la Red de imágenes creativas, mensajes y experiencias pueden proporcionar visibilidad y asociaciones y además motivar a la gente a desplazarse a sitios de la Red concretos. Una marca también puede patrocinar un contenido (como información de una categoría, juegos u otras actividades) en el sitio de un tercero. El patrocinio proporciona la máxima habilidad para apalancar la asociación de otra marca y conseguir la propiedad de una porción de Internet.

INTRANET

Como se vio en los capítulos 2 y 3, un importante papel de la marca es comunicar la identidad dentro de la organización (y a los socios de la construcción de la marca) con objeto de que cada uno conozca y se preocupe por lo que la marca representa. Sin este conocimiento y compromiso compartidos, la construcción de marca eficaz no se producirá.

Una intranet (generalmente un sistema de sitios de la Red privados conectando a personas dentro de la organización, así como a sus asociados) puede proporcionar un papel clave en la comunicación de la marca y de su identidad internamente. Williams-Sonoma, por ejemplo, se congratula de ofrecer los productos mejores de su categoría que emergen de una investigación mundial. Su intranet podría apoyar esta dimensión de identidad básica, proporcionando información detallada sobre sus productos estrella y la búsqueda de cada uno. La marca 3M, cuya esencia es la innovación, podría usar su intranet para estudiar problemas tecnológicos internamente y proporcionar una fuente para herramientas de pensamiento creativo. En cada caso, los usuarios de intranet (compradores, *managers*, consultores de clientes y otros) sentirán la sustancia y pasión que hay detrás de la esencia de marca.

Una intranet también puede comunicar más directamente la identidad de marca, las estrategias de marca y los esfuerzos de mejores prácticas para aumentar esta identidad, así como las normas y guías de la presentación virtual. Levi Strauss tiene su modelo de *management* de marca completo en la Red, incluidas las estrategias de segmentación, las identidades y las estrategias para todas las marcas actuales y planificadas, más las ideas de implementación de mejores prácticas, con objeto de que cualquiera que trabaje en una marca de Levi en cualquier lugar del mundo pueda llegar a la estrategia actual.

Texas Instruments tiene el Communicators Café, un sitio de intranet para *managers* de comunicación que contiene todos sus anuncios, todos los esquemas de *management* de marca y las descripciones de estrategia de marca y guías de presentación del logo/visual. Este sitio ayuda a crear el potencial para una visión consistente de todas las comunicaciones TI. Otras empresas han usado una intranet para comunicar elaboraciones de identidad de marca (modelos de papel y metáforas visuales, por ejemplo, con objeto de que los empleados y los asociados puedan comprender mejor la marca). Las metáforas visuales son especialmente importantes en el *management* de marca global, donde los problemas de lenguaje hacen que a menudo las descripciones verbales sean inadecuadas o, lo que es peor, que creen confusión.

Las intranets tiene un gran poder, pero también pueden abrumar. Un sistema efectivo de intranet organizará la información de forma que sea fácilmente accesible y productiva; también encontrará maneras de comunicar a los usuarios potenciales cómo y cuándo usar la intranet.

EXTRANET PARA CLIENTES

Abrir parte de la intranet para los clientes los une con el sistema interno de la compañía detrás de la marca. Normalmente permite al cliente acceder a la información, entrar pedidos o recibir soporte de apoyo, como si el cliente fuera parte de la organización.

Dell, por ejemplo, ha creado sitios en la Red extranet protegidos por contraseña y adaptados al cliente. Estos sitios, llamados Dell Premier Pages, permiten a los empleados de 200 de los mayores clientes de Dell seleccionar entre opciones de ordenador que han sido preparadas para satisfacer las especificaciones de los sistemas de los clientes. Los empleados del cliente también pueden acceder a información normalmente limitada a Dell, como datos sobre compras anteriores y la base de datos técnica usada por los ingenieros de Dell para resolver problemas. FedEx permite a un cliente entrar un pedido y recibir etiquetas de envío con código de barras, lugares de entrega y facturación; puede también seguir los pedidos relacionando el envío y el sistema de información de entregas. Dar al cliente el mismo acceso que si formara parte del equipo de FedEx no sólo hace que el cliente se sienta valorado, sino que también reduce la estructura de coste de FedEx.

Un sitio de extranet de cliente construye marcas de diferentes formas. La Dell Premier Page no sólo proporciona un servicio aumentado sino que también refuerza claramente las asociaciones de identidad básica de Dell en cuanto a eficacia y grado de respuesta. Adicionalmente, e incluso quizás más importante, los clientes se llegan a sentir de una forma especial, formando parte de la familia extendida de Dell. Este tipo de relación, la mejor que una marca puede esperar, puede crear un nivel de confort que aumente la lealtad.

Una extranet proporciona una oportunidad considerable de construcción de marca; en particular, la imagen y la sensación, así como el contenido, se pueden diseñar para reflejar la marca. Muchas de las guías de eficacia para construir marcas en los sitios de la Red también se pueden aplicar a las extranets. Esto no debería sorprender, dado que un sitio de extranet actúa funcionalmente como un sitio de la Red (y, de hecho, usa a menudo alguno o todos los sitios de la Red de la marca).

RELACIONES PÚBLICAS EN LA RED

Las relaciones públicas en la Red implican comunicaciones en la Red no controladas por la marca, como páginas personales, sitios orientados a las noticias o a los chismes, grupos de discusión y *chats*. Los grupos de discusión especializados y los *chats* organizados alrededor de marcas o de aplicaciones de marcas han demostrado su habilidad para influir drásticamente en las ventas, tanto positiva como negativamente. Iomega, que produce las unidades de disco Zip, experimentó en una ocasión una fuerte demanda por un nuevo producto incentivada casi enteramente por las relaciones públicas en la Red. Una discusión masiva sobre un defecto en un chip de Intel Pentium hizo que un error relativamente pequeño se convirtiera en un serio problema de imagen. El viejo axioma de que un cliente contento puede contar su experiencia a tres o cuatro personas pero que uno descontento llegará a 10 ó 15, necesita ser modificado, porque ahora los clientes con una mala experiencia pueden llegar a miles de personas al instante y sin coste.

Afortunadamente, se puede influir en las relaciones públicas en la Red. Una forma directa es hacer que los empleados o sus sustitutos (revelando claramente sus posiciones) participen en conferencias o en *chats*. Tal participación no sólo influiría en el contenido sino también en el tono del diálogo. Otro enfoque es incentivar foros que no sean destructivos. Specsaver, una cadena óptica británica, ha relacionado su sitio con grupos de noticias que estudian necesidades ópticas de una forma sensible.

Cuando aparece una información negativa, las respuestas son posibles en la Red (teniendo personas que participen, como se ha descrito antes) o fuera de la Red (vía redaccionales, artículos de prensa o publicidad). Si la información es falsa, debería rebatirse cuanto antes; si no lo es, se debe admitir rápidamente y describir el plan para resolver el problema. Dejar que la información negativa se extienda es arriesgado.

Con demasiada frecuencia, la comunicación del cliente con la Red, sea a través de correo electrónico o de *chats*, se ve como un inconveniente o incluso como un problema en lugar de una oportunidad. Antes de la Red, los clientes hablaban entre ellos sobre la marca de oídas. Ahora es posible oír reacciones de primera mano (tanto buenas como malas) a la marca y a la experiencia de uso de ésta. El acceso a esta información representa una oportunidad significativa. Se pueden identificar nuevas áreas de aplicación, se pueden afrontar los problemas de uso y se pueden escuchar los primeros avisos sobre problemas serios.

CORREO ELECTRÓNICO

El correo electrónico, un canal cada vez más popular de servicio al cliente, márketing y otras comunicaciones, es una herramienta poderosa para los constructores de marcas. Se convierte en el contacto personalizado definitivo: 1-800-Flowers envía recordatorios por correo electrónico sobre aniversarios y cumpleaños; Barnes & Noble puede anunciar un evento o una promoción en la tienda; Union Bank puede anunciar unos tipos de interés especiales en préstamos para el hogar; y Buy.com puede confirmar pedidos y envíos y anunciar nuevas presentaciones de productos. Este tipo de contactos por correo electrónico sirve para crear una conexión y, al mismo tiempo, recordar al cliente la marca y su relación con los clientes. Para evitar ser consideradas una molestia, las marcas pueden y deben limitar el flujo de mensajes y deberían hacer cada uno tan significativo como sea posible (e informar a los receptores sobre cómo pueden borrarlos de las listas de recepción).

Ya que la Red es interactiva, el correo electrónico puede fluir *desde* los clientes además de *hacia* ellos. Un error demasiado común es no pedir a los clientes sus preguntas y su *feedback*. Un error incluso más común es no escucharles y contestarles; en el mundo de Internet, un día entero es mucho tiempo, y una semana es una eternidad. Una respuesta lenta o descuidada envía la señal de que la marca no se preocupa por los clientes. La información que los consumidores están dispuestos a enviar por correo electrónico no tiene precedentes, dejando muy atrás el uso de teléfonos gratuitos o correo tradicional; asegurarse información merece siempre los sistemas, personas y esfuerzo requeridos.

Sitios en la Red para la construcción de marcas

Un sitio en la Red puede ser una parte clave en un plan de construcción de marca, porque puede transmitir información, generar asociaciones, experiencias y apalancar otros planes de construcción de marca. Los sitios en la Red son poderosos en parte gracias a que las experiencias del sitio y sus asociaciones pueden ser mayoritariamente controladas y están fuertemente ligadas a la marca; de esta manera, los riesgos del problema «un buen anuncio, pero no recuerdo la marca» se reducen drásticamente. Cuando un sitio en la Red implica actividades de comercio electrónico o información frecuentemente actualizada, una experiencia superior se ve a menudo premiada con la memorización del sitio, que conduce a una fidelidad significativa.

¿Cómo puede un sitio en la Red convertirse en una herramienta eficaz de construcción de marcas? A continuación se proponen cinco guías, resumidas en la figura 8.3.

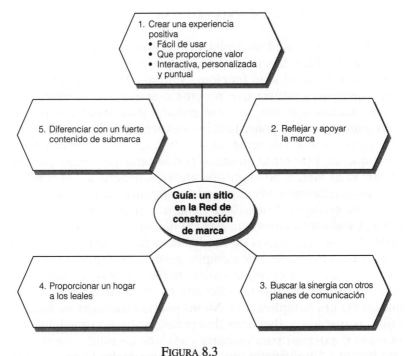

FIGURA 8.3

Un sitio en la Red de construcción de marca

1. CREAR UNA EXPERIENCIA POSITIVA

Un sitio en la Red debería proporcionar una experiencia positiva con tres características básicas. La primera, debería ser fácil de utilizar; el visitante no debería estar confuso o frustrado. Debería cumplir las expectativas con respecto a la información que contiene y a las actividades que ésta soporta. En segundo lugar, debería tener una razón para ser visitado. Necesita ofrecer valor en términos de información, una transacción, entretenimiento o una experiencia social. Sin motivación para visitar, memorizar y revisitar, el sitio no valdrá la pena. En la medida en que el sitio pueda ofrecer una sustancia real, puede realmente aumentar la marca, proporcionando un mayor nivel de beneficios funcionales, emocionales o autoexpresivos. En tercer lugar, debería explotar las características únicas de la Red. En especial, debería procurar ser implicante e interactivo (por ejemplo, el sitio de Pepsi), personalizado (por ejemplo, el sitio de Amazon) y puntual (por ejemplo, el sitio de la CNN).

2. EL SITIO DE LA RED DEBERÍA REFLEJAR Y APOYAR LA MARCA

Un sitio en la Red (o cualquier otra forma de comunicación de la marca en la Red) debería reflejar y apoyar la marca. Con demasiada frecuencia, hacer el sitio funcional y simple tiene como consecuencia una experiencia insulsa que no crea o apoya asociaciones de marca claves. Contrariamente, una compulsión para hacer el sitio agudo y entretenido puede suponer hacerlo a expensas de la creación de un encaje con la marca o de tener un sitio funcional y que aporte respuestas (más que un sitio lento atascado con la tarea de cargar gráficos). La identidad de marca, no la presión creativa, debería ser el conductor.

Las asociaciones básicas pueden estar directamente apoyadas en la Red. Por ejemplo, Coca-Cola tiene una indicación en su sitio que lleva al visitante a sitios que están al día, que son refrescantes y divertidos (los tres elementos de la identidad básica clave de Coca-Cola). El destino refrescante, por ejemplo, permite al visitante componer una canción o duplicar el *jingle* «Siempre Coca-Cola», desarrollando con ello una asociación que no sólo está en el objetivo, sino que tiene riqueza, textura e implicación. Mobil podría establecer un liderazgo similar, patrocinio y llamadas de confianza, usando modelos de papel internos y externos para elaborar cada uno de estos pilares de identidad básicos. Un visitante que intente comprender lo que Mobil significa estaría interesado e informado por la elaboración.

Un sitio en la Red también puede apoyar asociaciones que tengan un componente sensorial o emocional. El sitio en la Red de Hallmark, por ejemplo, proporciona el beneficio básico de la marca de ayudar a los consumidores a expresar sus sentimientos y contactar con las vidas de los demás[2]. Una sección contiene formas creativas de decir «te quiero». Otra, titulada «Sugerencias románticas», tiene una lista de ideas de relaciones vivificantes. Una sección de «Proyectos creativos» ofrece ejemplos de regalos de San Valentín hechos a mano, y buzones de San Valentín para niños. El resultado es un elemento emocional para la conexión con Hallmark.

Los símbolos de una marca pueden ser a veces conductores clave de las asociaciones de la marca, y el sitio de la Red debería apalancar y aumentar esas asociaciones. El sitio de Virgin tiene una sección del diario de Richard que explica las actividades del fundador Richard Branson, uno de los símbolos clave de la marca. La factoría de Saturn en Spring Hill, otro símbolo de marca clave, sugiere la personalidad práctica de la marca, valores y estilo organizativos propios y la conexión de Estados Unidos. El sitio en la Red de Saturn usa un simple *banner* mostrando el paisaje de Tennessee y una señal del límite de la ciudad de Spring Hill, que ayuda a recordar a la audiencia la relación entre Saturn y el símbolo de Spring Hill. Puede haber un apalancamiento en símbolos como el soldado de Pillsbury y el caballo rojo volante de Mobil para hacer el sitio más confortable (teniendo iconos familiares) y atado a la marca (siendo menos genérico).

La imagen y el sentimiento

Cuando una marca es fuerte conceptual y visualmente y el sitio está bien hecho, el usuario debería sentir que está en el mundo de la marca. La imagen y el sentimiento deberían estar presentes en el color, el *layout* y la personalidad; el amarillo de Kodak, el rojo de Virgin, el negro de Harley-Davidson, el lila de Milka y el naranja sobre negro de Duracell ayudan a crear el mundo de la marca. El sentimiento limpio y claro de una tienda Gap, el opulento sentimiento de un broche de Tiffany o el sentimiento sensual de las prendas íntimas de Victoria's Secret pueden reflejarse en un sitio bien concebido. L.L. Bean dirige a los visitantes a opciones en el sitio con señales que proporcionan un sabor a campo. La experiencia del sitio de Harley empieza cuando se recibe un saludo con una página negra sin texto; lentamente, aparece la frase «Respeta la carretera; ella no te respeta a ti». Las asociaciones de familia/hogar de Electrolux, el fabricante sueco de electrodomésticos para el hogar, se consiguen usando el hogar real de una familia real como entorno para presentar sus productos. No sólo se llega a conocer a la familia Essen; incluso se les puede enviar un correo electrónico.

Informar más allá del producto/servicio

Un sitio puede ser una fuente autorizada de información sobre un cierto tema. Por ejemplo, el sitio de las jóvenes de Kotex proporciona información sobre temas relacionados con los retos de ser quinceañera y pasar por muchos cambios en el cuerpo y en la vida. El sitio de Healthy Choice, que proporciona información sobre ejercicios y actividades de tiempo libre, así como nutrición, permite a la marca desarrollar asociaciones más allá de la jerarquía de valor (específicamente, buena salud y un mejor estilo de vida). Claritin, un medicamento para la alergia, tiene un sitio que proporciona información preparada para el cliente sobre la curación de la alergia, incluyendo datos sobre el nivel diario del polen, información de producto, concursos y cursos sobre cómo convivir con las alergias.

Un sitio que proporcione una información autorizada puede construir una marca de tres formas. La primera, puede darle a la marca una credibilidad, autenticidad y autoridad que nunca sería capaz de conseguir directamente. A una afirmación por parte de Kotex de ser una autoridad en aspectos clave de la vida de una chica joven le faltaría credibilidad (y probablemente también sinceridad), pero el sitio en la Red de Kotex puede ofrecer información útil que permita emerger implícitamente la afirmación. La segunda, tal asistencia permite a la marca participar directamente, pero no de forma intrusiva, en lo que puede ser una parte central del estilo de vida de una persona, haciendo un lazo potencialmente más fuerte. Finalmente, el sitio en la Red permite a la marca comunicar usando un lenguaje y un sentimiento que puedan conectar. Estos objetivos de construcción de marca son más difíciles de conseguir si el sitio se siente como una herramienta de ventas.

Los sitios que intenten hacer frente a necesidades informativas clave deberían ser realistas. Si miramos al futuro con una perspectiva de cinco años, probablemente habrá un número muy limitado de sitios dominantes en cada categoría de especial interés (sea cocina italiana, revisión de películas actuales, vivir saludablemente o viajes en bicicleta de montaña). ¿Quiénes serán los ganadores en una categoría dada? ¿Cuánto costará convertirse en uno de estos ganadores? El rendimiento a largo plazo de ser el sitio dominante superviviente podría ser alto, pero cualquier inversión en un sitio simplemente adecuado, predestinado a ser uno más, puede no ser interesante. Una pregunta clave: ¿Es realista para una marca pretender ganar frente a otras organizaciones no relacionadas con esta marca (como *Consumer Reports* o la Asociación Dental Americana) que tienen un mayor ámbito y más credibilidad? Para muchas marcas, la respuesta puede ser colaborar o asociarse con otras marcas. El compartir inversiones es un beneficio, pero el mayor rendimiento viene de la posibilidad de ser un sitio de destino que está seleccionado por un gran grupo de clientes con intereses similares. Medizin.Aktuell, un sitio creado por una colaboración de nueve empresas farmacéuticas europeas, proporciona actualizaciones sobre la investigación médica más reciente relativa a enfermedades como la artritis. Este consorcio está en una posición mucho mejor para atraer a usuarios regulares a su sitio, porque tiene más credibilidad que la que tendría cada empresa individualmente.

3. BUSCAR LA SINERGIA CON OTROS VEHÍCULOS DE COMUNICACIÓN

Cuando un sitio de la Red está desarrollado y dirigido por un equipo de personas que tienen sus propios estilo y objetivos, el resultado es una orientación de silo, un sitio en la Red no integrado con otros vehículos de comunicación creando sinergias, sino más bien representando un esfuerzo aislado. Ésta es una trampa en la que es fácil caer, pero importante de evitar.

La comunicación integrada (el concepto de coordinar todos los mensajes de la marca para que trabajen sinérgicamente) ha existido durante décadas, y ha animado considerables iniciativas de los anunciantes y sus empresas asociadas. La Red, sin embargo, inyecta una dimensión nueva total en las comunicaciones integradas. Tiene el potencial de ser, si no el vehículo de medios conductor, la estructura y la cola que lo mantiene todo junto.

Proporcionar un impacto de tienda buque insignia

Piense en el concepto de la tienda buque insignia y la poderosa herramienta que es para construir una marca, proporcionando vida, vitalidad y tangibilidad a los conceptos de marca. Considere el papel que la tienda de Freeport proporciona a los clientes de L.L. Bean. Representa de una forma tangible la herencia de la marca y una excepcional experiencia de marca para aquellos que la visitan (como se analizó en el capítulo 6, es una importante atracción turística). De forma parecida, las tiendas Nike-Town presentan la esencia de la marca Nike. La personalidad, el símbolo y las asociaciones emocionales de la marca desarrollados por la tienda reciben un mayor impacto por su estrecha relación con los productos.

En algunos contextos, un sitio en la Red cumple la misma función que la tienda buque insignia. Presentando la marca en una forma rica, implicante y auténtica, el sitio puede proporcionar la base para otros esfuerzos de comunicación. El sitio en la Red puede crear lazos intensos con la marca y su experiencia de uso, y puede relacionarse con los otros esfuerzos de comunicación como eje de la rueda. Usando la tienda buque insignia como una metáfora, el sitio de la marca se convierte en la pieza central del esfuerzo de construcción de marca y refleja la identidad de marca de una forma vívida y tangible. Incluso si no se le asigna un papel de eje en la construcción de la marca, el sitio puede apalancar y aumentar el impacto de muchos otros vehículos de medios, como la publicidad, el patrocinio, las promociones y la *publicity*.

Apoyar la publicidad

La mayoría de medios de publicidad (especialmente televisión, vallas, *displays* de punto de venta, envase y publicidad gráfica) está limitada en el contenido que puede proporcionar. La Red puede complementar tal publicidad proporcionando una forma de obtener información rica en contenido que no se podría situar en ningún otro lugar. Por ejemplo, la publicidad puede estimular el interés en la herencia de una marca, y el sitio en la Red puede proporcionar historias detrás de ello. La publicidad puede anunciar un nuevo producto, y el sitio en la Red puede proporcionar datos específicos, no sólo sobre el producto, sino también sobre las aplicaciones. El explorar dónde y cómo usar el producto puede apoyar a la publicidad y proporcionar valor añadido al producto con marca.

Un papel de medios (incluyendo la publicidad) podría evolucionar hacia la captación de personas para el sitio en la Red. A pesar de que poner la dirección del sitio en la Red en los otros medios es ciertamente útil, atraer grandes cantidades de visitantes al sitio requerirá enfoques más agresivos. Cuando un papel de la publicidad, importante si no primario, sea motivar a la gente para que visiten el sitio en la Red con un objetivo específico en mente, el papel y la ejecución de la publicidad cambiarán.

La imaginería y el mensaje de una campaña publicitaria se pueden reforzar en la primera página. La investigación ha demostrado repetidamente que el impacto de la publicidad se magnifica cuando las exposiciones ocurren en múltiples contextos: cuando una campaña de televisión está apoyada por radio y por eventos más que por sí sola, los resultados suelen ser mejores. Por ejemplo, BMW usó las imágenes y los gráficos de la última campaña de construcción de marca de la empresa en medios gráficos como un patrón para su sitio en la Red. Como consecuencia, el sitio en la Red refuerza las asociaciones básicas de excelencia en la ingeniería, estética y rendimiento que se han visto en la publicidad.

Apoyar el patrocinio

Un sitio en la Red puede apoyar patrocinios proporcionando calendarios y detalles de interés humano sobre personas asociadas con las actividades patrocinadas, así como reportajes sobre eventos. Haciendo esto, la Red no sólo proporciona valor añadido, sino que también hace más fuerte, profunda y rica la relación entre el patrocinio y la marca. Gatorade tiene en su sitio el calendario de su competición de baloncesto Hoop It Up, y el sitio de Pepsi proporciona información sobre conciertos patrocinados.

Algunos patrocinios dan una oportunidad de generar noticias. Un evento como Wimbledon, el Masters o las 500 Millas de Indianápolis, por ejemplo, tiene un seguimiento significativo que interesaría en una información *online*. El sitio en la Red de Valvoline para las 500 Millas de Indianápolis proporciona una situación al minuto de las velocidades de calificación, perfiles de los corredores y noticias de la carrera; el seguimiento inmediato del evento refuerza la credibilidad de Valvoline como marca innovadora próxima al mundo de las carreras.

Apoyar a las promociones

Las promociones en la tienda o basadas en los medios se pueden apoyar también en la Red, dado que el sitio en la Red puede ser un vehículo para implicar juegos, contextos y actividades. Por ejemplo, el sitio de Oscar Mayer ha reforzado y apoyado promociones como el Tour en Busca del Talento, que busca un chico para cantar su *jingle*. El sitio en la Red obtuvo muchas entradas y proporcionó una información actualizada de la promoción, extendiendo con ello su alcance y su impacto. Dado que un juego demasiado complejo para ser presentado en un anuncio en prensa o televisión puede ser fácilmente apoyado con un sitio en la Red, las promociones tienen el potencial de hacerse más ricas e interactivas.

Apoyar a la «publicity»

Un papel de la *publicity* es crear noticias sobre la marca. Dadas sus propiedades *online* y de riqueza de información, la Red puede desempeñar un papel clave. La Red puede acelerar la diseminación de la información y ser usada para conseguir una gran audiencia. En lugar de confiar en pocos buenos contactos con periodistas, los esfuerzos de relaciones públicas pueden aumentarse enviando el contenido a la Red. Por ejemplo, LucasFilm aviva las llamas de emoción alrededor de la presentación de *La guerra de las galaxias* poniendo información de la producción en su sitio de la Red siguiendo un esquema cuidadosamente controlado, dando a los consumidores una dieta estable de nueva información para mantenerlos atentos hasta el día de la presentación. El sitio de *La guerra de las galaxias* también eclipsa otros sitios no oficiales, manteniendo el mensaje de LucasFilm claro y controlado. Algunas empresas de relaciones públicas ofrecen ahora servicios que entran información en un ordenador de un evento en vivo, envían esta información a varios sitios en la Red y transmiten por correo electrónico el contenido a cientos de miles de profesionales de los medios.

Atraer visitantes del sitio en la Red

El esfuerzo total de comunicaciones también necesita apoyar al sitio en la Red. Un sitio en la Red dominante necesitará visibilidad externa. Por esta razón, las principales marcas de la Red y otras que aspiran a poseer una porción del ciberespacio están usando medios externos. Yahoo! se estableció con alguna publicidad creativa en vallas en las principales ciudades; más tarde expandió este esfuerzo a publicidad en medios sustancial. Para ser dominante, debe emerger la percepción de dominancia, y esto requiere visibilidad.

4. PROPORCIONAR UN HOGAR A LOS LEALES

El sitio en la Red debería ser un hogar para el grupo de leales implicados en actividades relacionadas con la clase de producto y con un compromiso con la marca. Debería apoyar y nutrir este grupo y su relación con la marca, más que dar por seguros a los clientes leales, concentrándose en esfuerzos para expandir la base de consumidores. Cualquier marca con usuarios emocionalmente implicados debería asegurarse de que su sitio en la Red reconoce y apoya a este grupo.

La importancia de los leales va más allá de los datos de ventas. Él o ella proporciona un modelo de papel para otros clientes y para todos los empleados y asociados de la organización, creando entusiasmo alrededor de la marca. El leal también puede servir como embajador de la marca, en parte porque se implica en el producto así como en la marca.

Considere el papel del sitio en la Red del leal de Harley-Davidson. El sitio en la Red de la empresa proporciona información sobre eventos y productos de Harley, un lugar para comprar productos accesorios o hacer preguntas a un experto técnico y un foro para conectar con otros devotos. Proporciona así un eje central para los entusiastas del motociclismo y de Harley.

Snapple es una marca con una personalidad peculiar y un seguimiento leal; su sitio alimenta este grupo leal y aumenta la experiencia de producto. Un conjunto de juegos refleja la marca Snapple, incluyendo un activo juego de chorros de agua en que el visitante intenta impactar algunos objetivos en movimiento y un cazador de Snapple en el que se trata de encontrar seis botellas escondidas en un sitio. El visitante también puede encontrar su Astrología Snapple, donde se proporciona un perfil de la personalidad y un análisis mensual, basado en un sabor favorito.

El leal necesita conocer la historia de la herencia de la marca

Conocer las raíces de una persona, un lugar o una empresa puede ayudar a crear un interés y un vínculo. Lo mismo es cierto para una marca; su herencia puede convertir una relación funcional en una conexión con profundidad e incluso con emoción. Además, las historias de herencia pueden ser interesantes, especialmente cuando implican a gente real. La Red ofrece un foro para contar estas historias.

En el sitio de Harley-Davidson, por ejemplo, se puede aprender cómo dos jóvenes diseñadores, llamados Harley y Davidson, se establecieron para hacer bicicletas en 1901. Se puede leer sobre el rol de Harley en la lucha contra Pancho Villa y en la Primera Guerra Mundial, y sobre las carreras y la innovación en Harley-Davidson a lo largo de los años. Para el cliente base o el admirador de Harley, estas historias son parte de la mística de la marca.

En L.L. Bean, la historia del fundador capta la esencia de la marca. Bean, el hombre amante del aire libre que fundó la empresa en 1912, está asociado con un conjunto de leyendas. Todo empezó cuando Bean diseñó una bota que combinaba una parte superior de cuero ligera con una suela de goma resistente al agua, y luego creó su garantía del 100% de satisfacción cuando el primer lote de botas tuvo problemas con las puntadas de las costuras. La apertura de su tienda en Freeport, en el estado de Maine, en 1917, fue otro momento clave. Un cliente del sitio de Bean será potencialmente más leal y comprometido que los compradores detallistas, en parte por la historia de la herencia.

Algunos símbolos tienen suficiente interés intrínseco entre los devotos como para justificar el contar su historia: de dónde vino el símbolo, qué representa y cómo ha evolucionado. Fruit of the Loom, por ejemplo, cuenta la historia del nacimiento de su logo. Betty Crocker muestra ocho diferentes personificaciones de su símbolo (la cara de Betty Crocker) y pide al visitante que compita por el símbolo del año. Este juego se dobla como forma de mostrar de una forma vívida la tradición que es parte de la marca Betty Crocker.

5. DIFERENCIAR CON UN FUERTE CONTENIDO DE SUBMARCA

Muchos sitios de la Red se enfocan en los beneficios funcionales, que a menudo se copian fácilmente. Así, el reto es llegar a ser un sitio diferenciado, proporcionando algo que los demás no puedan duplicar, al menos sin un coste significativo. Una manera de hacerlo es desarrollar algunos intangibles, como ser el sitio dominante para alguna área de interés (barbacoas de exterior, por ejemplo, o control de insectos). Otro camino hacia la diferenciación es desarrollar beneficios, características, servicios o componentes con marca que actúen como una bala de plata para el sitio en la Red.

Las marcas de beneficio balas de plata pueden ser instrumentos poderosos para representar a las marcas madre y añadir diferenciación. El hecho de que tengan marca y la marca sea en propiedad es crucial; incluso si los beneficios funcionales que representan son copiados, las marcas bala de plata siguen siendo diferenciadas y copiadas. Como contraste, demasiados sitios en la Red usan descriptores para denotar beneficios. Por ejemplo, sin una fuerte marca, los competidores pueden copiar el servicio de recomendación de libros de Amazon. Contrariamente, los sitios de venta de vino en la Red pueden ofrecer selecciones, pero no pueden duplicar el servicio del Pregunte al Tipo del Corcho, de Virtual Vineyards.

Otro buen ejemplo es el Detective de la Mancha de Tide, que proporciona una solución personalizada para las manchas difíciles. Ayudado por un menú, el usuario selecciona el tipo de mancha, el tipo de tejido y el color y forma de la materia; a continuación recibe una recomendación personalizada para esta mancha. El Detective de la Mancha de Tide proporciona una representación visible de la experiencia y liderazgo en limpieza de Tide, así como 50 años de innovación. Como una clásica bala de plata, representa la esencia de la marca; además, tiene una marca, con su propio logo y un nombre vívido. Los competidores pueden duplicar el beneficio funcional, pero les será difícil desalojar al Detective de la Mancha de Tide.

Otro ejemplo es el Guerrero de la Carretera de Travelocity, uno de los sitios líderes en viajes. Llamado «el último recurso en viajes de negocios», el Guerrero de la Carretera proporciona lo último en tarifas, noticias, condiciones meteorológicas para miles de destinos en todo el mundo, un convertidor de divisas, información útil sobre reservas, y descuentos en alquiler de coches. También contactará a alguien que viaje para notificarle cambios en los vuelos y proporcionar una guía de destinos personalizada gratis con sugerencias sobre eventos de entretenimiento y de negocios. El Guerrero de la Carretera es un servicio bala de plata con marca de Travelocity.com que crea asociaciones de liderazgo tecnológico y de ser amigo del cliente proporcionando servicios de valor añadido para el viajero de negocios. Con su propia marca y logo, tiene el potencial de tener su propio valor, que significa que los competidores tendrán dificultades para copiar.

Otro ejemplo es la Búsqueda del Parque L.L. Bean. Un visitante al sitio de Bean puede usar la Búsqueda del Parque para aprender y ver fotografías de cualquiera de 1.500 parques, bosques y refugios de vida salvaje. También se puede encontrar información sobre las 36 actividades que cada parque ofrece, desde el excursionismo y el kayak a la observación de pájaros y a los viajes sobre la nieve. Los visitantes pueden buscar en la base de datos por localización y actividad, igualmente; así, pueden obtener una lista de los parques del norte de California que ofrecen excursiones en bicicleta de montaña.

Un beneficio con marca también proporciona una forma de interponer alguna personalidad en lo que puede ser una marca o un sitio en la Red insulsos. El servicio basado en la suscripción Ernie, de Ernst & Young, que permite a los suscriptores interactuar con el *staff* de Ernst & Young en todo el mundo, es más amistoso y más accesible que la marca madre. Así, añade una personalidad de bienvenida y además proporciona la propiedad de un servicio que ofrece una conexión a clientes nuevos y actuales.

Contenido en publicidad y patrocinio

Al principio de este capítulo, se dijo que la Red es una experiencia que implica una audiencia activa y bajo control, no la audiencia pasiva de los medios convencionales. También se sugirió que los *banner*s pasivos no aprovecharían el potencial de la Red. Estas observaciones, sin embargo, no significan que el contenido de publicidad o patrocinio no tenga un papel de construcción de marca por jugar en la Red.

En cualquier caso, significa que tal contenido debería adaptarse al entorno de la Red y que, probablemente, desempeñará un papel de apoyo.

La publicidad es una presencia de marca pagada en la Red, y la forma más común es un anuncio *banner* o alguna variante. Sin embargo, la Red puede implicar muchas otras formas. Una empresa permite al visitante sustituir su cursor con un símbolo. Imagine la satisfacción de usar un símbolo de Mercedes o Harley-Davidson si se es un devoto de esta marca.

El contenido de patrocinio asocia una marca con una parte especial de un sitio que ofrece contenido con valor. BestWestern, por ejemplo, patrocinó la guía de la ciudad interactiva de la CNN, un sitio popular usado para acceder a información de hoteles en varias ciudades. Regal de Buick patrocinó el torneo de baloncesto para mujeres de la NCAA Fantasy Games Challenge. IBM patrocinó un juego de deportes interactivo, el Shockwave IBM Virtual Dunkathon, en un conjunto de sitios relacionados con el deporte y el juego (como nba.com) para atraer a clientes jóvenes y amantes de la tecnología que de otra forma habrían huido de IBM.

El patrocinio *online* puede proporcionar beneficios sustanciales como parte de un plan de construcción de marca. Estos beneficios, que se estudiaron en detalle en el capítulo 7, se aplican también al mundo digital.

LAS LIMITACIONES DE LOS SITIOS EN LA RED

El contenido de publicidad y patrocinio tiene un papel por desempeñar porque los sitios en la Red tienen limitaciones. Un sitio en la Red es inherentemente poderoso porque puede crear una experiencia interactiva y personalizada única que proporciona acceso a una base de datos actual y rica; así, a menudo es la piedra angular de la construcción de marcas en la Red. Sin embargo, crear un sitio en la Red que atraiga y retenga clientes no es fácil. La asunción de que «si lo construimos, ellos vendrán» casi no es verdad en el entorno de la Red, dado su contexto de sitios compitiendo agresivamente y componentes de la audiencia orientados al objetivo. Tiene que haber una razón para visitar el sitio y los clientes potenciales necesitan ser conscientes de que el sitio existe. Proporcionar una razón y crear reconocimiento son dos tareas nada triviales.

Además, los sitios de destino en la Red no se adaptan bien a todas las marcas. Funcionan mejor para productos y servicios que puedan pedirse eficazmente *online* (como libros, acciones o equipos informáticos) o para aquellos en que los clientes buscan una extensa información (como los automóviles o destinos de vacaciones). Una marca que no tenga ninguna de estas características (como los helados Dreyer's, las maquinillas de afeitar Schick o el queso Kraft) tienen una doble preocupación. Si no puede proporcionar correo electrónico o información de interés especial, se tendrá que encontrar otra motivación para los visitantes del sitio, quizás basado en el entretenimiento o en un área de información de interés general. Incluso si se encuentra esta motivación, puede no estar asociada con la marca, o puede competir con el sitio de un tercero establecido y más independiente. Así, será difícil atraer visitantes porque el sitio no será un lugar obvio para ir.

Incluso los sitios de la Red poderosos alcanzarán una audiencia limitada, quizás sólo clientes leales que están implicados en la categoría de producto. Considere el sitio de Saturn, que puede ser muy eficaz sólo para los leales y para aquellos que están en el mercado buscando un coche de la clase de Saturn aquel día o aquel mes. Dado que la audiencia mayor (gente que no está buscando actualmente algún coche pero que lo hará algún día) puede no estar motivada para visitar el sitio en la Red de Saturn, se deberán encontrar otros medios para construir la marca. Cuando IBM patrocina un partido en el sitio de la NBA, consigue exposición a una audiencia atractiva, una mayoría de la cual nunca visitaría el sitio de IBM.

Cuando los sitios en la Red son inapropiados o su alcance es inadecuado, ¿puede ser eficaz en la construcción de marcas el contenido de la publicidad y del patrocinio en la Red? ¿Pueden estas formas de comunicación hacer más que crear enlaces con los sitios en la Red de la marca? ¿Pueden alcanzar a los clientes de marcas (como Saturn) no atraídos por un sitio de destino, o aquellos (como el desodorante Mennen) para quienes un sitio de destino en la Red no es relevante? ¿Puede el contenido en publicidad y patrocinio hacer las clásicas tareas de construcción de marca de creación de visibilidad y presencia, y construcción y aumento de asociaciones? El siguiente estudio proporciona algunos datos alentadores.

EFICACIA DE LA PUBLICIDAD *ONLINE*

El Internet Advertising Bureau (IAB) y Millward Brown Interactive realizaron un estudio del impacto en la creación de marca de la publicidad en la Red a mediados de 1997[3]. Se testaron anuncios *banner* en 12 sitios, incluyendo CNN, ESPN, Lycos y Ziff-Davis. Más de 16.000 encuestados, reclutados de sitios test, fueron expuestos aleatoriamente a uno de los anuncios test o a un anuncio de control. Después de un período de tiempo que iba de uno a siete días, se les pidió vía correo electrónico que completaran un corto cuestionario. Así, dado el diseño experimental, la única diferencia entre los grupos de test o de control fue una única exposición a una publicidad *banner*. Los resultados proporcionaron una clara evidencia de que la publicidad en la Red puede construir marcas. El reconocimiento sugerido medio («¿Conoce esta marca?») pasó del 61 al 64%, una diferencia estadísticamente significativa a pesar del hecho de que tres marcas tenían ya casi un reconocimiento del 100%. De hecho, una nueva marca, la clase preferente de Delta Airlines, aumentó del 43 al 66%, y otra, Deja News, pasó del 28 al 34%. El reconocimiento de publicidad («¿Ha visto este anuncio?») pasó de media del 34 al 44%, indicando que la publicidad se correspondía con los entrevistados.

Para la mitad de las 12 marcas investigadas, las percepciones fueron lo suficientemente afectadas para ser también estadísticamente significativas. Estos resultados se dieron incluso a pesar de que el experimento implicaba sólo una simple exposición a un anuncio *banner* con contenido limitado. Por ejemplo, considere el impacto del anuncio *banner* de Volvo, que mostraba un coche con la frase «Tan suave, tan veloz».

Percepciones de marca: automóviles de lujo Volvo

	Grupo de test	Grupo de control
Es un buen automóvil	17%	11%
Ofrece algo diferente que otras marcas de automóviles	11%	7%

Algunas guías

El contenido de publicidad y patrocinio en la Red puede funcionar, pero hay algunos retos. Uno de ellos es cómo ser percibido y evitar distraer o irritar con la consecuencia de que el anuncio moleste más que ayude a la marca. A diferencia de la audiencia para televisión, radio o vallas, que ha estado condicionada para tolerar la interrupción y la distracción, la audiencia de la Red tiene el control y se acomoda menos. ¿Cómo se pueden reconocer y explotar las cualidades únicas de la Red (su habilidad para personalizar, ser interactiva y ser una fuente de información rica, actual y relevante)?

Las siguientes indicaciones proponen cómo el contenido de publicidad y patrocinio puede enfrentarse a estos retos y construir marcas en la Red, creando reconocimiento, construyendo asociaciones y reforzando la fidelidad.

Objetivo

Toda publicidad empieza con el objetivo, pero en la Red el objetivo es especialmente importante por dos razones. La primera, dado que la publicidad en la Red ha sido históricamente cara en términos del coste por mil, el esfuerzo no se debería diluir alcanzando a componentes de la audiencia no objetivo. La segunda, es importante que los mensajes sean relevantes, porque los visitantes de los sitios en la Red pueden ignorar fácilmente los anuncios. Acertar en la audiencia objetivo aumentará la probabilidad de que el anuncio sea relevante.

Hay muchas maneras de buscar la población objetivo en la Red. Un enfoque se basa en los perfiles implícitos o explícitos de los componentes de la audiencia obtenidos de sitios de destino como HotWired, Amazon o America Online. Otro se basa en indicadores de tareas, como las palabras clave usadas en los principales buscadores como Yahoo! o Excite. El segundo enfoque es por lo que Miller compró la palabra clave *beer*, IBM compró las palabras *laptop* y *notebook*, y Libri (un mayorista de libros líder en Alemania) compró la palabra *book* en los principales buscadores. Debido a estas compras, anuncios específicos aparecen siempre que los visitantes del buscador acceden a estas palabras clave.

Considerar las asociaciones del contexto

Un contexto, como Parent Soup o Disney, no sólo proporciona un tipo de audiencia sino también un conjunto de asociaciones. Las asociaciones de contexto son importantes porque pueden influir potencialmente en las asociaciones de marca tal como lo hacen en los medios gráficos y audiovisuales. Un experimento demostró el poder de un sitio en la Red vigoroso y bien posicionado para enlazar asociaciones con una marca. En el experimento, se mostró un *banner* de la marca de ropa Dockers en el sitio de HotWired con objeto de mejorar la imagen de las prendas de Dockers en dimensiones como a la moda, actual, vivo y aventurero[4]. Cuando la audiencia de HotWired encontró una diferencia entre las percepciones de Dockers y las asociaciones de la comunidad de Hotwired, resolvieron la diferencia alterando sus percepciones de Dockers.

Ser relevante para el contexto

Cuando un *banner* está en el contexto correcto, todavía se podría percibir como publicidad, pero se ve menos como un intruso y es más probable que soporte las asociaciones de marca deseadas. Intel, por ejemplo, usó anuncios intersticiales de cinco a diez segundos (que aparecen cuando se baja un programa) en el sitio comunitario de juegos Mplayer para comunicar las mejoras de rendimiento que se pueden obtener usando el nuevo procesador Pentium II. Ciertamente, en un contexto de descarga, el hacer que el ordenador vaya más rápido para reducir el tiempo de espera es relevante. HP tiene un *banner* que propone imprimir en color la página actual; el *banner* es tanto una sugerencia como un anuncio.

Hacerse parte de un sitio huésped

El patrocinio tendrá una relación más fuerte con la marca si ésta se convierte en participante. Intel usó su BunnyPeople (dibujos que representaban trabajadores) para crear esta implicación. Los Bunny-People se dispersaron a través del contenido editorial del sitio de Mplayer; pulsando sobre una imagen permitía a los jugadores seleccionar uno de los coloristas Bunnies como su presencia dentro de Mplayer.

«Banners» interactivos

Los *banner*s interactivos implican a los componentes de la audiencia para algún *input*. Un estudio descubrió que los *banner*s interactivos tienen un porcentaje de pulsación un 70% superior a los que no son interactivos y que simplemente envían al usuario a otra página[5]. John Hancock, por ejemplo, puso un *banner* sobre varios sitios de destino populares, mostrando una fotografía de una chica jovencita y hacía la pregunta: «Ella tiene () años y yo quiero que vaya a (). ¿Cómo lo consigo?» El usuario podría entrar la edad adecuada y el tipo de escuela para su hija, después de lo cual el *banner* calcularía cuánto tiene que ahorrar el usuario para conseguir el objetivo. Un simple puzzle, un concurso, unos dibujos animados o un conjunto de preguntas fáciles como las del *banner* de John Hancock no sólo hacen que los clientes se detengan y piensen sobre la necesidad de un producto o servicio, sino que además conectan a la marca con esta necesidad.

Proporcionar noticias, entretenimiento u otros incentivos

Existen una variedad de formas para proporcionar incentivos a los componentes de la audiencia para que se impliquen en los anuncios, o, al menos, para que toleren su presencia. Algunas revistas como *Variety* y *Forbes* proporcionan cabeceras de noticias en su publicidad. Hewlett-Packard tiene un juego animado de ping-pong en su *banner* que permite a los componentes de la audiencia jugar contra el ordenador. El sitio se descarga a menudo, la mejor felicitación por una publicidad (comparable a los anuncios convencionales que son tan cautivadores que se convierten en un tópico de conversación). Otros han proporcionado ordenadores gratuitos o acceso a Internet a cambio de recibir un conjunto de anuncios en la pantalla.

Símbolos y «taglines»

Un *banner*, como una valla, tiene una capacidad limitada de contenido; ¿cómo se puede usar de una forma más eficaz? Una *tagline* y un símbolo poderosos pueden ayudar a comunicar de una forma compacta. *Taglines* como «A nadie le gusta Sara Lee» y «La empresa tranquila», y símbolos como el soldado de Pillsbury y la diligencia de Wells Fargo, hacen más fácil comunicar en un formato de *banner*.

Objetivos y medición

Ciertamente, los *click-throughs* (por ejemplo, cuando un clic del ratón transfiere a un visitante hacia la página principal de un anunciante) son una medida relevante para la publicidad diseñada para aumentar el tráfico a un sitio de la Red o para provocar una acción inmediata. Los *click-throughs*, sin embargo, no reflejan necesariamente la capacidad de la publicidad para conseguir reconocimiento y construir asociaciones. De hecho, la correlación entre la medición de los *click-throughs* y un mayor reconocimiento de marca fue cero (los dos anuncios más eficaces de los 12, Volvo y Schick, no tuvieron casi nada). Si las mediciones de los *click-throughs* se hacen dominantes, la tendencia será salirse de la estrategia para conseguir el resultado. Lo que se necesita en su lugar es experimentación con medidas de reconocimiento y asociación, tal como se hizo en el estudio de IAB. La ventaja de la Red es que tal experimentación es muy posible y a un coste razonable.

Pensamientos finales

Martin McClanan, un gurú de Internet en la consultora Prophet Brand Strategy, observó (en un estudio presentado al principio de este capítulo) que «la Red representa la convergencia de medios y comercio en una forma tal que puede desestabilizar los canales de comunicación existentes». Su observación sugiere que varios participantes necesitan tener la perspectiva apropiada respecto a la Red. Las puras marcas de correo electrónico deberían no sólo proporcionar una forma funcional y conveniente de pedir productos (llevando a menudo a un negocio de bajo margen), sino que deberían construir una marca a través de la personalidad, la comunidad, el contenido y el entretenimiento para crear visitas y fidelidades más duraderas. Estas marcas también deberían usar todas las herramientas de construcción de marca y no sólo limitarse a la Red.

Las marcas fuera de la Red no las deberían ver sólo como otro medio; más bien las deberían ver como una parte integral, si no el conductor, del esfuerzo total de construcción de marca. De forma más significativa, la introducción de la Red puede cambiar el modelo de negocio y el papel de los vehículos de comunicación tradicionales. La Red, en algunas circunstancias, debería considerarse una forma de expandir la construcción de la marca más allá de la comunicación, hacia la cadena total de valor, desde desarrollo de productos hasta apoyo en servicio.

La Red ha evolucionado tan rápidamente que no muchos *managers* de comunicación tradicionales pueden simplemente hacerse cargo de los esfuerzos en la Red de la marca y dar grandes resultados. Las organizaciones necesitan *managers seniors* internos que sepan cómo usar un amplio abanico de opciones de comunicación (tanto dentro como fuera de la Red), identificar modelos de correo electrónico emergentes y construir y explotar oportunidades de comercio electrónico. Hoy, la posición de «director de Red» es rara, pero mañana será esencial para marcas que quieran crear una ventaja competitiva real y sostenible.

Escoger los socios de comunicación externos correctos será igualmente crítico. Dado que la mayoría de agencias de publicidad tradicionales ven la Red como únicamente otro canal de comunicación, sólo algunos son capaces de proporcionar la necesaria experiencia tecnológica y las capacidades de comercio electrónico. De forma parecida, pocos desarrolladores de la Red saben cómo usar sus habilidades para construir marcas. El conjunto de habilidades necesarias para desarrollar una estrategia de marca digital conducida por una identidad fuerte y clara (una que asegure que los grupos de implementación dentro y fuera de la empresa obtengan lo máximo de las posibilidades de la construcción de marcas en la Red) es más raro que el oro por ahora, pero igual de valioso.

La Red se basa en la experiencia. El reto está en relacionar la experiencia con la marca. La marca es la única cosa que no puede ser copiada. Así, el juego consiste en construir la marca creando una experiencia que la gente asocie con la marca. La experiencia puede crearse usando las cualidades únicas de la Red y conociendo los cambios tecnológicos con objeto de conocer las oportunidades que representa.

PREGUNTAS PARA EL ANÁLISIS

1. Su presencia en la Red ¿apoya la marca? ¿Se usan y aumentan los símbolos?
2. ¿Existe un anzuelo que haga que el visitante vuelva?
3. Su presencia en la Red ¿aumenta la marca proporcionando valor añadido al cliente?
4. Aquellos que se ocupan de construir su Red ¿tienen una comprensión clara de la identidad de marca?
5. ¿Establece su sitio en la Red un diálogo con clientes actuales y potenciales? ¿Le conecta mejor con sus clientes? ¿Facilita el *feedback* de los clientes? ¿Cómo se usa esta información en su organización?
6. ¿Tiene una presencia en la Red consistente a través de marcas y mercados y con los otros medios?
7. Verifique su presencia en la Red haciendo un *audit* de Red basado en las seis preguntas precedentes.

Capítulo 9

Construir marcas: más allá de la publicidad en medios

> *Cada uno puede experimentar más de lo que comprende; pero es la experiencia, y no la comprensión, lo que influye en el comportamiento.*
>
> Marshall McLuhan
>
> *Resiste a lo usual.*
>
> Raymond Rubicam, fundador de Y&R, alrededor de 1925

Alete de Nestlé

En Francia, Nestlé creó estaciones para cambiar a los bebés en áreas de descanso de la Autoroute Sud, la principal arteria para las familias que se desplazan al soleado sur durante las vacaciones. Las estaciones ofrecen pañales y otros productos, así como comida para bebés. Esto no fue una iniciativa altruista, sino una manera de hacer de Alete de Nestlé la marca de alimentos para bebés relevante en las vidas de los consumidores. Ganando la gratitud de los padres y proporcionando experiencias de prueba con productos útiles para sus bebés, conecta la marca con los consumidores emocional y funcionalmente.

Hewlett-Packard

En el centro de Manhattan, Hewlett-Packard hizo una exposición en tráilers, invitó a los transeuntes a ver una reproducción del centro de control de las 500 Millas de Indianápolis, que usaba impresoras de color HP para el seguimiento de varias tareas. El espectáculo, llamado «El color del negocio», ayudaba a los visitantes a comprender la importancia del color y de las impresoras HP en el rápidamente cambiante mundo organizativo de la actualidad. El *glamour* del centro de control atrajo a los visitantes y, además, fue la fuente de asociaciones objetivo claves.

Progressive Insurance

Progressive Insurance es no convencional e innovador, tanto en gestionar su negocio de seguros de automóviles como en construir su marca con los consumidores. Cuando descubrió que el procesamiento de pequeñas reclamaciones suponía una gran queja entre los clientes implicados en accidentes, la compañía introdujo un servicio de reclamación ultrarrápido con marca propia, Immediate Response. Vehículos muy visibles con el nombre Immediate Response circulaban en las zonas de mayor tráfico con objeto de que en caso de accidente se pudieran hacer las reclamaciones en el mismo lugar. Los vehículos con la marca Progressive crearon una visibilidad poderosa y relevante; los conductores y los clientes dicen que Progressive llega a menudo al lugar del accidente antes que la policía.

BMW

El BMW Tennis and Golf Tournament crea una poderosa conexión marca-consumidor. El torneo es un evento social para aficionados al tenis y al golf y para entusiastas de los automóviles que tiene lugar en distintas y bonitas zonas de vacaciones en Europa cada año. Los objetivos son pasárselo bien y, ocasionalmente, charlar sobre automóviles y deportes. El evento en sí mismo, los esfuerzos de relaciones públicas y las iniciativas de márketing directo y promocionales antes y después del evento crean un contexto en el que los consumidores pueden conectar profunda y emocionalmente con la marca, porque crean recuerdos, sentimientos, imágenes y pensamientos positivos sobre BMW.

Cuando un faraón moría en el antiguo Egipto, los sacerdotes funerarios momificaban el cuerpo y lo colocaban en un sarcófago adornado, con un conjunto de féretros uno dentro del otro. El sarcófago se llevaba a continuación al Valle de los Reyes. Las tumbas eran construcciones elaboradas que suponían años de trabajo. Su objetivo era ayudar al rey a viajar seguro de esta vida a la siguiente, y comunicar a los dioses y otros seres del más allá que el sarcófago contenía no simplemente a alguien, sino a un faraón.

Las tumbas del antiguo Egipto tenían hasta 20 cámaras y corredores, con murales decorados por grandes pintores y escultores de bajorrelieves. Los murales contaban historias sobre el faraón, lo que él creía y lo que él valoraba. También describían actividades, como la caza, que eran parte de la vida del faraón. Las cámaras contenían objetos funerarios y muchos otros tesoros y posesiones del faraón.

De una cierta manera, los constructores de tumbas egipcias eran constructores de marcas; buscaban construir visibilidad por el simple tamaño y presencia de la tumba. Proporcionaron una cantidad de asociaciones que sirvieron para describir al faraón (lo que él valoraba y creía, lo que hizo en su vida diaria y lo que poseía). Finalmente, construyeron una profunda relación entre la marca «faraón» y los dioses, mediante la construcción de un edificio con el que los dioses se relacionarían. ¡Y lo hicieron sin publicidad en medios!

La tarea de construcción de marcas

La implementación de una estrategia de marca se enfoca en la creación (o aumento) de la visibilidad, de las asociaciones de marca y/o de relaciones profundas con los clientes (ver figura 9.1). Cada una de estas tareas está guiada por la identidad y la posición de la marca. Incluso la creación de visibilidad requiere una guía, dado que algunos enfoques podrían no ser compatibles con la identidad de la marca.

El poder de la visibilidad es a menudo infravalorado. Marcas como Intel, Coca-Cola y Visa han desarrollado posiciones de mercado dominantes, en gran parte en base a la simple presencia. Cada una es omnipresente dentro de su contexto; tal visibilidad no sólo puede estimular la consideración en cada compra: también puede afectar a las percepciones. Una marca como Intel recibe crédito por el liderazgo, el éxito, la calidad e incluso la excitación y la energía, sobre todo debido a su visibilidad.

La visibilidad tiene varios componentes, incluyendo el reconocimiento («¿Ha oído hablar de esta marca?»), el recuerdo espontáneo («¿Qué marcas conoce?») y el primer recuerdo («¿Cuál es la primera marca que le viene a la cabeza?») en el proceso de compra del cliente y en la estructura de actitud hacia la marca. La importancia relativa de cada uno dependerá del contexto competitivo. Para una marca pequeña

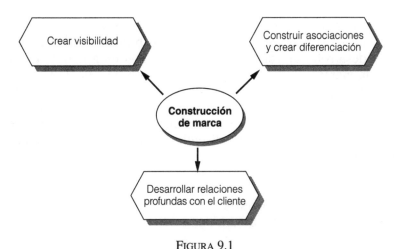

FIGURA 9.1
Tareas de la construcción de marca

o emergente en un gran mercado, el reconocimiento podría ser el principal objetivo. En otras situaciones, el recuerdo es más importante; en *Construir marcas poderosas* se analizó el peligro de ir a parar al «cementerio» (donde el reconocimiento es alto, pero el recuerdo es bajo). Para una marca dominante, especialmente una que compita en un mercado de compra por impulso como el chicle, el primer recuerdo podría ser crucial. En la mayoría de casos, el conocimiento en los tres niveles debería ser una parte de los objetivos a buscar y la medida final de los resultados.

La construcción de asociaciones, el corazón de la construcción de la marca, está dirigida por la identidad de marca. El objetivo no son sólo las asociaciones fuertes, sino también una marca diferenciada, como Southwest Airlines, Tiffany y Jaguar. Una conclusión que emerge del Young & Rubicam Brand Asset Valuator, basado en un inventario estructurado de más de 13.000 marcas en casi tres docenas de países, es que la diferenciación es la clave para una marca fuerte, más que la estima, la relevancia y el conocimiento[1]. De acuerdo con el modelo de Y&R, las marcas emergentes construyen la diferenciación en primer lugar, y el primer indicador de una marca que pierde fuerza es normalmente la pérdida de diferenciación. La fidelidad de marca necesita basarse en características únicas; es difícil desarrollar mucha implicación con una marca *«me-too»**.

---

* Notas del traductor. Ver página 357.

Las marcas realmente poderosas, como Harley-Davidson y Saturn, han ido un paso más allá de conseguir visibilidad y diferenciación, hacia el desarrollo de relaciones profundas con un grupo de clientes, esto es, la marca se convierte en una parte significativa de la vida y/o del autoconcepto del cliente. Cuando se da una relación profunda, el beneficio funcional, emocional y/o autoexpresivo tendrá una intensidad relativamente alta. El cliente será altamente fiel y probablemente hablará a otros sobre la marca, discutiendo méritos y defendiendo las limitaciones.

CREAR UNA RELACIÓN PROFUNDA:
ENCONTRAR EL «PUNTO DULCE DEL CLIENTE»

Desarrollar una relación profunda con un segmento de clientes es normalmente mucho más importante que lo que los simples números podrían sugerir. No sólo los clientes fieles y comprometidos influyen en los otros, sino que además proporcionan una base de ventas estable. No todas las marcas pueden crear un gran grupo base de clientes comprometidos; por ejemplo, una marca de baja implicación y utilitaria como el detergente Dash puede no aspirar a construir tal grupo. Pero para aquellas que pueden, resultará un activo significativo.

El modelo de relación con el cliente

Una marca no puede desarrollar relaciones profundas sin una comprensión rica e introspectiva del cliente. Es necesario encontrar el punto dulce del cliente, aquella parte de su vida que representa una implicación y un compromiso significativos y/o expresa quién es, su autoconcepto. Una forma de encontrar el punto dulce es mirar a los clientes comprometidos actuales: ¿por qué tienen esas personas tal nivel de implicación con la marca? También ayuda el uso de la investigación cualitativa diseñada para mirar más allá de lo obvio con objeto de encontrar motivaciones más profundas. La clave está en aprender *de* los clientes como individuos más que *sobre* los clientes como grupos. ¿Cómo se relaciona la marca con el autoconcepto y las pautas de vida del consumidor? Finalmente, mire a los valores y las creencias, actividades e intereses, y posesiones de los clientes (en otras palabras, lo que son, hacen y tienen). La esencia de la mayoría de la gente se refleja en estas tres dimensiones, como se sugiere en el modelo de relación con el cliente de la figura 9.2.

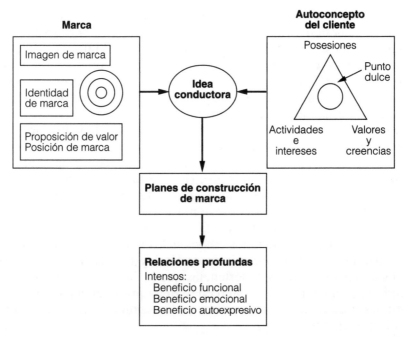

FIGURA 9.2
El modelo de relación con el cliente

Valores y creencias.— El conjunto de valores y creencias de un cliente representa la esencia de esa persona, lo que él o ella representan. The Body Shop conecta con gente preocupada por asuntos sociales; sus programas para apoyar las economías del Tercer Mundo, para salvar a las ballenas y ser sensible con el entorno resuenan con un segmento que tiene valores y creencias similares. El programa de Ronald McDonald House para proporcionar casa a las familias de niños muy enfermos resonará con los valores y creencias de un conjunto de clientes de McDonald's. La expresión de Apple «Piensa diferente» y los novedosos colores de los ordenadores apelan a gente que valora el deseo de crecer contra un competidor monolítico. Por su parte, Microsoft utiliza el «¿Dónde quieres ir hoy?» para expresar un conjunto de valores aspiracionales también diseñados para conectar con un segmento de clientes.

Actividades e intereses.— Una segunda dimensión de la individualidad de un cliente incluye actividades e intereses como el tenis, ver el fútbol, viajar, mantenimiento del hogar, familia, inversión, ejercicio, cambiar y salir a cenar. Una marca puede conectar, convirtiéndose en parte integral de una de estas actividades o intereses y proporcionando beneficios funcionales excepcionales. The North Face, por ejemplo, podría convertirse en una parte de la aventura al aire libre, proporcionando el equipo y el conocimiento que permiten a los excursionistas y escaladores alcanzar sus objetivos. Un inversor *online* puede considerar a Charles Schwab, líder en el *brokerage online,* como socio para refinar su cartera de inversiones.

Posesiones.— Nosotros somos lo que tenemos. Las posesiones se definen aquí ampliamente para incluir personas, lugares, ideas o grupos, así como cosas. Todos ellos pueden expresar, confirmar o afirmar un sentimiento de ser uno mismo[2], (lo que un cliente tiene que él o ella llama «yo» como oposición a «mío»). El reto para la marca consiste en relacionarse con esa posesión. En algunos casos (por ejemplo, Harley-Davidson), y con seguridad, la marca es tal tipo de posesión y proporciona intensos beneficios emocionales y autoexpresivos. Cuando un consumidor lleva una camiseta de Harley-Davidson diciendo «Yo soy esta marca» y cuenta experiencias que la hacen parte de su vida, o cuando el propietario de un Mercedes-Benz proporciona a alguien un sentimiento de realización, la marca ha conseguido una profunda relación con el cliente.

LA IDEA CONDUCTORA

Como se muestra en la figura 9.2, el corazón de la construcción de la marca es una idea conductora, un concepto central (como una personalidad de marca) o un plan (como el Adidas Streetball Challenge o las NikeTown) alrededor de los cuales se pueden desarrollar planes coordinados de construcción de marcas. Una buena idea conductora provocará planes que:

—construyan la marca, creando visibilidad, asociaciones y relaciones;
—resuenen a nivel de los clientes;
—se alejen de la confusión.

En muchos casos, la idea conductora se inspira en el punto dulce del cliente. Adidas acertó en un punto dulce del cliente con su idea conductora, el Adidas Streetball Challenge. Su audiencia juvenil objetivo resonó con la idea de un fin de semana lleno de actividades sociales, competitivas y físicas. La figura 9.3 proporciona varios ejemplos adicionales de ideas conductoras y de puntos dulces del cliente detrás de ellas.

Marca	Punto dulce del consumidor	Idea conductora
Adidas	Competiciones de equipo como actividad de fin de semana.	Adidas Streetball Challenge.
Coca-cola	Patriotismo y la felicidad de las celebraciones.	Rally de la Antorcha Olímpica.
Harley-Davidson	Sentirse libre y «macho».	Grupo de Propietarios de Harley.
Starbucks	Disfrute funcional y social de la pausa diaria del café.	Reproducir la experiencia de la cafetería europea.
TAG Heuer	Identificación con la navegación en yate.	Patrocinar las carreras de yates Whitbread.

FIGURA 9.3

Ejemplos de ideas conductoras

Las ideas conductoras también pueden venir del lado de la marca en el modelo. Por ejemplo, una idea conductora puede basarse en cualquiera de los siguientes elementos:

—*Producto*. El ThinkPad de IBM, el iMac de Apple y el Audi TT son declaraciones de marca que pueden conducir un esfuerzo de construcción de marca.

—*Posición*. La historia de Häagen-Dazs (descrita más adelante en este capítulo) proporciona un ejemplo de una posición de marca que es la idea conductora detrás de un conjunto de planes.

—*Personalidad de marca*. La personalidad de Virgin ha inspirado varias ideas conductoras, como el plan del globo de aire caliente.

Claramente, una idea conductora inspirada puede ser la clave para sacar de la caja una NikeTown o un Adidas Streetball Challenge que proporcione el empuje básico para un conjunto de planes de construcción de marca. Pero ¿cómo se puede generar tal idea conductora? La suerte está implicada en ello. El gurú de *management* Tom Peters recomendó en una ocasión a las empresas el «deleitarse en el desorden y en la alegría del descubrimiento accidental; éste es el plan». No es por accidente, sin embargo, que algunas firmas tengan más suerte que otras; como dijo Louis Pasteur en una ocasión, «la suerte sólo favorece a las mentes preparadas». Una organización puede establecer una cultura y una estructura en las que la gente sea capaz de reconocer una idea excepcional y, quizás más importante, tenga el incentivo y la autoridad para apoyarla, con la intención de que pueda tener éxito. También puede crear un proceso que aumente la probabilidad de encontrar una idea conductora ganadora. Tal proceso tendrá probablemente tres niveles.

El primer nivel sería poner sobre la mesa los aspectos más importantes de la marca y del cliente. Para la marca, estos aspectos son la imagen de marca, su identidad (incluyendo la personalidad, los símbolos y la esencia de la marca, la proposición de valor y la posición de la marca). Con respecto al cliente, son las actividades y los intereses, los valores y las creencias, y las posesiones analizadas con anterioridad. ¿Qué es lo que genera los puntos dulces?

El segundo nivel consiste en definir posibles ideas conductors basadas en las ideas, los conceptos y las visiones generadas en el primer nivel. Puede ser útil hacer algunas preguntas básicas. ¿Qué cosa hay realmente mágica?, ¿qué es lo que resuena realmente?, ¿qué es diferente de las otras marcas? Un trabajo de equipo formal de pensamiento creativo también ayudaría a ser una inversión válida; sin embargo, asegúrese de que el pensamiento creativo exista: el trabajo de equipo no tiene que ser simplemente una sesión de *brainstorming*[3].

El tercer nivel consiste en evaluar las ideas creativas sugeridas. ¿Qué planes de construcción de marca podrían rodearlos?, ¿qué impacto tendría el esfuerzo resultante?, ¿a cuántas personas del segmento objetivo se llegaría?, ¿cuántas asociaciones se desarrollarían?, ¿cómo se mediría el éxito?, ¿cómo se podría refinar el concepto para ser incluso mejor?

Hobart Corporation*

A pesar de que Hobart Corporation (un fabricante de equipos para alimentación durante más de 100 años) no se veía necesariamente como un líder de su industria, había desarrollado un sólido prestigio en productos de alta calidad. Además de ser la empresa más grande, tenía una amplia cobertura en los sectores de la distribución (por ejemplo, restaurantes y panaderías) y del servicio de alimentación (por ejemplo, en instituciones como escuelas) y tenía las categorías de productos más amplias de la industria. Las otras empresas líderes destacaban sólo en una categoría particular de producto (refrigeración, por ejemplo) o eran bien conocidas solamente en uno de los sectores de la industria.

Hobart quería más. Buscó desarrollar una ventaja competitiva sostenible siendo el líder de pensamiento de la industria, no sólo el líder en productos. La idea conductora fue ofrecer asesoramiento y soluciones a los problemas de cada día que encontraran en sus negocios sus clientes restaurantes e institucionales: encontrar y mantener a los buenos trabajadores, mantener la comida en condiciones, eliminar costes, reducir los sobrantes y aumentar el crecimiento de las ventas de cada tienda. Estos aspectos organizativos definían un punto dulce para el cliente.

Esta idea conductora de resolver los problemas diarios de los clientes tuvo como resultado un plan poderoso de construcción de marca dirigido por las relaciones públicas. La publicidad gráfica que precedía a la acción se enfocó hacia asuntos del cliente específicos y apremiantes. Por ejemplo, un anuncio mostraba una señalización en los lavabos que decía: «Los empleados deben lavarse las manos antes de volver al trabajo» y preguntaba: «¿Necesita una propuesta más clara para mantener los alimentos en condiciones?» El anuncio proporcionaba las soluciones recomendadas por Hobart con la frase «Equipo sólido. Asesoramiento sólido».

La campaña gráfica desempeñó sólo un pequeño papel en todo el plan de construcción de marca desarrollado con la ayuda de Hensley, Segal and Rentschler, una empresa de comunicaciones de negocio a negocio. Hobart trabajó directamente con los periodistas de la prensa especializada para obtener, no colocación de producto, sino más bien «colocación de ideas». El tipo de artículos buscados eran los que tenían cabeceras del estilo de: «La guerra fría: la refrigeración inteligente arma a los restauradores contra las enfermedades provocadas por la comida en malas condiciones» (que aparecía en *Hotel Magazine*). Hobart también cambió su enfoque de los lanzamientos de nuevos productos, enfatizando cómo el producto ayudaba al cliente a tratar con los asuntos clave del negocio. Por ejemplo, el énfasis del Hobart Turbo Wash se dirigía menos a las boquillas rebajadas y más a cómo hacía más fácil un trabajo no deseado: fregar ollas y cacerolas, con el resultado de tener unos empleados de restaurante o de servicio de alimentación más felices.

Hobart también creó una revista para sus clientes llamada «Juicioso: Consejo condimentado para el profesional de la industria de la alimentación», que incluía artículos en profundidad según los estándares de la prensa, más que textos llenos de humo. Para promocionar este énfasis en las ferias sectoriales, el stand de Hobart tenía un Centro de Ideas donde la gente podía preguntar a expertos sobre los problemas que encontraban en sus negocios. Dentro de la organización, el mensaje de liderazgo quedaba reforzado en reuniones de departamento y de empresa y a través de circulares internas.

Otra forma por la que Hobart compartía su conocido asesoramiento era mediante conferencias en ferias industriales clave y en eventos como el Home Meal Replacement Summit y la National Conference of the Foodservice Consultants. Adicionalmente, la compañía ofrecía un amplio contenido de asuntos clave en su sitio de la Red, donde los visitantes podían encontrar documentos, preguntas y respuestas con expertos de la industria y otros materiales actualizados semanalmente. El contenido de Hobart estaba también estratégicamente situado en muchos otros sitios frecuentados por personas de la industria, con especiales elementos gráficos distribuidos ampliamente.

* *Fuente:* Gracias a Steve Kissing, de Hensley, Segal and Rentschler, quien propuso este ejemplo de una idea conductora y proporcionó los detalles.

EL MODELO DE RELACIÓN DEL NEGOCIO

Las organizaciones son clientes, también, pero el modelo de relación del cliente necesita ser adaptado para convertirse en un modelo organizacional. Al igual que la gente, las organizaciones tienen valores y creencias que son centrales para su ser. Los otros dos lados del triángulo del autoconcepto del cliente en el modelo de relación (figura 9.2) necesitan ser sustituidos, sin embargo, por la misión organizativa y los asuntos y problemas organizativos.

Valores y creencias

Los valores organizativos, sin duda, tienden a tener su propio sabor. El activismo social es importante para The Body Shop, mientras los intereses en las artes y las obras de caridad son las principales prioridades para otras firmas. Hewlett-Packard tiene un interés especial en los empleados y su realización personal y profesional. Chevron se preocupa por el entorno. La empresa 3M fomenta la innovación de varias formas.

Misión organizativa

Cada organización tiene una misión o una actividad definitoria. General Motors diseña, fabrica y distribuye coches. Xerox es una compañía de documentos digitales. Disney hace feliz a la gente. Una misión es importante para las compañías, no sólo funcionalmente, sino también emocionalmente; es aquello que las sociedades son. Una marca buscando una relación con una organización debería lograr una misión ampliamente definida. Por ejemplo, un proveedor de GM podría conectar mediante la implicación en carreteras, seguridad del automóvil o carreras. La marca proveedora demostraría así una pasión compartida por el automóvil y su posición en la sociedad.

Asuntos y problemas organizativos

Cada organización tiene asuntos y problemas, así como un conjunto de activos que se desarrollan y se dirigen a resolverlos. Hobart, descrito previamente, es un ejemplo de cómo estos asuntos organizativos se convirtieron en una idea conductora. La compañía se preguntó simplemente a sí misma cuáles eran los problemas que sus clientes debían afrontar, con objeto de actuar con éxito y convertirse en un consultor con autoridad sobre estos problemas.

Herramientas para la construcción de marcas

Sea el objetivo aumentar la visibilidad, construir asociaciones o crear relaciones profundas, ¿cómo edificar un conjunto de planes de construcción de marcas alrededor de una idea conductora? Históricamente, la piedra angular de la mayoría de esfuerzos de construcción de marcas ha sido el uso eficaz de la publicidad en medios. Sin embargo, la presunción de que la construcción exitosa de marcas consiste en encontrar una buena agencia, motivarla para crear una gran publicidad y hacer una campaña importante se está volviendo rápidamente obsoleta. Delegar la construcción de la marca a una agencia que (a pesar de las afirmaciones en sentido contrario) tendrá una fuerte tendencia a crear anuncios, ya no es la receta para un éxito de creación de marca, si alguna vez lo fue.

No hay duda de que la publicidad en medios puede ser una herramienta poderosa, especialmente cuando se desarrolla una campaña verdaderamente importante, como la de «¿Tiene leche?», y es probable que continúe llevándose la parte más importante de las inversiones en construcción de marca. Sin embargo, la publicidad en medios tiene varios problemas y limitaciones, que hacen importante no olvidar una creciente lista de alternativas.

La publicidad en medios se está haciendo progresivamente fragmentada debido al crecimiento de revistas y periódicos de nicho y a la explosión de cadenas de televisión especializadas. Esto ha sido un avance, porque ahora es más fácil alcanzar audiencias objetivo en contextos que son, a menudo, amistosos con la marca. Sin embargo, esto también significa que las economías de escala previamente asociadas con la publicidad en medios son más difíciles de conseguir, dado que muchos más anuncios se deben distribuir entre diferentes soportes para alcanzar a la misma cantidad de gente. Además, dado que menos recursos y talento están generando demasiados anuncios, es más difícil conseguir el resultado necesario.

El simple volumen de la confusión, provocado en parte por anuncios más cortos en los medios de comunicación, puede suponer una pérdida de miembros de la audiencia. Los estudios de mercado sugieren que los consumidores son escépticos respecto a la publicidad. Un estudio de consumidores demostró que sólo el 16% de las personas en Gran Bretaña admitía que prestaban atención a los cortes publicitarios, un 65% ya no confiaban en los anuncios de televisión y uno de cada tres decía que toda la publicidad le molestaba o le irritaba[4]. A pesar de que el sesgo de las respuestas probablemente hinchaba estos números, es importante pensar que la publicidad es ignorada por el 84% de los clientes y que sólo un tercio encuentra que vale la pena y que no molesta.

Una especial preocupación para los constructores de marca es el hecho de que la publicidad en medios, para la mayoría, es un vehículo pasivo, al que le falta la intensidad de conexión que sí es posible con vehículos alternativos que pueden ser más experimentales e implicantes. Así, el potencial de generar una relación profunda con los clientes a través de la publicidad es relativamente pequeño.

Afortunadamente, la publicidad en medios no necesita ser la herramienta de construcción de marcas dominante, ni siquiera la principal. Las marcas poderosas se han estado construyendo con otras herramientas que desempeñan papeles clave, incluyendo la Red, los patrocinios, las promociones de construcción de marcas, los muestreos, las vallas y otros elementos visuales, el márketing directo, las tiendas bandera, los clubes de clientes, los planes de servicio público con marca (como el Ronald McDonald House), los escaparates y el material punto de venta (y ésta es, desde luego, una lista parcial). Recuérdese el Adidas Streetball Challenge, la tienda NikeTown, la *publicity* de Virgin y el patrocinio por parte de MasterCard de la Copa del Mundo. El reto consiste en acceder a herramientas en una organización que se pueda sentir incómoda con ir más allá de la publicidad, en parte por la falta de experiencia interna.

Construir marcas: algunos modelos de papeles de Europa

Este capítulo presenta varios modelos de papeles para la construcción de marcas más allá de la publicidad que representan, a su manera, una aptitud creativa. Estos modelos de papeles se originan en Europa, en parte porque en ella la publicidad tiene limitaciones institucionales significativas y, por ello, destacan más los enfoques alternativos de construcción de marcas. Después de haber analizado estos modelos de papel, propondremos algunas guías para la construcción de marcas, aprendiendo de las lecciones de estos casos de estudio y de los analizados en los tres capítulos precedentes.

La historia de Maggi

Julius Maggi fundó Maggi hace más de 100 años, cuando desarrolló la primera sopa deshidratada. Su objetivo era proporcionar comidas nutritivas y sabrosas para las mujeres de clase trabajadora que no tenían el tiempo y el dinero para preparar comidas adecuadas hechas en casa. Algunos años más tarde, inventó el condimento líquido (mostrado en la figura 9.4), que iba a convertirse en el producto clave de Maggi. Su botella diferenciada se hizo tan conocida en la Europa de habla alemana como la botella de Coca-Cola para los norteamericanos; el condimento líquido de Maggi proporcionó el ingrediente secreto para muchas recetas que motivaban la felicitación por la calidad de la preparación. Nestlé adquirió Maggi después de la Segunda Guerra Mundial.

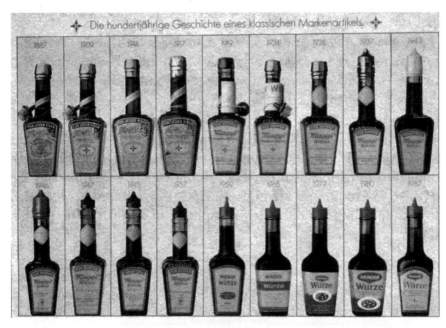

FIGURA 9.4
100 años del condimento líquido de Maggi

Al ver que su base de clientes estaba envejeciendo entre los años ochenta y noventa, Maggi se dirigió a la generación más joven con productos para preparar comidas, alimentos precocinados y aperitivos congelados, así como productos étnicos y para niños. Estas iniciativas fueron coherentes con la herencia de Maggi, la esencia de marca de ser el mejor amigo de su cliente en la cocina, y con los siguientes elementos de la identidad base de Maggi.

—*Asociación:* Ser el socio en la cocina en el momento de proporcionar ideas, métodos y productos para preparar aperitivos y comidas sabrosos, rápidos, nutritivos y accesibles.

—*Innovación:* Abrir continuamente nuevos caminos relativos a la conveniencia y al sabor.

La publicidad en medios (que se enfoca en lo que la marca puede hacer por el consumidor o en lo que hace nuevo, diferente o deseable al producto) continúa desempeñando un papel en apoyar la marca Maggi en Alemania, el mercado más importante. Sin embargo, el plan de construcción de marca más importante en Alemania en términos de inversión e impacto está basado en el concepto de Maggi Kochstudio («centro de cocina»). Esta idea conductora de Maggi, por su parte, estaba inspirada en el punto dulce del cliente: la pasión por cocinar.

El Kochstudio original, creado en 1959 en la central de Maggi en Frankfurt, se usa ahora básicamente para filmar anuncios que implican demostraciones de uso de producto. Sin embargo, las continuas solicitudes de los consumidores para visitar esta instalación motivaron que Maggi extendiera el concepto del Kochstudio a otros vehículos de comunicación. A lo largo de los años, ha evolucionado hacia una amplia expresión de asociacionismo con el consumidor. Actualmente hay siete amplios planes de construcción de marca relacionados con la marca Kochstudio, además del estudio de televisión original (ver figura 9.5). Cada uno proporciona una contribución única, y el efecto total es una sinfonía de apoyo a la marca Maggi.

FIGURA 9.5

El Kochstudio de Maggi: alrededor del cliente

La línea caliente del Kochstudio

Apoyando a los fieles que han estado implicados a través de uno de los puntos de contacto de Maggi, la línea caliente del Kochstudio proporciona un vehículo a los consumidores para hacer preguntas y sugerencias. El personal de la línea caliente responde a una media de 150 preguntas telefónicas y a 70 cartas por día. El análisis de estas interacciones se comparte con otras divisiones relevantes de Maggi, especialmente Investigación y Desarrollo.

Clubes de cocina

En 1992, Maggi estableció un Kochstudio Club que ha crecido hasta 400.000 miembros (representando el 0,5% de la población alemana) y tiene su propia revista de club que se imprime tres veces al año. En mayo de 1996, Maggi empezó también a animar a los clientes a empezar sus propios clubes de cocina locales, bajo la égida del Kochstudio; en pocos años había más de 400 de tales clubes, apoyados por una publicación, *Topfgucker* (El observador de la olla), así como por portavoces.

CD-ROM

El CD-ROM de Maggi Kochstudio, titulado «Cocinar de forma divertida», contiene 300 recetas, una enciclopedia de términos culinarios, música, un vídeo y servicios de alto valor para el usuario. Se presentan más de 150 platos con acompañamiento musical, y en la mayoría se proporciona información nutricional. Una función de búsqueda encuentra recetas que mezclan ingredientes que el cliente tiene a mano.

La tienda buque insignia

La tienda de 2.000 pies cuadrados en Frankfurt fue creada en 1996. Conocida como la Maggi Kochstudio Treff (*Treff* significa un lugar popular para encontrarse y socializar), tiene una sección que muestra productos de Maggi y una parafernalia de artículos como preparadores de comida, envases de condimentos, delantales, libros de cocina y expendedores de perfume con la forma de la famosa botella marrón de Maggi.

La tienda también tiene dos cocinas. En la Cocina de Muestras, localizada en la parte frontal de la tienda, los visitantes pueden mirar e interactuar con el personal que cocina con productos Maggi, obtener una muestra de los resultados y asimismo una tarjeta con el contenido de la receta. En la Cocina de la Experiencia se ofrecen clases diarias de cocina, en las cuales los participantes preparan y disfrutan de las comidas, se ofrecen cursos especiales para principiantes, diabéticos y niños. Cada día se emite una clase en vivo en el sitio de la Red de Maggi, y cada semana «Cocina en vivo» (una emisión de radio en directo) permite a la audiencia hablar sobre cocina y asuntos de nutrición con el personal de Maggi. La publicidad regional, incluyendo vallas, ayuda a construir el tráfico en la tienda.

Eventos

Maggi añade energía y emoción hacia la marca en eventos como la celebración del centenario en 1997, donde 1.000 participantes especiales fueron invitados a un banquete de celebridades en Frankfurt. Estos participantes lo hicieron, no sentándose a comer, sino de pie cocinando en una de las 800 cocinas que se proporcionaron. El evento consiguió aparecer en el *Libro de récords mundiales* de Guinness como la mayor demostración de cocina del mundo, con la consecuencia de una considerable *publicity* para Maggi y una noche memorable y divertida para los participantes.

Stands de demostración

Los stands de Maggi Kochstudio en los supermercados suministran información sobre cocina y nutrición mediante sistema de pantalla táctil. Según el interés se imprimen recetas incluyendo productos de Maggi. Los stands tienen detectores de movimiento que saludan a los clientes que pasan por delante: «Hola, soy Maggi Kochstudio». El stand también permite ver a los clientes una antigua película publicitaria de Maggi de 1936 y pedir reimpresiones de anuncios clásicos de Maggi.

El sitio en la Red

El sitio de Maggi en la Red también está construido alrededor del concepto del Kochstudio. La página de entrada saluda a los visitantes con estas palabras: «Bienvenido al Kochstudio de Maggi. Para nosotros, cocinar es más que sólo la preparación de la comida. ¡Para nosotros, cocinar es divertido! ¡Y queremos compartir esta diversión con usted! Existen una variedad de foros para visitantes para comunicarse entre ellos y con Maggi. Hay competiciones de recetas, un boletín, emisiones en vivo de clases de cocina en la tienda buque insignia, un lugar para asociarse al Kochstudio Club, una tienda *online*, un centro de respuesta de correo electrónico, e información sobre nutrición, productos Maggi, cocina y entretenimiento.

El plan del Maggi Kochstudio es el vehículo por el cual Maggi sigue el camino de la asociación, no sólo dando al cliente las herramientas para cocinar bien, sino también mostrando cómo usarlas. Soporta la identidad base haciendo de Maggi mucho más que un conjunto de productos. Haciendo esto, diferencia a Maggi de sus competidores.

Swatch: el maestro de la *publicity*

Swatch, lanzado en 1983, ha demostrado que un reloj puede estar en primera línea del estilo y ser una obra de arte de Suiza y, al mismo tiempo, ser simpático, joven, provocativo y divertido. En el momento de comunicar esta identidad de marca, Swatch ha confiado en parte en la *publicity* obtenida de su habilidad, de los patrocinios objetivo y de una línea de productos dinámica. La idea conductora se basó en la definición de la personalidad de la marca de ser diferente, incluso extravagante, optimista y con estilo. Para el lanzamiento en Alemania, España y Japón, la compañía colgó relojes gigantes de un rascacielos en una ciudad. En Frankfurt, en el reloj de 165 metros se decía «Suizo, Swatch, DM 60». Esta habilidad atrajo la atención de la prensa y de la audiencia objetivo.

Swatch también patrocinó la Copa del Mundo de Esquí de Estilo Libre en Breckenridge, el Primer Campeonato Internacional de Breakdancing en el Roxy, la «Alternative Miss World Show» de Andrew Logan, pintura callejera en París, el tour del Museo de Historia No Natural y la exposición en Bruselas «L'heure est à l'art». Para Swatch, esta forma alternativa de comunicación en medios se ha convertido en el mensaje y en una parte integral de la marca Swatch. Realmente, han definido el estilo de vida Swatch: un mundo de actitudes y valores compartidos por Swatch y sus clientes.

Una dinámica línea de productos ha ayudado a crear interés y atención en Swatch. Varias veces por año, Swatch lanza nuevas colecciones de relojes. Algunas, como los relojes deportivos de tendencia, implican reales innovaciones de producto, pero la mayoría están guiadas por la moda. Swatch se ha convertido en un patrocinador activo y apoya el movimiento de la cultura pop, que incluye diseñadores y artistas distinguidos, como Keith Haring, Alessandro Mendini, Kiki Picasso y Pierre Alechinsky. Cada nuevo reloj ha sido más excéntrico, más extravagante, más excitante. Además, eventos como el cometa Halley, la perestroika, la apertura de la Europa del Este la Cumbre Mundial sobre la Tierra han sido conmemorados con una colección de relojes.

Maggi ha conseguido una relación profunda con un conjunto de clientes, entrando en su punto dulce. Este grupo de clientes valora la comida y la cocina, invierte tiempo en ello, y posee una variedad de equipos de cocina que expresan su amor por cocinar. Maggi conecta con ellos siendo un socio y ayudándoles a destacar, proporcionando además beneficios emocionales y autoexpresivos significativos. De acuerdo con un estudio de panel de GFK, en 1998 Maggi fue la marca de productos envasados con la más amplia aceptación de consumidores en Alemania, con un 87% de consumidores comprando y usando productos Maggi regularmente. Este extraordinario resultado se puede atribuir en gran parte al plan del Maggi Kochstudio.

La historia de Häagen-Dazs

Grand Met lanzó Häagen Dazs en Europa en 1989 en una situación de recesión económica, con una categoría estancada y una competencia establecida. Unilever, Nestlé, Mars y una gran cantidad de pequeños pero importantes fabricantes locales de helados (como Scholler en Alemania, Mövenpick en Suiza y Sagit en Italia) hacían mucha publicidad, tenían un alto reconocimiento y controlaban el limitado espacio de congelador de los supermercados europeos. Las poderosas marcas privadas tenían más del 40% del mercado del consumo en casa en algunos países. Además, Grand Met sólo tenía una pequeña cartera de productos y poca presencia en los canales europeos de alimentación.

El producto de Häagen-Dazs era más denso, más cremoso y más caro que el de su competencia: del 30 al 40% más caro que sus competidores más directos, y unas nueve veces más caro que los productos de precio más bajo. Orientado al consumidor sofisticado, adulto y de poder adquisitivo alto, Grand Met lo posicionó como un capricho sensual y de alto nivel que se podía disfrutar todo el año; este posicionamiento se convirtió en la idea conductora de Häagen-Dazs. El ficticio nombre de marca escandinavo evocaba imágenes de naturaleza y de frescor entre los europeos, que se combinaba bien con los atributos clave de producto de un helado.

La forma convencional de introducir un nuevo producto como Häagen-Dazs es actuar con un gran esfuerzo publicitario. Pero Grand Met tomó una ruta diferente, abriendo varios lujosos puntos de venta en destacadas y ricas zonas europeas con intenso tráfico peatonal (ver figura 9.6). Las tiendas tipo café creaban una atmósfera de exclusivi-

FIGURA 9.6
Frontal de la tienda de Häagen-Dazs

dad, calidad, limpieza y naturalidad (muy distinta de las frías tiendas de helados que Häagen-Dazs abrió en Estados Unidos). Con su alta exposición y tráfico, las tiendas se apoyaron en un agresivo plan de muestras; los peatones encontraban a Häagen-Dazs en un entorno que motivaba una experiencia positiva, incluso memorable.

El plan de muestreo también estaba relacionado con eventos culturales patrocinados bajo el tema «Häagen-Dazs: dedicado al placer, dedicado a las artes», y las asociaciones añadidas reforzaron la imagen de la marca.

El patrocinio de varias representaciones de ópera, por ejemplo, aseguró que Häagen-Dazs se viera y probara en los lugares adecuados y por las personas adecuadas. En la vanguardista producción de *Don Giovanni* por parte de la Opera Factory se hizo un ligero cambio en el desarrollo de la obra: don Juan pedía un sorbete, pero recibía en su lugar un helado de Häagen-Dazs. El resultado fue una fuerte *publicity* gratuita.

La experiencia de marca como idea conductora*

La idea conductora en Disneyland, Starbucks y Nordstrom es la experiencia funcional y emocional total proporcionada por la marca. El establecimiento de la experiencia y los colores, olores y otras sensaciones relacionadas con ello ayudan a crear y reforzar las asociaciones. A continuación se exponen algunas orientaciones para construir una experiencia de marca poderosa:

—*Implique a los clientes activamente.* La gente aprende más de la implicación activa que de la observación pasiva. Para atraer a los clientes a un contacto directo con la marca, Häagen-Dazs ofrece muestras de producto en sus puntos de venta de helados. Los torneos de tenis y de golf patrocinados por BMW incluyen oportunidades de tests de conducción, y los equipos que compiten en el Adidas Streetball Challenge están equipados con zapatillas y prendas de Adidas.

—*Apele a todos los sentidos.* Una experiencia de marca que estimule consistentemente la vista, el oído, el olfato, el gusto y el tacto de un consumidor es más memorable que una experiencia que apele sólo a dos o tres sentidos. Un anuncio de radio, por ejemplo, implica sólo el sentido del oído del cliente. Contrariamente, las tiendas del fabricante de camisas Thomas Pink utilizan el aroma del lino para reforzar las asociaciones de frescor; esta llamada al sentido del olfato se combina con la visión y la sensación de las propias prendas.

—*Apoye la experiencia con elementos relacionados con la marca.* Para relacionar una experiencia memorable con la marca, cree elementos contextuales que subrayen la posición de la marca. La suela transparente de una zapatilla Air Jordan de Nike, por ejemplo, refuerza visualmente la asociación de rendimiento de la bolsa rellena de aire. El color también puede afectar a la experiencia de marca: un aceite de motor en un envase de platino u oro sugiere una mayor calidad que si el envase es azul o negro. La ausencia de árbitros durante los juegos del Adidas Streetball Challenge ayuda a definir la experiencia, sugiriendo que el juego limpio es la norma.

—*Extienda la experiencia a través de múltiples puntos de contacto.* Casi cualquier experiencia contiene varios posibles caminos para dar forma a las percepciones del cliente. La forma, características de la superficie y el color de un producto, por ejemplo, pueden afectar a la experiencia de usarlo. De forma parecida, el mensaje contenido en la publicidad o el material punto de venta pueden crear o reforzar beneficios emocionales.

* Para más detalles sobre la experiencia de marca como idea conductora, ver *Konsumentenverhalten*, de Werner KROEBER-RIEL y Peter WEINBERG (Vahlen, Munich, 1996); *Erlebnismarketing*, de Peter WEINBERG (Vahlen, Munich, 1992); *Marketing aesthetics*, de Berndt SCHMITT y Alex SIMONSON (The Free Press, Nueva York, 1997); «Welcome to the experience economy», de Joseph PINE II y James H. GILMORE, *Harvard Business Review*, julio-agosto de 1998, págs. 97-105; y *Experiential marketing*, de Bernd SCHMITT (The Free Press, Nueva York, 1999).

Häagen-Dazs también obtuvo espacio en hoteles y restaurantes de calidad, vendiendo sólo a aquellos que usaran el nombre de Häagen-Dazs en el menú. El plan estaba apoyado por una promoción en la que los clientes que compraban un caja de helados Häagen-Dazs recibían un vale que les ofrecía una comida para dos a un precio reducido en los restaurantes participantes. Esta exposición aumentaba la imagen exclusiva y de alto nivel que la marca quería. Cuando Häagen-Dazs fue a los supermercados, tiendas de conveniencia y similares, proporcionó congeladores con el frontal de vidrio y con el nombre de la marca, diseñados para mostrar toda la variedad de sus sabores. Estos congeladores distinguieron a Häagen-Dazs de los otros helados, que sólo se podían encontrar en los congeladores del detallista con todo tipo de productos y a menudo con una escasa selección.

La introducción también implicaba una campaña de publicidad en medios con un presupuesto relativamente bajo, usando anuncios en blanco y negro inspirados por la sensual película americana *Nueve semanas y media*. Esta publicidad en medios estaba apoyada por la creación de un CD musical basado en los anuncios, que se vendió en más de 4.000 tiendas de música y de alimentación.

El esfuerzo de construcción de marca tuvo éxito de varias formas. Los puntos de venta generaron un gran tráfico de peatones; por ejemplo, el de Londres en Leicester Square vendió más de 50.000 unidades de helados en sólo una semana durante el primer verano. Más de 4.000 detallistas europeos incorporaron los congeladores con la marca Häagen-Dazs en sus tiendas. Con un presupuesto publicitario bajo, de sólo alrededor de un millón de dólares, el reconocimiento de marca en el Reino Unido llegó a aproximadamente un 50% en pocos meses. Las ventas europeas de Häagen-Dazs pasaron de 10 millones de dólares a 180 millones en sólo cinco años, y poco más tarde tenía un tercio del mercado de helados de precio alto, incluso manteniendo un precio netamente superior a las marcas imitadoras emergentes.

La historia de FlowTex

FlowTex trajo a Europa en el año 1986 la instalación sin zanjas mediante una perforación horizontal de aplicaciones de colocación de tuberías y cables, para uso en empresas públicas, gobiernos locales y otros mercados de la administración privada y pública. La tecnología tiene ventajas significativas: dado que los cables y las tuberías se pueden colocar sin hacer zanjas, el proceso ahorra tiempo y dinero. Los beneficios para la gente que vive en las proximidades de los lugares donde se hacen las instalaciones incluyen pocos inconvenientes para el tráfico y poco ruido de la construcción, más la preservación de la vida salvaje y de las plantas, dado que no hay que cortar árboles o hacer agujeros.

En un negocio que ha visto pocas grandes invenciones, FlowTex destaca. En la industria, se ha hecho conocido por su enfoque, inusual pero eficaz, para la solución de difíciles problemas de ingeniería civil. FlowTex es la única empresa de perforación horizontal integrada verticalmente que no sólo diseña y desarrolla su tecnología, sino que también la aplica en proyectos de instalación a pequeña y gran escala. La innovación, la persistencia y la pasión por el trabajo se han convertido en el orgullo de la empresa y han definido su cultura.

A principios de los años noventa, el *management* creyó que varios factores estaban amenazando el crecimiento de la empresa. En primer lugar, empresas contratistas locales habían comprado una tecnología similar y estaban ofreciendo instalaciones sin zanjas como parte de sus servicios de ingeniería civil más amplios. En segundo lugar, la mayoría de tomadores de decisión seguían prefiriendo excavar zanjas, un método probado y experimentado desde los tiempos de los romanos. A pesar de sus muchas ventajas, probar algo nuevo era todavía arriesgado. En tercer lugar, FlowTex se percibía progresivamente como una tecnología de nicho usada sólo en ciertas situaciones especiales, como la preservación de un monumento histórico.

El *management* necesitaba una forma de comunicar efectivamente los beneficios de la tecnología de FlowTex a los decisores de las administraciones públicas. Empezó buscando el punto dulce de estos decisores, y encontró uno: los directores de servicios públicos y de la administración están progresivamente controlados por la opinión pública y supervisados por grupos de consumidores que son influyentes en Europa. Está presión era el punto dulce.

FlowTex podía ayudar a estos decisores a responder a las preocupaciones de los ciudadanos y los consumidores respecto a los inconvenientes de la construcción y de los daños al entorno. ¡No más zanjas! El enfoque de FlowTex podía ayudar a los administradores y a los servicios públicos a ser percibidos, a la vez, como deseosos de dar respuestas a los consumidores y como progresistas. Sólo había un gran problema: FlowTex era una pequeña empresa que los consumidores no conocían. Por ello, el *management* decidió cambiar esta situación.

La idea conductora fue construir la marca FlowTex comunicando al gran público los beneficios para el consumidor de su tecnología. Sin embargo, para hacer eficaz la apelación al consumidor, FlowTex necesitaba ofrecer algo más que simplemente «una charla tecnológica» en la que los consumidores no estarían interesados o no comprenderían. FlowTex decidió entonces mostrar su personalidad única y la cultura de la empresa.

La estrategia se consideró no sólo inusual, sino también arriesgada. Las empresas de ingeniería nunca habían invertido agresivamente en construcción de marcas, y los contratistas nunca habían intentado influir en las autoridades públicas mediante la comunicación directa con los consumidores. Muchos creyeron que las inversiones de FlowTex serían como tirar el dinero y que las autoridades públicas no reaccionarían favorablemente. Además, como proveedor relativamente pequeño y especializado, FlowTex no estaba en la mejor posición para aumentar su comunicación. La empresa también había crecido tan rápidamente que había tenido poco tiempo para definir su identidad de marca.

Sin embargo, FlowTex decidió seguir adelante. En primer lugar, definió su identidad de marca: FlowTex sería conocida por su enfoque no convencional pero efectivo de resolver problemas de ingeniería civil. La expresión y la articulación de su cultura de empresa única (los valores y creencias de los fundadores, así como lo que los empleados llamaban satisfechos «el olor de por aquí») se consideraron claves. FlowTex tenía una personalidad de marca única; combinaba la competencia y la disciplina requeridas en trabajos de ingeniería difíciles con una forma de hacer las cosas comprometida, enérgica, joven, divertida y con humor en una pequeña empresa privada.

A continuación, la empresa tuvo que encontrar una manera simple de comunicar su tecnología básica. El primer paso fue desarrollar una representación visual de la marca. Se escogieron los colores azul y blanco para mostrar el nombre de la marca, porque el azul era consistente con las asociaciones de alta tecnología que FlowTex quería representar y el blanco reforzaba las asociaciones de limpieza, un beneficio clave para el consumidor. El logo de la marca en letra cursiva y la flecha curva debajo del mismo intentaban comunicar las asociaciones de flujo y movimiento. En apoyo de la gráfica de la marca, el eslogan «Contemplación-Instalación» enfatizaba que FlowTex se implicaría en el proceso total, desde la planificación hasta el resultado final; era no sólo vender el *hardware*.

Otro gráfico de la marca era la viñeta de la casa y el árbol mostrada en la figura 9.7, que ilustra cómo FlowTex excava debajo de una casa sin molestar a la naturaleza ni a los edificios existentes. Este gráfico fue usado en todas las comunicaciones como un elemento simple pero eficaz para mostrar los beneficios funcionales de la tecnología de excavación horizontal de FlowTex. Fue una manera brillante de contar una historia que podría provocar confusión o aburrimiento.

Contemplation – Installation.

FIGURA 9.7
Gráficos de la marca FlowTex

También se desarrolló un poderoso plan de construcción de marca a cinco años, iniciado con una campaña en medios gráficos en revistas económicas y generales, seguido por una pequeña campaña de televisión para crear visibilidad. Las campañas mostraban los beneficios de las instalaciones sin zanjas para el público en general, en un formato de estilo de vida ligero y con humor. Dado que este enfoque directo al consumidor fue considerado no convencional, también reforzó las asociaciones de innovación de la marca FlowTex.

Otra innovación clave fue el fuerte uso de varios planes de construcción de marca alternativos para dirigirse a los decisores en los ayuntamientos, servicios y administración públicos. Cada plan se realizó alrededor de un tema específico relevante para un segmento objetivo reducido: aplicaciones a tecnología medioambiental, problemas específicos de cableado en el mercado eléctrico, etc. Para cada tema, se desarrollaba un plan de construcción de marca integrado para múltiples audiencias, reflejando las muchas influencias que afectan a la decisión de adoptar la tecnología de FlowTex.

Cada plan de construcción de marca fue planificado y ordenado cuidadosamente, empezando con una campaña de correo directo (material impreso, un vídeo o un CD-ROM), invitaciones a un simposio en una gran ciudad que se concentrara en el tema específico, y relaciones públicas y esfuerzos promocionales. El esfuerzo fue apoyado a continuación por secciones específicas del sitio de la empresa en la Red. Los decisores eran invitados a visitar el sitio. Poco después de la recepción del primer correo directo, un cliente era contactado también por un ingeniero de ventas de FlowTex. Estas acciones específicas estaban relacionadas con la campaña de prensa de FlowTex mediante el uso de los mismos temas y visuales en todos los enfoques de construcción de marca. Además, se proporcionaba visibilidad a través de las apariciones en ferias sectoriales y los patrocinios por parte de FlowTex de los torneos de tenis de la ATP. Las ferias sectoriales se

> **El parque temático de Cadbury**
>
> El fabricante de confitería Cadbury lanzó Cadbury World a principios de los años noventa. Los visitantes a la antigua fábrica (ahora convertida en museo, parque temático y tienda de eventos relacionados con el chocolate) en Birmingham son recibidos por un sacerdote indio de la jungla del Yucatán esgrimiendo un cuchillo. Empiezan un viaje de dos horas y media a través de la historia del chocolate, mostrando leyendas como la de Hernán Cortés y el rey azteca Moctezuma. El visitante aprende sobre la historia y el origen del coco y del chocolate, y cómo Cadbury empezó con una tienda de ultramarinos en 1824 y creció desarrollando lazos comerciales a través del Imperio Británico. Cuando la historia del chocolate y de Cadbury se unen, Cadbury aparece posicionado como la autoridad en chocolates de calidad.
>
> Más importantes, sin embargo, son los cientos de oportunidades para probar las varias marcas de la extensa colección de chocolates de Cadbury de forma gratuita, animando experiencias directas de construcción de marcas con el chocolate Cadbury y apoyando el eslogan de Cadbury «El chocolate: El sabor». Cadbury World es similar a otras marcas europeas que han abierto las puertas de sus empresas al público, como la visita a la fábrica de Nestlé en Suiza y las muchas visitas a viñedos y fábricas de cerveza. Una diferencia clave es que Cadbury World es realmente rentable, dado que cobra por la visita y, sin embargo, recibe alrededor de medio millón de visitantes cada año.

convirtieron en un espectáculo de demostración de producto así como una manera de demostrar la manera como FlowTex trabaja, su cultura y la personalidad valiente y juvenil de la empresa y de su gente.

Este esfuerzo de construcción de marca de cinco años fue altamente exitoso para FlowTex. La comunicación directa con los consumidores evitó la confusión y estableció indirectamente asociaciones de audacia, creatividad y apertura a ideas nuevas que se han convertido en parte de la cultura de FlowTex. Un elemento clave de éxito fue el equilibrio de los mensajes cortos en revistas de ingeniería especializadas con el enfoque más amplio para alcanzar el mercado secundario, los consumidores finales. No obstante, quizás el factor más importante fue el uso de múltiples enfoques de construcción de marca que se dirigieron claramente a los decisores en servicios públicos y en la administración rural, municipal y estatal a través de iniciativas temáticas. Los enfoques múltiples rodearon eficazmente a estos decisores, como los defensas de baloncesto haciendo presión en toda la cancha. Desde entonces, FlowTex ha sido conocido como el McDonald's de la perforación horizontal, debido a que ha apalancado con éxito su plan de construcción de marca en un sistema de franquicia amplio y rápidamente creciente en toda Europa.

LA HISTORIA DEL FORD GALAXY

El Ford Galaxy fue lanzado a finales de 1995 en el mercado muy pequeño pero con un buen crecimiento de los vehículos multiuso. El Galaxy, el Volkswagen Sharan y el Seat Alhambra eran tres automóviles idénticos producidos en Portugal en una *joint venture* entre Ford y Volkswagen. Estos vehículos, que eran elegantes para su categoría, recibieron altas valoraciones en confort y manejabilidad y ganaron varios premios en Europa. El reto inicial de Ford fue introducir el Galaxy en el Reino Unido, el mayor mercado extranjero de Ford. La introducción tuvo éxito debido a una estrategia de posicionamiento inteligente y a una agresiva campaña de márketing directo dirigida a que la gente se identificara con el vehículo.

Posicionamiento

Ford necesitaba posicionar el Galaxy con respecto a las marcas multiuso del momento (el Renault Espace y el Chrysler Voyager), ambas dirigidas a familias con niños. Estas marcas estaban posicionadas como vehículos con capacidad para llevar niños, perros y cualquier cosa necesaria para pícnics, vacaciones familiares y otras salidas. Los multiuso se habían hecho conocidos como vehículos que eran aburridos y funcionales, con poco estilo o personalidad: ideales para una persona muy normal.

Ford buscó salir de este estereotipo posicionando el Galaxy, no como una furgoneta, sino como un automóvil con un plus, un vehículo con el tamaño, las características y el estilo de un coche, pero con un interior mucho más espacioso. Así, se convirtió en un automóvil del segmento alto con beneficios funcionales y autoexpresivos para el *manager* muy ocupado. Esta imagen hizo al Galaxy totalmente apropiado para las compras de flotas, un segmento de mercado que Ford esperaba conseguir. (En el nivel de precios de esta categoría, alrededor de la mitad de automóviles vendidos son coches de empresa conducidos por empleados.) El posicionamiento se convirtió en una idea conductora. La metáfora del viaje en avión en primera clase, que invocaba asociaciones de confort, espacio y lujo, ayudó a cristalizar el concepto e incluso sugirió cómo se debía comunicar. La publicidad inicial mostraba a un ejecutivo aparentemente viajando en un avión con el confort de primera clase, una impresión aumentada por el uso de la música de un famoso anuncio de televisión de British Airways. Incluso cuando se revelaba que la persona viajaba a bordo del Ford Galaxy, las imágenes exteriores del coche a medida que viajaba por un espacio abierto (con las nubes en el cielo reflejándose perfectamente en la parte delantera) apoyaban la imaginería del avión y la asociación de ser espacioso. En la publicidad se utilizó la expresión «Viaje en primera clase». Un visual mostrando un coche que se desplaza hacia el Galaxy enfatizaba claramente que el Galaxy, con un chasis de las mismas dimensiones que un coche, no era la típica furgoneta grande y difícil de maniobrar. Los planes adicionales de visibilidad incluían el crear espacios de exposición de Galaxy en el aeropuerto de Heathrow y localizar quioscos con pantallas táctiles en lugares adecuados para personas en viajes de negocios.

Márketing directo y conducción de prueba

El márketing directo incluía una serie de *mailings* dirigidos a generar reconocimiento, desarrollar asociaciones y (algo más crítico) implicar a la gente. La base del esfuerzo de márketing directo fue una presentación previa enviada a 100.000 prospectos precalificados del Galaxy. Un *mailing,* en mayo de 1994, se destinó a aquellos que iban a comprar una furgoneta, para que retrasaran su compra; el resto de la presentación previa se envió en julio de 1995, poco antes del lanzamiento del Galaxy.

La creación y un cuidado activo de la base de datos personalizada de los prospectos fue crucial para el esfuerzo de márketing directo. Una variedad de fuentes incluía 80.000 visitantes a una gran exposición de automóviles, 50.000 visitas de prospectos a los concesionarios, 340.000 prospectos controlados a partir de un conjunto de bases de datos internas y externas (90.000 respondieron a un *mail*), 75.000 personas expuestas a una postal del Galaxy a través de envíos hechos por terceros, 3 millones de poseedores de tarjetas de bancos y 600.000 receptores del *Ford Magazine,* que obtuvieron gratis unas pruebas de conducción de un mes como parte de varias promociones «Gane un Galaxy».

Un esfuerzo separado, dirigido a gestores de flotas, incluía un *mailing* directo mostrando un análisis del coste total de poseer un Galaxy. Adicionalmente, 13.000 conductores de coches de empresa y 46.000 miembros del Ford Business Club (un selecto grupo de usuarios de Ford) recibieron una presentación previa.

Además del esfuerzo de márketing directo, se crearon otros varios planes para motivar una experiencia de conducción. Por ejemplo, un extenso plan de alquiler de vehículos, con 400 coches, permitió probar el coche a los gestores de flotas y a sus conductores. El Galaxy se mostró también en las principales ferias a las que asistían los gerentes de flotas; durante una de estas ferias, fue el vehículo utilizado para trasladar a los participantes desde la zona de párking. Así, prácticamente todos los gestores de flotas llegaron a conducir un Galaxy al menos una vez.

Con objeto de motivar las pruebas de conducción del Galaxy entre quienes compraban directamente de un detallista, Ford aprovechó su extensa red de concesionarios en el Reino Unido. Un programa daba generosas condiciones de demostración y de préstamo a los distribuidores. Otro animaba a los concesionarios a crear eventos y promociones alrededor de actividades e intereses específicos de sus clientes: concursos coloristas para niños, concursos de descubrir la diferencia, y un programa conjunto con la muy popular bicicleta de montaña Muddy Fox.

El Ford Galaxy sustituyó al Renault Espace como líder de su categoría en el Reino Unido poco después de su lanzamiento y creció rápidamente hasta alcanzar un 36% del mercado, siendo más de la mitad las ventas a empresas o compradores de flotas. La fuerza de la marca se reflejó en el reconocimiento y en la imagen, así como en las ventas. Al cabo de unos meses del lanzamiento, el Galaxy consiguió un recuerdo espontáneo del modelo del 72%, frente a un 85% del Espace. La campaña de lanzamiento del Galaxy también desarrolló asociaciones positivas con las dimensiones clave de atractivo/elegante y espacioso/acogedor.

La Connection de Ford

La publicidad y el márketing directo, incluso el márketing directo dirigido, son una comunicación en un sentido hacia consumidores pasivos. Ford ha creado un programa, usando Internet, que proporciona una manera muy diferente de comunicarse con los propietarios de vehículos de la marca; llamada la Ford Connection, conecta a Ford con sus concesionarios por correo electrónico con una amplia red propia. La Connection establece un diálogo regular y actualizado con sus clientes. A cambio de información de los clientes sobre ellos mismos y sus coches, Ford ofrece productos como seguros y servicios de valor añadido como eventos, promociones, días extra de alquiler o el paso gratuito a una categoría superior en los establecimientos de Hertz. Si el programa Connection se extendiera a una única tienda para todas las necesidades relacionadas con el transporte, podría ser potencialmente otra idea conductora para Ford.

La historia de Tango

Tango es una de las marcas de bebidas refrescantes de mayor éxito en Europa, en un mercado dominado por dos colas americanas. Tango es británico, divertido, gran sabor de fruta, con sentido del humor. Fue lanzado en 1981 y ahora es la tercera marca en el mercado de refrescos de fruta con gas. Lidera la categoría de refrescos con sabores, con un precio *premium* en un mercado altamente fragmentado e indiferenciado, y con una sólida participación del 12%.

Tango se dirige no sólo al consumidor británico joven, pero la juventud es su base. Su identidad de marca se basa en un gran sabor de fruta y una actitud y personalidad de ser inesperado, divertido, con humor, alocado, irónico e irreverente con un toque de realismo. En lo que concierne al beneficio funcional del sabor, está al nivel de otras marcas como Fanta, Orangina y Sunkist; en términos de actitudes, sin embargo, está en su propio mundo.

Construir una marca en una categoría que está fragmentada y ofrece relativamente pocas oportunidades para una mínima diferenciación alrededor del producto o de variables de márketing convencionales (como el envase o el precio) es una tarea difícil. Britvic, la empresa que posee Tango, pudo hacerlo enfatizando la estrecha relación de Tango con la vida urbana británica, tal como refleja un conjunto de valores y creencias compartidos por un gran segmento de los consumidores británicos. Estos valores y creencias (el sentido del humor británico, la búsqueda de la excitación y la diversión en la vida diaria) representan el punto dulce del consumidor que ha influido en la identidad de marca y en la estrategia de posicionamiento de Tango, y que ha proporcionado una diferenciación significativa de las marcas americanas competidoras de bebidas refrescantes.

La idea conductora fue jugar con la personalidad de Tango como una marca divertida y traviesa con un sentido del humor muy británico, un poco absurdo. Se lanzaron varias campañas exitosas de publicidad en medios entre 1992 y 1999. Un anuncio muy al principio enfatizaba los atributos de sabor de la marca, el «golpe» de las naranjas reales en la naranja de Tango, de una forma inesperada. El hombre de la naranja, el carácter de marca de Tango, se introducía con una expresión: «Usted sabe cuándo ha sido Tangoado» (que se refiere en parte a las bromas que los clientes hacen a los demás), que empezó a incorporarse al lenguaje inglés. Los anuncios mostraban ciudadanos aparentemente normales descubiertos en situaciones de uso de marca absurdas como ser chasqueado en la cara por un genio naranja usando un guante de cuero hinchado, por ejemplo, o consumir el producto y luego explotar. Una amplia selección de opciones de publicidad fuera de los medios apoyaron la marca, incluyendo promociones de ventas con ganadores de premios, campañas de respuesta directa, oportunidades de muestreo innovadoras, actividades de relaciones públicas y la presencia impactante en la Red.

Un esfuerzo de publicidad más reciente intentaba hacer de Tango la bebida gaseosa nacional, sustituyendo el icono nacional británico, el té, con Tango en los corazones y las mentes de sus consumidores (ver figura 9.8). Los anuncios transcurrían en escenarios clásicos donde los británicos siempre toman té, como la visita inesperada de alguien o un desacuerdo entre colegas o amigos. Tomando estas situaciones usando su propia marca de humor, y sustituyendo el té por Tango, la marca creó «momentos Tango», en lugar de estos tradicionales momentos de té.

FIGURA 9.8
La locura del márketing de Tango

Una promoción de verano de Tango es otro ejemplo del innovador enfoque de la marca. Tango, tal como los consumidores han llegado a esperar, tomó un enfoque totalmente diferente a cualquier otra marca en relación con la Copa del Mundo de 1998. Animó a los consumidores a quedarse en casa antes que ir a Francia (después de todo, ¿por qué iba a querer la gente de Gran Bretaña ir allí?) y les dio la posibilidad de ganar un «relicario» hogareño, compuesto de un televisor de pantalla grande, un proyector, un sofá hinchable, empanadas de carne, un juego de mesa de fútbol y una carretada de Tango.

Una parte importante del plan de construcción de marca de Tango es el sitio en la Red de Tango, que fue lanzado en 1996 y recibió varias actualizaciones. Invita a los visitantes a implicarse con la marca. Siga al Intrépido Explorador Gotan (el gordo hombre naranja de Tango) y pasee por la Red buscando sitios divertidos a lo largo del mundo. Es un elemento de búsqueda aleatorio que lleva a sitios como Pranks 101 (un sitio de consumidores de Tango que cuenta los chistes favoritos), Net.Games (el sitio más actual para juegos de Internet), bodas realmente divertidas (sugerencias para hacer del evento algo especial) y un sitio de bromas sugeridas para el Loco Abril, relativas a personalidades famosas. La sección del sitio de Tango trabaja como suministro de contenidos para guiar a los navegadores a lo largo de sitios que reflejen los valores de la marca Tango.

Otra sección consiste en un juego de Internet, actualizado cada semana, que requiere que el visitante haga navegar a Gotan a través de más de 30 peligrosos niveles. El objetivo del juego es hacer una perfecta copa de Tango. El juego implica al visitante en el mundo de Tango ganando puntos. Los ganadores semanales reciben tíckets, juegos de ordenador, vídeos o unas vacaciones gratis. Una liga de campeones selecciona entre los mejores de los ganadores semanales para premios mayores. Estos juegos son especialmente populares con el mercado objetivo base de Tango de consumidores entre 16 y 24 años, y proporcionan un incentivo para visitar regularmente el sitio de Tango.

Varios otros elementos de marca han reforzado la identidad de marca innovadora, inesperada y divertida de Tango. En 1992, el envase de Tango fue rediseñado con una diferenciada lata negra, la primera de su tipo. Otro diseño de envase continuó en 1999: un diseño gráfico en 3-D, otra vez el primero de su tipo. A lo largo de los años, Tango también ha creado significativas novedades de producto, añadiendo nuevos sabores: grosella negra, limón y manzana. Cada uno de los sabores recibió desde el principio una identidad de marca diferente. La manzana, por ejemplo, representaba la seducción. La propia lata expresaba la personalidad: Apple Tango mostraba unos labios verdes grandes tomados de una campaña previa de Apple con un concepto de seducción. El de limón, apoyado inicialmente por anuncios de euforia, tenía manchas no uniformes de puntos amarillos. El de naranja, que mantenía su extravagancia y su agresividad, se convirtió en una explosión, el «golpe» de las verdaderas naranjas, y el de grosella negra mostraba grosellas negras chisporroteando por la electricidad. Tango desarrolló entonces diferentes planes de construcción de marca apropiados para cada sabor. Estos planes se crearon para comunicar visualmente lo que sería la experiencia real de gusto de cada sabor.

Los esfuerzos de construcción de marca innovadores y a menudo no ortodoxos ayudaron a empujar las ventas de la marca. Más del 25% de consumidores británicos afirman consumir Tango. Junto con Nike y Levi's, está considerada como una de las marcas jóvenes más respetadas. En una reciente investigación que preguntaba a los consumidores británicos qué marcas representaban la nueva Gran Bretaña, Tango estaba entre las 10 primeras.

Construcción de marcas sin publicidad: algunas indicaciones

Basados en los casos acabados de analizar y en los otros muchos que se vieron en la parte IV, a continuación se exponen 10 indicaciones (resumidas en la figura 9.9) para ayudar a los que quieran ir más allá de la publicidad en medios para construir marcas.

1. CLARIFIQUE SU IDENTIDAD DE MARCA, PROPOSICIÓN DE VALOR Y POSICIÓN

La identidad de marca, con sus asociaciones aspiracionales, es la base de cualquier plan eficaz de construcción de marcas, especialmente cuando se usan múltiples enfoques. Una identidad de marca clara con profundidad y textura guiará a aquellos que diseñan e implementan los planes de comunicación, con objeto de que no envíen, sin darse cuenta, mensajes conflictivos o confusos. Desafortunadamente, muchas organizaciones no tienen una visión única y compartida de su identidad de marca. Por el contrario, se permite a la marca ir a la deriva, conducida por los objetivos tácticos de comunicación a menudo cambiantes de los *managers* de producto o de mercado. El éxito de marcas como Häagen-Dazs, Swatch y Ford se basó, sin embargo, en una clara identidad de marca. Tanto Nike como Adidas vieron crecer la eficacia de su construcción de marcas de forma significativa cuando revisaron y acotaron sus identidades de marca.

FIGURA 9.9
Construcción de marcas más allá de la publicidad

La proposición de valor y la posición de marca apoyan la identidad de marca. La proposición de valor indica los beneficios funcionales, emocionales y autoexpresivos que se deben crear o comunicar: éstos son los objetivos clave que deben conducir a una relación con el cliente. La posición de la marca prioriza el movimiento requerido para cambiar la imagen para encajar con la identidad de marca, que sirve como estrella polar. La posición de marca está, entonces, más enfocada.

2. ENCUENTRE EL PUNTO DULCE

Un plan de construcción de marca debería llevar a entender a los clientes en profundidad y a encontrar sus puntos dulces, aquellos elementos que son clave en sus vidas y autoconceptos. Encontrar un punto dulce y una manera de hacer de la marca una parte de él es la vía para una relación profunda y un grupo básico de consumidores leales comprometidos. La pasión de Maggi por la cocina fue el punto dulce para su grupo de leales. El esfuerzo de construcción de marca del «Just do it» de Nike ayudó a dar a los americanos la motivación para actuar, mantenerse en forma y dejar de ir postergando el programa de ejercicios. Este mensaje positivo para los clientes también estaba relacionado directamente con la identidad de marca de Nike. Hobart encontró un conjunto de problemas y preocupaciones del cliente que definieron un punto dulce organizativo, que fue usado después como la base para un plan de construcción de marca eficaz.

3. ENCUENTRE LA IDEA CONDUCTORA

Encuentre una idea conductora, un concepto que construya la marca, que suene a los consumidores y que se aleje de la confusión de la competencia. Esta idea conductora debería convertirse en un concepto central alrededor del cual se pudiera desarrollar un conjunto de planes coordinados de construcción de marca. La fuente de la idea conductora puede ser el cliente y un punto dulce identificado o puede ser la marca (quizás la personalidad, el símbolo o el propio producto). Para Maggi, fue el Kochstudio; para Adidas, el Streetball Challenge; para MasterCard, el patrocinio de la Copa del Mundo; para Hobart, ser un líder de pensamiento; y para Häagen-Dazs, el posicionamiento.

4. IMPLIQUE AL CLIENTE

Las relaciones se refuerzan cuando los participantes se comprometen e implican de forma activa. La investigación, por ejemplo, muestra que los consumidores valoran más la interacción inicial con una marca que la información subsiguiente[5]. Las marcas poderosas tocan al consumidor proporcionando una forma de probar o experimentar la marca. El Kochstudio Treff de Maggi, el Ford Galaxy, el aro de baloncesto de NikeTown, el Adidas Streetball Challenge y los puntos de venta europeos de Häagen-Dazs implicaban al cliente en una experiencia de uso; Cadbury World es, por definición, una experiencia de participación. Y los clubes como el de Swatch o el de Maggi son algunas de las formas más eficaces de implicar a los fieles. El club no sólo proporciona un lugar de participación, sino que también incluye al cliente en un grupo social completo con intereses, actividades y objetivos comunes.

5. RODEE AL CLIENTE

Rodee al cliente con un conjunto de planes de construcción de marca de refuerzo mutuo, tales como los de Maggi, Nike o MasterCard. Hay una tentación natural de gestionar separadamente el enfoque de construcción de marcas, pero la investigación en muchos contextos ha mostrado que muchos medios son sinérgicos, más que simplemente adicionales. Una razón es que un solo vehículo se puede gastar; otra es que cada uno llega al cliente desde una perspectiva diferente y se puede completar con los otros. Incluso puede haber más de un vehículo principal: Nike, por ejemplo, usa la publicidad en medios, el soporte a atletas importantes (como Michael Jordan) y las NikeTown.

6. OBJETIVO

La construcción de marcas necesita buscar como objetivo al cliente o al segmento para resonar; la mayoría de marcas empiezan a convertirse en difusas cuando la estrategia de segmentación se hace confusa. Sin embargo, se debe encontrar un equilibrio entre estar tan enfocado que a la marca le falte una visión amplia o estarlo tan poco que la marca no signifique nada. La solución, estudiada en el capítulo 2, es desarrollar posiciones (o incluso identidades) adecuadas a los diferentes segmentos.

El cliente objetivo se debería alcanzar de la forma más íntima posible. Algunos enfoques que usan la Red (como la Ford Connection o la comunicación por correo electrónico de Amazon) adaptan con habilidad un mensaje a un individuo. Otras marcas, como Tango o Maggi, proporcionan un nivel similar de intimidad por otros caminos.

7. SALGA DE LA CONFUSIÓN

Hay confusión no sólo en el contexto de la publicidad sino también en virtualmente todos los enfoques alternativos de construcción de marcas. Una marca necesita sorprender y quizás incluso provocar un shock al cliente de forma positiva, sea implementando programas familiares de una forma innovadora o creando nuevos programas. La esencia de éxitos como NikeTown, Adidas Streetball Challenge, el sitio en la Red olímpico de AT&T, la destreza de Swatch y el programa de cocina de Maggi es que todos fueron enfoques frescos.

Las promociones no usuales pueden ser una herramienta eficaz para salir de la confusión. Volkswagen, por ejemplo, escenificó un juego de búsqueda por toda Europa para el nuevo VW Beetle. La búsqueda, que obligaba a los participantes a navegar por la Red, resolver puzzles y contestar preguntas en diferentes sitios para poder ganar un premio, fue diferente de cualquier otra promoción.

8. Relacione la construcción de la marca con la marca

Para construir marcas poderosas, la ejecución necesita ser brillante en todos los aspectos; ser bueno no es suficiente. Pero la brillantez necesita relacionarse claramente con la marca, más que una fuerza separada que le pase por encima. Los profesionales de la publicidad están todos muy habituados a anuncios creativos que cortan la respiración, que se recuerdan y de los que se habla, incluso a pesar de que pocos recuerdan la marca implicada. Sin embargo, cuando la marca es el héroe (la pieza central de la comunicación) o es la poseedora del plan de construcción de marca, el problema se reduce. Adidas posee el Adidas Streetball Challenge y el DFB-Adidas Cup, simplemente en virtud de sus nombres. De forma parecida, la marca es el elemento central en NikeTown, en los eventos de pruebas de conducción de Ford Galaxy y en los sitios de Tango en la Red.

9. Luche por la autenticidad y la sustancia

La autenticidad es una asociación de marca renombrada, y una prueba de los planes de construcción de marcas es ver si contribuyen a la autenticidad de la marca. Los elementos de posición e identidad deberían comunicarse de una manera que supongan un sentimiento genuino hacia la marca y la hagan el legítimo poseedor de la asociación deseada. No es una coincidencia que marcas como Apple, Porsche, Nike y Volkswagen hayan hecho réplicas de anteriores grandes innovaciones de productos. La autenticidad está conducida sobre todo por la sustancia que hay detrás del producto o el servicio, así como por la herencia de la marca. Así, el argumento de Volvo de construir coches seguros es auténtico, porque el producto proporciona la sustancia detrás del argumento, y lo ha hecho así durante toda la historia de la empresa.

10. Estire el plan: póngale piernas

Un plan de construcción de marca puede estar limitado por la cantidad de gente expuesta a él. El reto es apalancarlo, darle piernas más allá del segmento base. Una forma consiste en crear miniplanes, como hizo Maggi con sus planes locales y MasterCard con sus planes bancarios locales. Otro es proporcionar recuerdos del plan, como folletos, muestras gratuitas, objetos promocionales como camisetas o mensajes por correo electrónico. Otro enfoque es estimular a aquellos que han estado expuestos a compartir el mensaje con otros, quizás proporcionando incentivos.

Las relaciones públicas e incluso la publicidad en medios pueden ser elementos eficaces de aumentar la exposición. Muchos planes exitosos han planificado cuidadosamente la implicación de los medios. La inclusión de famosas personalidades de televisión en el Rally de la Antorcha Olímpica de Coca-Cola (una promoción de 1996 en la que 5.500 personas llevaron una antorcha a lo largo de los Estados Unidos) aseguró que los medios se interesaran en emitir el evento como cobertura de noticias. A pesar de que Starbucks y The Body Shop pagaron poco o nada por la publicidad, se convirtieron en marcas poderosas y en negocios de miles de millones de dólares, con un papel clave de la *publicity*. Cuando no se puede obtener *publicity* gratuita, puede valer la pena pagarla. Por ejemplo, pagar con dinero de la publicidad la *publicity* de la excitación, diversión y pasión de jugar a fútbol durante la Copa DFB-Adidas reforzaría las asociaciones clave de Adidas.

Hacer que ocurra: temas organizativos

Una vez se tenga una estrategia de construcción de marca que vaya más allá que la publicidad, ¿cómo hacer que ocurra? Al menos dos capacidades organizativas son factores clave de éxito en este nuevo entorno: la habilidad para acceder a medios alternativos y la habilidad para coordinar a través de los medios.

Acceder a medios alternativos

El conocimiento y las habilidades deben estar disponibles en enfoques como el patrocinio, las asociaciones con causas benéficas, el márketing directo de uno a uno, los clubes de clientes, la *publicity*, la Red, las relaciones públicas, las tiendas buque insignia, los muestreos y otros medios emergentes. Las marcas necesitan acceder a medios que puedan ser eficaces en su contexto y necesitarán comprender mejor cómo medir los resultados. Las interrelaciones entre los diferentes vehículos de medios necesitan ser comprendidas para crear sinergias. Una organización que intente obtener esta capacidad puede necesitar hacer lo siguiente:

—*Reducir las inhibiciones organizativas.*— Crear una organización que acepte enfoques innovadores. Puede no ser una coincidencia que Häagen-Dazs se introdujera en Europa usando una empresa separada sin normas establecidas; sólo después de haberse establecido se integró en la organización madre. Hay poca duda de que el éxito de Swatch se debió en gran parte a la personalidad extremadamente desinhibida de su director general.

—*Probar las ideas.*— Los planes experimentales y piloto pueden ayudar a una organización a ganar habilidades y conocimiento y a aprender de primera mano lo que funciona y lo que no. Ciertamente, los planes de Swatch, Adidas y Häagen-Dazs recibieron el beneficio de tales tests y experimentos.

—*Crear una persona o equipo de acceso al plan de construcción de marca.*— Tal persona o equipo se encargaría de generar opciones de construcción de marca. Un camino sería desarrollar una relación con empresas especializadas en varios enfoques (como patrocinio de eventos, promociones, *publicity*, tecnología de la Red y márketing directo). Una segunda posibilidad sería seguir las nuevas tecnologías de comunicación para aprender suficientemente su mecánica y evaluarla para un contexto concreto, mirando de cerca en el mercado lo que funciona y lo que no. Una tercera sería seguir las mejores prácticas, especialmente en otras industrias. Una cuarta podría ser comprometerse sistemáticamente en ejercicios de pensamiento creativo para encontrar planes innovadores. Un esfuerzo de este tipo hecho por BMW en Turquía en una promoción original implicó un coche escondido en una ciudad, globos de aire caliente y un puzzle implicante. Nestlé ha creado en Suiza una posición de *management senior* para la construcción de marcas, con el objetivo de fomentar a nivel mundial planes de construcción de marcas neutrales con los medios a utilizar.

—*Crear capacidades relevantes en medios clave.*—Cuando la idea conductora se establece y seleccionan los medios o vehículos líderes la organización debe producir una capacidad interna con relevancia y sustancia; una iniciativa de marca no es duplicable fácilmente si se basa en un activo organizativo no disponible para los demás. Cadbury, Swatch, Maggi y Häagen-Dazs han demostrado la capacidad de gestionar por sí mismos los medios líderes lo que constituye un aspecto clave en su ventaja sostenida.

Coordinar a través de los medios

La coordinación a través de planes y medios debe ser dirigida sin duda por una identidad y una posición de marca claras. Sin embargo, también requiere el apoyo de la organización. Es necesario tener una persona o un equipo a cargo de la marca para asegurar que se mantengan la identidad y la posición y que todos los esfuerzos para construir la marca estén en línea con la estrategia. Esta persona o equipo se beneficiará de un proceso que fomenta los enfoques de innovación y corrige las iniciativas que no siguen la estrategia antes de que se implementen.

Las agencias de publicidad tradicionales difieren en su habilidad para asistir o dirigir la coordinación de los esfuerzos en otros medios. A pesar de que la mayoría afirman su habilidad para desarrollar y gestionar un plan amplio de comunicación en línea con la estrategia, a menudo no lo consiguen porque están demasiado comprometidas con la publicidad o porque no han encontrado una manera de integrar organizaciones hermanas en un equipo. Las más eficaces combinan múltiples capacidades de comunicación en una organización virtual o actual, mientras que las ineficaces operan un grupo de organizaciones autolimitadas o tienen un enfoque limitado.

Al margen de la organización de la agencia, un sistema de compensación y premio neutral de medios aumentará el trabajo creativo de los socios en la comunicación. Lo que se mide y se premia es lo que se hace.

PREGUNTAS PARA EL ANÁLISIS

1. ¿Cuáles son los contextos en la vida de un cliente donde la marca pueda hacerse relevante? ¿Cuál es el punto dulce del cliente?
2. Evalúe planes actuales de construcción de marca. ¿Cuáles son sus objetivos? ¿Cómo se miden estos objetivos? ¿En qué medida alcanzan sus objetivos?
3. Identifique algunas mejores prácticas dirigidas a conseguir visibilidad tanto dentro como fuera de su sector. ¿Cuáles son eficaces en la

creación de asociaciones? ¿Cuáles son eficaces en la creación de relaciones profundas? ¿Por qué son eficaces los enfoques identificados?

4. ¿Con qué esfuerzo de construcción de marcas de los analizados en estos cuatro capítulos está más impresionado? ¿Por qué?

5. Identifique alguna construcción de marca ineficaz y explique por qué la considera así.

6. Implíquese en algún pensamiento creativo original para identificar algunos planes potenciales de construcción de marca.

7. Si la publicidad en medios (o cualquiera que sea su herramienta actual más importante de construcción de marca) dejara de existir mañana, ¿cómo construiría su marca con los consumidores?

8. Pregúntese a sí mismo: Si fuéramos una empresa de moda, ¿qué haríamos para construir la marca? ¿Qué aprenderíamos del éxito de Ralph Lauren? ¿Cuáles son los cinco o seis enfoques actuales y dominantes de construir la marca en su negocio? ¿Qué haría de forma diferente, si el tiempo y el dinero no fueran un condicionante?

Parte V

Organizarse para el liderazgo de marca

Capítulo 10

Liderazgo de marca global, no marcas globales[1]

McDonald's en Europa[2]

Un estudio hecho en 1995 de la publicidad de McDonald's en Europa reveló algunos factores preocupantes. Con la expansión del mercado, la publicidad se estaba haciendo inconsistente de país a país y a veces alejada de lo que tendrían que haber sido los elementos de identidad básicos. La publicidad realizada en los mercados locales era progresivamente promocional más que de creación de marca. En algunos países, MacDonald's estaba posicionado como de moda y exótico en lugar de saludable; en Noruega, un anuncio mostraba a la dirección de un restaurante chino burlándose de los clientes insistiendo «No hay hamburguesas», mientras sus empleados devoraban una hamburguesa de McDonald's en la cocina. Al mismo tiempo, los anuncios en España mostraban un grupo genérico de caras sonrientes y música alegre.

El alejamiento de la identidad central fue un alejamiento no intencionado del modelo de negocio altamente efectivo de McDonald's, donde los países toman las decisiones de márketing locales. McDonald's se felicita de tener una marca que es global, basada en valores universales y altamente relevante en cada mercado local. La misma filosofía dirige el menú de McDonald's. Los elementos básicos son consistentes y globales, con algunos productos adaptados al gusto local. La publicidad en cada lugar, en todas partes, ha sido históricamente local. En Europa, se dice que un ejecutivo de márketing afirmó que McDonald's nunca había tenido un anuncio paneuropeo (un anuncio global) y que, probablemente, nunca lo tendría.

En el verano de 1995, Leo Burnett, la agencia de McDonald's en seis países europeos (Reino Unido, Bélgica, España, Suecia, Suiza y Noruega), inició el primer esfuerzo paneuropeo de conseguir más consistencia mediante la identificación de una identidad de marca que unificaría y conduciría todos los esfuerzos de comunicación. Parecía ser no sólo lógico, sino también el momento adecuado, dado que los gustos alimentarios en Europa se estaban diferenciando menos y que la Unión Europea estaba a la vuelta de la esquina. Se hizo una reunión de tres días con los directores creativos y de cuentas de los seis países. Se hizo un análisis de un importante estudio de mercado sobre las tendencias de la alimentación y sobre los clientes y sus motivaciones.

El objetivo del encuentro fue ponerse de acuerdo en una identidad básica y en una esencia de marca que dirigieran la publicidad en los seis países. A pesar de que los participantes noruegos eran algo reacios, hubo un consenso. Las asociaciones clave de McDonald's fueron un agradable entorno familiar, niños, velocidad de servicio, comida sabrosa, diversión y la magia de McDonald's. Siguiendo de cerca el trabajo de identidad de marca en Europa, se inició un proyecto separado en Estados Unidos. El objetivo era definir la identidad básica de McDonald's Estados Unidos y finalmente la esencia global de marca de McDonald's. El proyecto llegó a conclusiones realmente similares. La esencia se definió como un «amigo de confianza». Esta esencia de la marca se consideró aspiracional, un concepto que la marca podía retener y reforzar y que también ayudaría a neutralizar asociaciones negativas como «condescendiente y sonriente, pero no genuino».

Los equipos de Leo Burnett de cada país recrearon entonces la publicidad de forma independiente, pero dirigidos por las mismas identidad y esencia. El resultado fue una publicidad que reforzó a McDonald's como un lugar saludable, orientado a la familia y divertido. Incluso a pesar de que los anuncios eran muy diferentes de un país al otro, se podían emitir en cualquier sitio. Un anuncio de Suecia mostraba a una madre trabajadora decidiendo retrasar una reunión de trabajo para poder llevar a su hija al McDonald's, sólo para encontrar allí a su jefe con su hijo. En Bélgica, un chico, preocupado con sus nuevas gafas, vé a una chica que se fija en él en un McDonald's y se anima inmediatamente. En un anuncio británico, un chico consigue que su padre entre en un McDonald's donde el hombre se encuentra «accidentalmente» con su mujer, de la que está separado y, para satisfacción del niño, habla con ella. En Noruega, un chico es conducido por su abuela a través de una ciudad surrealista a un confortable y familiar McDonalds's.

Más recientemente, se produjo en Suecia un anuncio ganador de un premio por un equipo creativo sueco y estadounidense que ha sido usado no sólo en Suecia, sino también en otros países europeos. Dado que el anuncio apela a valores universales, los mismos anuncios se pueden mostrar en otras partes del mundo. La figura 10.1 proporciona cuatro imágenes del anuncio, llamado «Pequeño amor con patatas fritas», en el que un chico flirtea con una chica en la calle, comparte su amor y su camiseta, pero es más reacio a hacerlo con sus patatas fritas.

FIGURA 10.1

McDonald's en Suecia

Temas a considerar

Esta breve visión de la publicidad de McDonald's en Europa presenta algunos temas complicados. Algunos de estos anuncios son mejores que otros. ¿Se debería hacer un esfuerzo para usar los mejores anuncios en los diferentes países? ¿Cómo gestionar el acuerdo entre consistencia y eficacia? Para ganar consistencia, ¿debería este esfuerzo extenderse a toda Europa o realmente a nivel global? Si así fuera, ¿cómo? ¿Se puede hacer con múltiples agencias? ¿Se puede hacer sin afectar a la vitalidad creativa? ¿Fue la reunión la mejor manera de cumplir el objetivo? ¿Cuál es el papel del cliente? No hay respuestas generales para estas difíciles preguntas. Sin embargo, en este capítulo se presentarán algunas estructuras y métodos para ayudar a las empresas a construir marcas en una aldea global.

Marcas globales

Pringles, Visa, Marlboro, Sony, McDonald's, Nike, IBM, Gillette Sensor, Heineken, Pantene y Disney son la envidia de muchos constructores de marcas porque parecen ser marcas globales, es decir, marcas con un alto grado de similitud entre países con respecto a la identidad de marca, posición, estrategia publicitaria, personalidad, producto, envase, sentimiento e imagen. En cualquier lugar del mundo, por ejemplo, Pringles representa «divertido», frescura, menos graso, posibilidad de volver a tapar y un producto de chips enteros. Además, el envase, los símbolos y la publicidad de Pringles son virtualmente los mismos en todos los países.

Sin embargo, y al igual que McDonald's, estas marcas no son a menudo tan idénticas como podría asumirse. Pringles usa distintos sabores en diferentes países, y las ejecuciones de la publicidad de Pringles se adaptan a las culturas locales. Heineken es la cerveza de alta calidad para disfrutar con los amigos en cualquier lugar, excepto en su propio hogar de Holanda, donde es más bien una cerveza corriente. Visa tiene diferentes logos en algunos países, como Argentina. Incluso Coca-Cola tiene un producto más dulce en algunas áreas (por ejemplo, en Europa del Sur).

Dejando estas variaciones al margen, las marcas que se hacen más globales demuestran algunas ventajas reales. Por ejemplo, una marca global puede conseguir significativas economías de escala. Crear una campaña publicitaria para IBM, incluso si necesita alguna adaptación de país a país, es mucho menos costoso que crear muchas. El desarrollo de otros planes (como envase, un sitio en la Red, una promoción o un patrocinio) será también más efectivo en costes cuando tanto los gastos como la inversión se distribuyan entre múltiples países. Las economías de escala pueden ser críticas para patrocinios con relevancia global, como la Copa del Mundo o los Juegos Olímpicos.

Sin embargo, es quizás más importante la eficacia aumentada que resulta simplemente porque están implicados mejores recursos. Cuando IBM sustituyó su lista de docenas de agencias por Ogilvy & Matter, inmediatamente se convirtió en el proverbial elefante que se puede sentar donde quiera. Como el cliente más importante de O&M, tiene el mejor talento de agencia de arriba abajo; las posibilidades de tener una campaña destacada que ha sido bien ejecutada aumentan claramente.

También se consiguen eficiencias debido a la exposición cruzada del mercado. La combinación de medios, si existe, permite a la marca global una mayor rentabilidad de su inversión. Además, los clientes que viajan están expuestos a la marca en diferentes países, haciendo nuevamente que la campaña tenga un mejor resultado. El viaje de los clientes es particularmente importante para productos relacionados con los viajes, como tarjetas de crédito, líneas aéreas y hoteles.

Además, una marca global es inherentemente más fácil de gestionar. El reto fundamental del *management* de la marca es desarrollar una identidad de marca clara y bien articulada y luego encontrar maneras para hacer que la identidad de marca conduzca todas las actividades de construcción de marca. Este reto es menos complicado con una marca global; la posición de «aceptación mundial» de Visa es mucho más fácil de gestionar que docenas de estrategias específicas de países. Además, se pueden emplear sistemas y estructuras organizativas más simples.

De cualquier forma, la clave para una marca global es encontrar una posición que funcione en todos los mercados. Sprite, por ejemplo, tiene la misma posición en todo el mundo: honesta, excitante y de sabor refrescante[3]. Basado en la observación de que los niños se alimentan en todas partes con promesas excitantes y vacías, la publicidad de Sprite usa la expresión «La imagen no es nada. La sed lo es todo. Obedece a tu sed». Este mensaje de confiar en los propios instintos resuena en todo el mundo.

Algunas posiciones genéricas parecen viajar bien; una es ser el mejor, la selección del nivel más alto. Algunas marcas del segmento alto, como Mercedes, Montblanc, Heineken y Tiffany, pueden cruzar límites nacionales fácilmente, porque los beneficios autoexpresivos implicados se aplican en la mayoría de culturas. Otro ejemplo es la posición del país; la posición americana de marcas como Coca-Cola, Levi's, Baskin-Robbins, KFC y Harley-Davidson funcionarán en todas partes (con la posible excepción de los Estados Unidos). Un beneficio puramente funcional (el bebé seco y feliz de Pampers, por ejemplo) también puede usarse en múltiples mercados.

Liderazgo de marca global, no marcas globales

Aun así, no todas las marcas del segmento más alto, o que son americanas, o que tienen un fuerte beneficio funcional, pueden ser globales. Y, sin embargo, muchas empresas tienen la tentación de globalizar sus propias marcas, a menudo debido al ego del ejecutivo y a percepciones de que la globalización *per se* es la opción de los líderes de negocio exitosos. Estos casos se caracterizan a menudo por la norma de que sólo se pueden usar planes globales. La consolidación de toda la publicidad en una agencia y el desarrollo de una línea publicitaria global constituyen a menudo la piedra angular del esfuerzo. Una estampida ciega hacia una marca global puede, sin embargo, ser el camino equivocado y tener como consecuencia, incluso, un perjuicio significativo para la marca. Existen tres razones.

La primera, que las economías de escala y la oportunidad pueden no existir realmente. La promesa de la combinación de medios se ha exagerado con frecuencia, y los esfuerzos de comunicación localizados pueden ser a veces menos costosos y más eficaces que importar y adaptar ejecuciones «globales». Además, incluso una excelente agencia global u otro socio de comunicación pueden no ser capaces de ejecutar de forma excepcional en todos los países.

La segunda, que el equipo de la marca puede no ser capaz de encontrar una estrategia que soporte una marca global, incluso asumiendo que exista una. Podría faltar la gente, la información, la creatividad o las habilidades de ejecución, y acabar haciendo algo mediocre. Encontrar una estrategia superior en un país ya es un reto suficiente sin imponer la limitación de que sea usada también en todo el mundo.

La tercera, que una marca global puede simplemente no ser óptima o realizable cuando hay diferencias fundamentales entre los mercados. Considere los siguientes contextos donde una marca global tendría poco sentido:

—Diferentes posiciones de participación de mercado. Las introducciones por parte de Ford de la furgoneta Galaxy en el Reino Unido y Alemania fueron afectadas por la posición de su participación de mercado en cada país. Mientras Ford era la marca número uno de coches en el Reino Unido y tenía una imagen de calidad superior, Volkswagen tenía esta posición en Alemania. Como se dijo en el capítulo 9, el reto de Ford en el Reino Unido como marca dominante era expandir el mercado más allá de las madres de familia hacia el mercado de empresa; por ello, el Galaxy se introdujo como la «no furgoneta», y su interior se com-

paró con un vuelo en primera clase. En Alemania, sin embargo, el Galaxy fue simplemente introducido como la «alternativa inteligente».
—Diferentes imágenes de marca. Honda significa calidad y confianza en los Estados Unidos, donde tiene el legado del nivel alcanzado en los *ratings* J.D. Power. En Japón, sin embargo, donde la calidad no es tanto un diferenciador, Honda es un participante en carreras de coches con una personalidad joven y enérgica.
—Posiciones de prioridad. Una posición superior para una tableta de chocolate es poseer la asociación con la leche y la imagen de un vaso de leche derramándose dentro de la tableta. Diferentes marcas, sin embargo, han conseguido prioritariamente esta posición en diferentes mercados (por ejemplo, Cadbury en el Reino Unido y Milka en Alemania).
—Diferentes motivaciones del cliente. En Finlandia, después de descubrir que los usuarios eran reacios a la complejidad percibida de la máquina, Canon se convirtió en la copiadora que habilitaba al usuario a convertirse en el jefe. Sin embargo, en Alemania e Italia funcionaron mejor los mensajes más tradicionales orientados a los atributos.
—Diferentes respuestas del cliente a las ejecuciones y los símbolos. Un anuncio de Johnny Walker en el que el héroe participaba en el encierro de los toros en Pamplona pareció temerario en Alemania y demasiado español en otros países.

La estrategia de marca global está a menudo mal orientada. La prioridad debería ser desarrollar no marcas globales (a pesar de que podrían aparecer tales marcas) sino más bien un liderazgo de marca global, es decir, marcas poderosas en todos los mercados, apoyadas por un *management* de marca global eficaz y proactivo. El *management* de marca global debería utilizar gente, sistemas, cultura y estructura de una organización para adjudicar los recursos de construcción de marca de forma global, crear sinergias y desarrollar una estrategia de marca global que coordine y apalanque las estrategias de marca por países.

La adjudicación de recursos a la construcción de marcas sucumbe con demasiada frecuencia a la clásica trampa de la descentralización, en la que los países con grandes mercados reciben el centro de la atención, mientras que la organización aporta poco a los mercados pequeños que pueden representar grandes oportunidades. El *management* de marca global eficaz reconocerá e invertirá en oportunidades desde una perspectiva global.

Las sinergias son posibles compartiendo métodos de investigación, costes de inversión en construcción de marca, análisis del consumidor, mejores prácticas, procesos de desarrollo de la estrategia de marca, modelos y vocabulario de gestión de marca, conceptos de posicionamiento y esfuerzos de ejecución. Un reto del *management* de marca global es darse cuenta de estas sinergias.

Casi todas las empresas multinacionales deberían implicarse en un *management* de marca global activo. Tener estrategias de marca locales no conectadas sin una dirección o *management* llevará inevitablemente a la mediocridad y la vulnerabilidad globales. Los pequeños éxitos, a menudo dirigidos por un brillante *manager* ocasional, serán aislados y aleatorios, una mala receta para el liderazgo de marca global.

Hemos entrevistado a ejecutivos de 35 empresas (la mitad con las centrales en Estados Unidos y la otra mitad en Europa o Japón), todas las cuales han desarrollado con éxito marcas poderosas en diferentes países. Alrededor de la mitad de la muestra implicaba productos de consumo de compra frecuente, que como grupo tienden a tener los sistemas de gestión de marca global más desarrollados, mientras que el resto representaba marcas de productos duraderos, alta tecnología o servicios. A pesar de que se hicieron varios contactos en cada empresa, el principal entrevistado fue el *manager* de marca global o un ejecutivo de línea *senior*, a menudo el director general. El estudio se concentró en los problemas y oportunidades de gestionar marcas globalmente y los esfuerzos organizativos para hacer frente a estos temas.

Partiendo de estas entrevistas y de los conceptos de marcas estudiados en este libro, creemos que las empresas que aspiren al liderazgo de marca global deben crear organizaciones que:

—estimulen el compartir visiones profundas y mejores prácticas entre países;
—apoyen un proceso común de planificación de la marca global;
—asignen una responsabilidad de gestión para las marcas con objeto de crear sinergias entre países y luchen contra los sesgos locales;
—ejecuten planes de construcción de marcas brillantes.

Compartir visiones y mejores prácticas

Un sistema de comunicación entre países que comparta visiones, métodos y mejores prácticas es el elemento más básico y no amenazante del *management* de marca global. Una visión del cliente puede ser obvia en un país, pero más sutil y difícil de acceder en otro. Las mejores prácticas, que pueden representar a competidores o incluso otras categorías, tienen una gran influencia porque representan modelos probados que han funcionado.

El objetivo es tener: 1) un mecanismo global para detectar y recoger observaciones de primera mano de mejores prácticas eficaces, 2) una forma de comunicar las mejores prácticas a aquellos que podrían beneficiarse de ellas y 3) un método fácil de usar para acceder a un inventario de mejores prácticas cuando sean necesarias.

Crear tal sistema es más difícil de lo que parece. La gente ocupada tiene normalmente poca motivación para dedicar tiempo a explicar los esfuerzos que han funcionado o fracasado; además, preferirán no dar información que pueda dejarlos expuestos a la crítica. Otro problema es uno que todo el mundo se encuentra hoy en los negocios: sobrecarga de información. Y un sentimiento de «esto no funcionará aquí» penetra a menudo en las empresas que fomentan el compartir el conocimiento del mercado.

Para resolver estos problemas, las empresas deben nutrir y apoyar una cultura en la que las mejores prácticas se comunican libremente. Además, las personas y los procedimientos deben aparecer juntos para crear una rica base de conocimiento que sea relevante y fácil de acceder. Ofrecer incentivos es una forma de conseguir que la gente comparta lo que sabe. American Management Systems, por ejemplo, man-

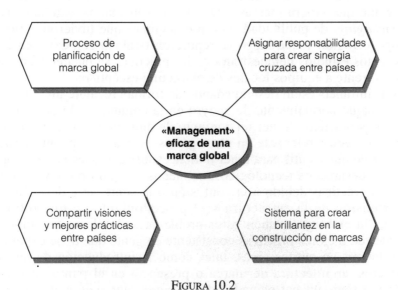

FIGURA 10.2

«Management» eficaz de una marca global

tiene un seguimiento de los empleados que informan de visiones y mejores prácticas y los premia durante revisiones de rendimiento anuales. Varias otras empresas han desarrollado procesos o planes para crear la cultura correcta.

Las reuniones regulares pueden ser un medio eficaz de comunicar visiones y mejores prácticas, formal e informalmente. Henkel (la empresa europea química y de productos envasados), por ejemplo, tiene reuniones frecuentes de los *brand managers* de los principales 20 países. La eficacia de tales reuniones depende del formato y de los participantes. Las presentaciones formales de visiones y mejores prácticas pueden ciertamente desempeñar un papel; Sony, por ejemplo, presenta su publicidad de todo el mundo. Dado que el reto es ir más allá de la exposición de la idea a la acción, el verdadero aprendizaje tiene lugar sólo cuando los participantes se implican bien en comités, bien en reuniones más informales. A menudo la información compartida es menos importante que la formación de relaciones personales que lleven a interacciones subsiguientes.

Frito-Lay patrocina una universidad de márketing unas tres veces al año, donde algunas docenas de directores de márketing o directores generales de todo el mundo van a Dallas durante una semana. La universidad recibe a gente implicada en conceptos de liderazgo de marca, ayuda a la gente a superar el pensamiento de «Yo soy diferente; los planes globales no funcionarán en mi mercado» y siembra la empresa con gente que «logra marcas». Durante la semana, se estudian casos de *packaging*, de publicidad o de promociones que tuvieron éxito en un país o región y que luego se repitieron también con éxito en otro país. Estos estudios demuestran que las prácticas se pueden transferir incluso frente a equipos locales de márketing escépticos.

Las intranets están desempeñando de forma creciente un papel activo (aunque normalmente de apoyo) en la comunicación de visiones y mejores prácticas. Tener un conjunto de direcciones de correo electrónico de gente relevante en otros países es una herramienta básica. A pesar de que es útil para tener noticias sobre acciones de la competencia o desarrollos tecnológicos, es menos útil para otras visiones o mejores prácticas debido a la confusión o la sobrecarga del mensaje. La extensión de la estructura y el procedimiento en una intranet puede, sin embargo, reducir estos problemas. Mobil usa un conjunto de redes de mejores prácticas consistente en gente que tiene experiencia e interés en ciertas áreas, tales como la introducción de nuevos productos, arquitectura de marca o presencia en el punto de venta. Cada red tiene un patrocinador del *management senior* que proporciona apoyo y dirección y un líder/facilitador que proporciona la energía necesaria, liderazgo reflexionado y continuidad. Se seleccionan las visiones y las mejores prácticas relevantes y se sitúan en un sitio de intranet de fácil acceso, gestionado por el grupo de la red.

Las visitas sobre el terreno proporcionan una buena visión de las mejores prácticas. Por ejemplo, Honda envía equipos para «vivir con las mejores prácticas» con objeto de que entiendan en profundidad cómo funcionan las prácticas. Otras empresas envían personas a nivel de dirección general (Henkel y Sony) o de dirección de marca (IBM y Mobil) para detectar y comunicar las mejores prácticas y dar energía a los equipos de los países. Ver las mejores prácticas de primera mano proporciona una profundidad de comprensión que no se consigue a menudo con estudios descriptivos.

Procter & Gamble utiliza un *staff* mundial de planificación estratégica de 3 a 20 personas para cada categoría para fomentar y apoyar las estrategias globales. Una de sus funciones es alcanzar el conocimiento local con objeto de entender al consumidor y extraer visiones del mercado obtenidas de la investigación de mercados y de la experiencia de negocio en cada país, y diseminar la información globalmente. Otra función es descubrir los esfuerzos de mercado eficaces y específicos por país (como las estrategias de posicionamiento) y fomentar la prueba en todas partes; otra función es desarrollar estrategias de suministro globales. El equipo también desarrolla políticas que dictan qué aspectos de la estrategia de la marca no son negociables en términos de su implementación por país y qué elementos dependen de la dirección del país.

El compartir métodos al nivel funcional es otra manera de crear sinergias. Ford opera de manera muy diferente de país a país en Europa, pero los métodos de investigación y los descubrimientos se comparten de forma productiva. Por ejemplo, Ford del Reino Unido es muy hábil en la investigación relacionada con el apoyo a la segmentación y con los programas de correo directo. Además de sus visiones, su tecnología y sus métodos son aplicados en otros países, especialmente aquellos cuyos mercados y presupuestos son pequeños. El enlace clave es la comunicación entre países a nivel funcional.

Compartir visiones y mejores prácticas puede así tomar muchas formas, yendo desde una estructura formal como un *staff* de planificación a compartir un método de forma informal entre expertos. Cuatro guías pueden ayudar a asegurar la eficacia del proceso. En primer lugar, un equipo o grupo, formal o informal, necesita crear valor, y este proceso de creación de valor necesita explicitarse. La visión de crear una sinergia global sola, por ejemplo, no es suficiente. El equipo necesita construir experiencia y habilidades. En segundo lugar, el equipo o grupo necesita compartir un sentido de respeto, comunidad y amistad. Debería haber un claro sentido de quién contribuye a qué en el esfuerzo y quién no lo hace. En tercer lugar, el equipo o grupo necesita un patrocinador *senior* que haga que las cosas ocurran y que apoye y anime relaciones a lo largo de la organización. Finalmente, debe haber un sentimiento compartido de cómo el esfuerzo del grupo construye las aspiraciones establecidas en la identidad y la visión de la marca.

Un proceso común de planificación de marca global

La experiencia de un destacado fabricante de productos envasados ilustra un problema básico en la gestión global de marcas. Hace sólo dos años, un *manager* de marca global recientemente incorporado organizó una presentación de estrategia de cada uno de los responsables de país. Casi todos los responsables de países usaban su propio vocabulario, sus propios patrones y no hace falta decirlo, llegaron con sus propias estrategias. Fue un desorden prácticamente imposible de gestionar y sin duda contribuyó a un márketing inferior y a marcas más débiles. Éste es el modelo a evitar, pero que se da con excesiva frecuencia.

Sólo fue marginalmente mejor otra empresa que había desarrollado un sistema de planificación global, completado con unas pautas y un vocabulario de planificación, pero que no consiguió obtener la comprensión o la aceptación de los gerentes de marca de los países. Como consecuencia, el sistema añadió confusión en lugar de claridad.

PATRÓN DE PLANIFICACIÓN DE LA MARCA

Las empresas que más se acercan a practicar el liderazgo de las marcas globales han implementado una pauta de planificación global de marca que es consistente a través de mercados y de productos. Una pauta de planificación asegura que una presentación de marca se vea y suene igual en España, Singapur o Chile, tanto para el producto A como para el producto B. En todos los casos, la presentación comparte el mismo vocabulario, bien definido, los mismos *inputs* de análisis estratégico, la misma estructura y los mismos *outputs*. La mayoría de empresas con una debilidad en esta área reconocen que inhiben sus esfuerzos para ser competidores globales eficaces, y muchas tienen en marcha proyectos de desarrollo de procesos. Un proceso común de planificación de marca es la piedra angular para crear sinergia y apalancamiento a través del mercado global. Sin ello, la organización permanecerá separada y fragmentada.

El modelo propuesto en este libro proporciona la base estructural para un proceso de planificación de marca y la pauta asociada. También hay otros, desde luego. Además, a menudo tiene sentido adaptar un modelo general al contexto actual y al historial de planificación de la empresa. Una empresa de bebidas refrescantes distribuyendo a tiendas de alimentación en 100 países, por ejemplo, puede necesitar diferentes estructuras aparte de una empresa de equipamiento fuerte con ventas directas.

FIGURA 10.3

Planificación de marca global

Hay, sin embargo, algunos elementos básicos (mostrados en la figura 10.3) que se deben considerar: un análisis estratégico, una estrategia de marca, una especificación de planes de construcción de marcas, y una descripción de los objetivos y medidas. Más particularmente, se deberían considerar las siguientes dimensiones para cada elemento:

Análisis estratégico

—Análisis del cliente: ¿Cuáles son los segmentos clave? ¿Cuáles son las motivaciones del cliente (las reales, no las que los clientes dicen que son sus motivaciones)? ¿Qué beneficios emocionales y autoexpresivos se están entregando dentro de la clase de producto? ¿Cuál es el punto dulce del cliente, los elementos centrales de vida y autoconcepto a los que la marca podría conectarse? ¿Qué tendencias son necesidades insatisfechas que la marca podría intentar satisfacer?
—Análisis de la competencia: ¿Quiénes son los competidores objetivo? ¿Cómo se posicionan? ¿Cómo son sus planes de construcción de marca, y cuán efectivos son? ¿Hay alguien que salga de la confusión? ¿Cómo?
—Análisis de marca: ¿Cuál es la imagen de marca? ¿Cuáles son los aspectos positivos y negativos? ¿Cuáles son las iniciativas estratégicas? ¿Qué asunciones se pueden hacer sobre lo que la organización quiere y puede hacer?

Estrategia de marca

—¿Cómo se relaciona la estrategia de marca con la cartera de marcas? ¿Debería desempeñar un papel, como ser una marca bala de plata o una marca estratégica?
—¿Cuáles son los segmentos primario y secundario que persigue la marca?
—¿Cuál es la identidad de marca? ¿La personalidad de marca? ¿El símbolo?
—¿Cuál es la identidad básica? ¿La esencia de marca?
—¿Cómo se debe diferenciar la marca?
—¿Cuáles son los puntos de prueba y los planes existentes que apoyan la promesa de la marca?
—¿Cuál es la proposición de valor?
—¿Qué beneficios funcionales, emocionales y/o autoexpresivos se deben proporcionar?

Planes de construcción de marcas

—¿Cuál es la posición de la marca, el objetivo de los esfuerzos actuales de construcción de marca?
—¿Cuáles son las iniciativas estratégicas?

—¿Cuáles son los planes de acción y programas de apoyo en las diferentes áreas:

- canal,
- publicidad,
- patrocinio, etc.?

—¿Cuáles son los planes internos de comunicación de marca?

Objetivos y medición

—¿Cuáles son los objetivos de ventas y de beneficios?
—¿Cuáles son los objetivos de distribución?
—¿Cuáles son los objetivos del valor de la marca?
—¿Cómo se medirá la construcción de la marca?:

- ventas y beneficio,
- distribución,
- fidelidad del cliente,
- reconocimiento,
- calidad percibida,
- asociaciones (incluyendo la personalidad y los beneficios emocionales).

Dos dimensiones de esta pauta ilustrativa se olvidan a menudo, pero pueden ser críticas para el éxito. Una, los planes de comunicación internos a los empleados y asociados a la empresa pueden ser vitales para crear la claridad y la cultura necesarias para transmitir la identidad. Como se dijo en el capítulo 3, las comunicaciones internas pueden tomar una gran variedad de formas, tales como un manual detallado (Refrescos Calientes de Lipton), equipos de trabajo (Nestlé), comunicación basada en la Red (DaimlerChrysler), circulares (Hewlett-Packard), un gran libro (Volvo) o vídeos sin voz (The Limited).

La segunda dimensión infrautilizada de la pauta es la medición. El hecho es que la medición dirige el comportamiento; sin medición, la construcción de marca se convierte a menudo en sólo palabras. La clave está en ir más allá de las ventas y los beneficios para incluir elementos de valor de la marca. Es sorprendente cómo pocas empresas tienen en funcionamiento un sistema de seguimiento de marca global. Pepsi es una excepción. A mediados de los años noventa, Pepsi (incluyendo sus marcas de Frito-Lay) introdujo un sistema de medición global voluntario en los países donde vendía. Fue un instrumento de diagnóstico y motivacional tan fuerte que el consejero director general Roger Enrico lo hizo obligatorio unos años más tarde. Llamada «cuenta de explotación del mercado», consiste en valor del producto (pruebas de sabor ciegas), valor del cliente (amplitud y profundidad de la distribución) y valor de la marca (opinión e imagen del consumidor). Cuando los responsables de países en las reuniones de Pepsi empiezan las mediciones comparativas, aprenden rápidamente que los otros tienen problemas similares por razones similares. Esta percepción puede implicar una receptividad creciente a los planes y las experiencias de los otros.

La Brand Leadership Company ayudó a Schlumberger Resource Management Services a desarrollar un sistema de medición de marca global. Además de medir la marca a través de países, el sistema incluía un diagnóstico sobre fidelidad del cliente y áreas específicas de satisfacción con los productos, servicios y soluciones de la empresa. El sistema producía información que proporcionaba beneficios tangibles a corto plazo para satisfacer y retener cuentas de clientes específicos, así como beneficios a largo plazo útiles para construir la marca. Los beneficios a corto plazo ayudaban a justificar los costes del sistema.

UN PROCESO COMÚN DE PLANIFICACIÓN GLOBAL

Es necesario que haya un proceso para que la planificación tenga lugar. Pocas empresas la tienen en funcionamiento. McDonald's sólo recientemente inició un proceso de planificación para hacer frente a sus retos de marca internos y externos. Una característica de un proceso de planificación eficaz es que tiene un calendario y un ritmo que aseguran que ocurra. Los días del desarrollo estratégico limitado a un evento anual de planificación se han acabado, sin embargo, en la mayoría de mercados; simplemente, el mundo se está moviendo demasiado rápido. El proceso necesita permitir adaptaciones y ajustes a medida que surgen nuevas tecnologías, acciones de la competencia o cambios en el cliente. Como dijo una vez el general Dwight D. Eisenhower, los planes no son nada, pero la planificación lo es todo. El proceso de planificación debería permitir a los *managers* el hacer ajustes críticos al plan.

De arriba abajo en lugar de abajo arriba

El proceso también necesita un mecanismo que relacione las estrategias de marca global con las estrategias de marca por país. El mecanismo puede ser tanto de arriba abajo (donde la estrategia global es el conductor, y la estrategia de país se adapta) como de abajo arriba (donde la estrategia de país evoluciona hacia una estrategia de marca regional y global).

El enfoque de arriba abajo de Sony, Mobil y otros implica desarrollar una estrategia de marca global con la que se relaciona la estrategia de marca de país. Una estrategia de marca de país podría hacer crecer la estrategia de marca global añadiendo dimensiones de identidad. Los estrategas de marca de país podrían también hacer una interpretación algo diferente en alguno de los elementos de identidad de la marca (el liderazgo podría representar liderazgo en tecnología en un país y liderazgo de mercado en otro). En el enfoque de arriba abajo, los equipos de marca de país tienen la obligación de justificar cualquier salida de la estrategia de marca global, si ésta representa un conflicto.

El enfoque de abajo arriba deja que la organización construya la estrategia global desde las estrategias de marca de país. Las estrategias de país que son similares pueden agregarse en grupos, quizás en base a la madurez del mercado (subdesarrollado, emergente o desarrollado) o al contexto competitivo (si la marca es un líder o un seguidor). Mientras que la estrategia para estos grupos diferirá, también tendría que haber algunos puntos en común que se puedan especificar por la estrategia de marca global.

Con el tiempo, la cantidad de estrategias diferentes (con variantes) desciende normalmente a medida que las experiencias y las mejores prácticas se comparten y se adoptan. Tender a una cantidad limitada de estrategias puede resultar en una mayor sinergia de marcas. Hace posible un plan publicitario como el de Mercedes, donde una agencia líder crea un menú de unas cinco campañas; los países pueden tomar entonces la que sea más adecuada. Si hay cinco estrategias de marca básicas en lugar de 55, las campañas se pueden desarrollar con más enfoque.

Asignar responsabilidades para crear una sinergia cruzada por países

El reto de conseguir una sinergia significativa de marca global queda frenado normalmente por el sesgo local; en concreto, la creencia de los *managers* locales de que su contexto es único y de que las visiones y las mejores prácticas de los consumidores de otros mercados no son aplicables para ellos. Dado que esta creencia se basa en parte en la confianza justificable de su conocimiento profundo del país, el entorno competitivo y los consumidores, una sugerencia de la inadecuación de esta confianza es algo que ataca, a la vez, a su autoestima y a su autonomía profesional. El equipo de marca local también puede sentir, quizás inconscientemente, que su libertad para actuar queda limitada y que será obligado a seguir una estrategia débil o no óptima. Además, dado que las anteriores estrategias eran cómodas y comprobadas, cambiarlas requiere una justificación.

La solución final para el sesgo local es tener un sistema centralizado de *management* de marca que dicte una estrategia de marca global. A pesar de que este método ha funcionado para, al menos, una parte de los negocios de Smirnoff, Sony, IBM y otros, tiene el riesgo (visto al principio de este capítulo) de que no se pueda encontrar o implementar una estrategia global eficaz, o que no exista en primer lugar. Adicionalmente, este tipo de gestión de marca puede ser, simplemente, irrealizable para la organización, quizás en parte debido a una estructura y una cultura descentralizadas bien establecidas. Así, muchas empresas tienen que buscar alternativas a los planes centralizados de marca global.

Un reto importante es conseguir que los equipos de los países asuman e implementen las experiencias de mejores prácticas de forma rápida y voluntaria. Para tratar con este reto, alguien o algún grupo necesita gestionar la marca global. Es curioso que algunas empresas con grandes marcas no tienen a una persona o un grupo responsables de la marca. Si no hay una persona o un grupo motivados responsables de la marca global, no se producirá la sinergia; la marca derivará hacia la anarquía.

Nuestra investigación sugiere que hay cuatro posibles enfoques al *management* de marca global, que se puede definir por el nivel de autoridad operativa y si un equipo o una persona están implicados (como se muestra en la figura 10.4). Los cuatro tipos se pueden definir como equipo de marca global, equipo de *management* de negocio, *manager* de marca global y campeón de marca.

Nivel de «management» medio	Nivel de alta dirección	
Equipo de marca global	Equipo de «management» de negocio	**Equipo**
«Manager» de marca global	Campeón de marca	**Persona**

FIGURA 10.4
¿Quién dirige la marca globalmente?

Equipo de *management* de negocio

Procter & Gamble, tal como se gestiona en los años noventa, es un buen ejemplo del enfoque de equipo de *management* de negocio, que es más adecuado cuando los altos directivos son personas de márketing/marca que ven a las marcas como los principales activos en sus negocios. Cada una de las 11 categorías de producto en P&G está gestionada por un equipo de categoría global, consistente en cuatro *managers* con responsabilidades de línea para I+D, fabricación y márketing, para la categoría dentro de su región. El equipo de categoría global está dirigido por un vicepresidente ejecutivo con una segunda responsabilidad de línea; por ejemplo, el responsable europeo de todos los productos de salud y belleza es el presidente del equipo de categoría global de cuidado del cabello. Este equipo está en contacto frecuente y se reúne formalmente cinco o seis veces al año. Cada equipo de categoría global hace lo siguiente:

—Define la identidad y la posición de marca para las marcas en la categoría en todo el mundo. Los *managers* de marca y de publicidad a nivel de país son realmente quienes implementan la estrategia en P&G.
—Gestiona la creación de excelencia local de construcción de marca que puede convertirse en un modelo de éxito global para ser testado y empleado en todo el mundo, con el objetivo de crear marcas globales cuando sea posible.
—Gestiona la innovación de producto, planificando tecnologías identificadoras de categoría que puedan usarse para construir marcas y determinar cuáles tendrán qué tecnologías. Por ejemplo, Pantene recibió la nueva tecnología Elastesse (que elimina el problema de la cabeza con forma de casco), por delante de sus tres marcas hermanas.

Dado que el equipo está formado por ejecutivos de línea de alto nivel, no hay barreras organizativas para la implementación de lo que se decida.

Campeón de marca

El nombre de campeón de marca significa un ejecutivo *senior*, probablemente el consejero delegado, que es el primer defensor y cuidador de la marca. La estructura de campeón de marca se ajusta particularmente bien a una empresa que tenga altos ejecutivos orientados a la marca con pasión y talento para la estrategia de marca, como los de

Henkel, Sony, The Gap y Beiersdorf (Nivea). Nestlé tiene un campeón de marca para cada una de sus 12 marcas de estrategia corporativa; cada campeón de marca tiene una segunda función en Nestlé, pero además tiene la dirección total de la marca, globalmente. Por ejemplo, el vicepresidente de nutrición podría ser el campeón de marca de Carnation, y el vicepresidente de café soluble podría ser el campeón de marca de Nescafé (conocido como Taster's Choice en Estados Unidos).

Un campeón de marca aprueba todas las decisiones de extensión de marca (poniendo el nombre de Carnation en una pastilla de chocolate con leche blanca, por ejemplo) y sigue la presentación y el uso de la marca a nivel mundial. Él o ella debe ser familiar con los contextos y los *managers* locales, identificar visiones y mejores prácticas y propagarlas con sugerencias (a veces impuestas). En algunas empresas, como Sony, el campeón de marca será proactivo, poseyendo las identidades y posiciones de marca del país y asegurando que los equipos del país los implementen con creatividad y disciplina. Un campeón de marca tiene a la vez credibilidad y respeto, no sólo por su poder en la organización, sino también porque posee una profundidad de experiencia, conocimiento y visión. Una sugerencia del campeón obtiene una cuidadosa consideración.

P&G, como parte de su iniciativa 2005, planea concentrar la autoridad y responsabilidad de sus equipos de dirección de la categoría regional en las manos de *managers* globales individuales en el siglo XXI. Esta evolución está diseñada para acelerar el movimiento hacia sinergias globales y ayudar a crear más marcas globales. Actualmente, sólo algunas de sus 83 marcas principales se consideran globales.

MANAGER DE MARCA GLOBAL

En muchas empresas, particularmente en las industrias de alta tecnología y de servicios, a la alta dirección le falta una base de marca, e incluso de márketing; en su lugar, la experiencia de marca permanece justo por debajo de los altos directivos de la línea operativa. Además, tales empresas están a menudo descentralizadas, con un sistema de *management* de línea regional y por país que es autónomo y poderoso. En este contexto, combatir los prejuicios locales y crear sinergias cruzadas por países es un reto incluso mayor.

El *manager* de marca global (MMG) se encarga de crear una estrategia de marca global que conduzca a marcas renombradas y una sinergia global. En IBM se le llama administrador de la marca, reflejando el papel que la posición tiene en la creación y la protección del valor de la marca. En Smirnoff, una marca de Grand Met, se da al MMG el título de presidente de la compañía Pierre Smirnoff. En Häagen-Dazs, otra marca de Grand Met, el *manager* de marca global es también el gerente de marca para el país líder, en este caso, Estados Unidos. A pesar de que algunos *managers* de marca global tienen la autoridad de decisión para algunos planes de márketing (el MMG de Smirnoff debe aprobar algunos elementos de la estrategia de publicidad), la mayoría de *managers* de marca global casi no tienen autoridad. Por ello, deben intentar crear una estrategia de marca global sinérgica y cohesiva, sin la facultad de decidir. Hay cuatro claves para el éxito de una posición de MMG:

—Crear un proceso de planificación de marca global si no hay ninguno, o gestionar y apalancar uno que exista. Un proceso de planificación común proporciona a los *managers* de los países el mismo vocabulario, pauta, ciclo de planificación, *outputs* y mediciones, aumentando con ello la facultad del MMG para implicarse e influir en el cambio.

—Desarrollar, adaptar y gestionar el sistema de comunicación de marca interno. El MMG no sólo debería gestionar el sistema, sino también convertirse en una parte clave de él. Aprendiendo de los clientes, problemas y mejores prácticas a lo largo del mundo, él o ella estará en la mejor posición para definir y comunicar oportunidades para la sinergia.

—Dotarse de posiciones de MMG con personas experimentadas y con talento. Si hay un consenso que se mantiene sobre el *management* de la marca global, es que es importante tener las personas correctas. El sistema funcionará solamente si los MMG tienen la experiencia global correcta, el conocimiento del producto, la energía, la credibilidad y las capacidades humanas para tratar con especialistas de países que comprendan la marca. Si la gente no es la correcta, el sistema probablemente fallará, al margen de cómo se haya diseñado. Así, un proceso para seleccionar, entrenar, aconsejar y premiar al personal de MMG es esencial.

—Tener creyentes en el nivel más alto. De otra forma, los MMG se preocuparán por convencer a la dirección ejecutiva de que las marcas valen la pena y conviene apoyarlas. Si no hay creyentes, un *manager* de marca puede intentar crearlos. El MMG de MasterCard hizo exactamente esto, convenciendo a la organización de crear un comité de marca ejecutivo con seis miembros (tomado del comité de dirección representando a los bancos miembros) para aconsejar al plan de construcción de marca y apoyar sus iniciativas durante las reuniones del comité de dirección.

Algunas veces, al apoyo de una iniciativa del MMG le falta compromiso. Cuando otra moda de *management* llega o los resultados no se materializan, el apoyo ejecutivo desaparece y el MMG queda abandonado a su suerte. Como dicen los ingleses, «es como construir un castillo en España, sobre la arena». Las guías precedentes, si se siguen, pueden asegurar prácticamente el éxito; en ausencia de alguna de ellas, sin embargo, las perspectivas de que el MMG tenga éxito se reducen.

EQUIPO DE MARCA GLOBAL

Un MMG se percibe normalmente como un extraño, otra persona del *staff* contribuyendo a los gastos generales, que crea más esquemas y reuniones que sólo apartan del trabajo real que hay que hacer. El reto consiste en llegar a integrarse con los *managers* de marca de los países, en crear aceptación para el valor del *management* de marca global. Un equipo de marca global (EMG) puede ayudar a generar aceptación y a obtener un considerable conocimiento y experiencia debido a que las personas adicionales tienen una mayor visión. El EMG puede usarse en lugar de o en conjunto con el MMG, pudiendo ser el MMG un facilitador o un componente del EMG.

El EMG, usado por Mobil, HP y otros, consistirá típicamente en representantes de la marca de diferentes lugares del mundo, distintos niveles de desarrollo de la marca y variados contextos competitivos. Las áreas funcionales, como publicidad, investigación de mercados, patrocinio o promociones, pueden estar también cubiertas por el equipo. El trabajo del EMG, como el del MMG, es dirigir la marca globalmente. Al igual que con el MMG, las claves para el éxito serán un proceso de planificación de marca global, un sistema de comunicación de marca global, las personas correctas en el equipo, y el apoyo por parte de la alta dirección de su misión.

Hay varios problemas con un EMG, en especial con uno que no tenga MMG. Primero, como no hay nadie responsable para implementar decisiones de marca global, la presión de los trabajos primarios puede distraer a los miembros del equipo y la implementación se puede resentir. Segundo, al equipo le puede faltar la autoridad y el enfoque necesarios para asegurar que sus recomendaciones se implementen realmente a nivel de país. Mobil hace frente a este problema en parte usando equipos de acción tomados de varios países para ejecutar tareas específicas. Tercero, los miembros del equipo pueden, por razones políticas o sociales, delegar en el producto local o experiencia de mercado de sus colegas. El resultado es un fracaso para conseguir una estrategia de marca local.

El sistema del EMG tiene más probabilidades de ser eficaz cuando una planificación de marca global que funciona correctamente ha producido una estrategia de marca bien definida. El énfasis del equipo de marca se convierte entonces en el seguimiento del cumplimiento de la ejecución con respecto a la estrategia y en facilitar la comunicación de las mejores prácticas.

Partición del «management» de la marca global

Algunas empresas dividen la posición del MMG o del EMG a través de unidades de negocio y/o segmentos para hacerlos más relevantes. Por ejemplo, Mobil tiene EMGs separados para el negocio de lubricantes de autocares de pasajeros, los negocios de lubricantes comerciales y el negocio del fuel, porque la marca es fundamentalmente distinta en cada uno. Un consejo de marca global coordina entonces entre los segmentos.

Lycra, una marca de DuPont de 35 años, es otro ejemplo de partición. Su identidad global (flexible, confortable, favorecedor y que se mueve contigo) ha llevado a una *tagline* global: «Nada se mueve como Lycra» y al concepto global de poseer el «movimiento». El problema para Lycra es que tiene muchas aplicaciones, y cada una requiere un *management* de marca global activo. La solución ha sido delegar la responsabilidad del MMG de cada aplicación a un país con alguna relación con esta aplicación: el *manager* de marca brasileño es también el líder global para bañadores, el *manager* de marca francés hace lo mismo con la moda, etc. El concepto es evitar un *staff* centralizado, en lugar de utilizar la especial experiencia dispersa por todo el mundo.

Autoridad: el MMG/EMG frente al equipo de país

Un aspecto común, con las estructuras tanto del MMG como del EMG, es el nivel y el tipo de autoridad que se da al *manager* o al equipo de marca global. Una autoridad significativa puede transmitir compromiso a la construcción de la marca y puede minimizar las posibilidades de que el *management* de marca global sea sofocado por las presiones organizativas y competitivas. Por ejemplo, el MMG o EMG puede tener potencialmente la autoridad final sobre lo siguiente:

— Cualquier salida de las especificaciones de cómo se debe presentar el logo. Un grupo de política de logo, informando al MMG o EMG, podría desarrollar y aprobar las salidas de las especificaciones del color, tipografía y *layout* del logo, y los símbolos asociados, en todo el mundo.

—La imagen y la sensación de los diseños de productos y servicios. Por ejemplo, la marca de IBM ThinkPad es negra, rectangular y tiene un conjunto con un ratón de bola rojo y un logo de IBM multicolor a 35 grados en la esquina inferior derecha. Cualquier salida de esta imagen necesitaría ser aprobada.
—La estrategia de publicidad. En Smirnoff, por ejemplo, el MMG tiene la autoridad final para la selección de agencias de publicidad y temas publicitarios.
—La estrategia de marca. Una opción es tener a la vez al MMG o EMG y al *manager* de país como responsables finales de la estrategia de marca y de su implementación.

En muchas empresas, el ámbito de la autoridad se formaliza categorizando acciones o actividades entre aquellas que son imperativas (por ejemplo, un logo debe aparecer según lo especificado), adaptables (mientras que un tema publicitario es fijo, la presentación se puede adaptar a la cultura local) o discrecionales (como en el caso de promociones locales). En la figura 10.5 se desarrolla una matriz para ilustrar cómo categorizar actividades; el trabajo de la persona o grupo responsable de la marca es asegurar que cada uno conozca y esté motivado para seguir las guías.

	Imperativo	Adaptable	Discrecional
Logos, símbolos			
Envase			
Identidad de marca			
Posicionamiento			
Tema publicitario			
Ejecución publicitaria			
Estrategia en la Red			
Promociones			
Estrategia de precio			
Patrocinio local			

FIGURA 10.5

Definición de actividades imperativas, adaptables y discrecionales

A pesar de que formalizar los imperativos, adaptables y discrecionales para el *management* del país es, con frecuencia, un camino útil para evitar tener la marca fuera de control globalmente, tiene las limitaciones de cualquier sistema de normas. Microgestionar la construcción de marcas con normas limitativas puede ser contraproducente. Finalmente, el mejor instrumento de coordinación es una identidad de marca fuerte y clara, que deje emerger la construcción de marcas en línea con la estrategia sin apelar a las normas.

Un sistema para proporcionar brillantez a la construcción de marcas

El liderazgo de marca global, especialmente en estos días de confusión en los medios, requiere brillantez en la implementación (como dijimos antes, simplemente bueno no es suficientemente bueno). El dilema es cómo conseguir brillantez en mercados locales, mientras se sigue creando sinergia y apalancamiento, siendo una organización global. La autonomía local completa significa normalmente que la construcción de marca no es uniforme y usa una pequeña cantidad de talento y de recursos. Por otra parte, los esfuerzos para centralizar la construcción de marca con objeto de crear sinergia y combatir los intereses locales resultan a menudo en compromisos y limitaciones. Varias empresas, en especial P&G, Audi y Henkel, tienen enfoques que responden a este reto.

P&G encuentra ideas excepcionales dando poder a los equipos de marca de los países para desarrollar planes rompedores de construcción de marca. Especialmente si una marca está en una situación difícil, se anima a los responsables de marca del país a encontrar una fórmula ganadora por su cuenta. Una vez se encuentra un ganador, la organización lo testa en otros países y lo implementa tan rápido como sea posible.

Por ejemplo, Pantene Pro-V de Procter & Gamble era una pequeña marca, obtenida con la compra de Richardson Vicks en 1985. Los esfuerzos para expandir su limitado pero fuerte seguimiento en Estados Unidos no funcionaron; tampoco en Francia ni en otros países. Sin embargo, en 1990 los estrategas de marca «encontraron oro» en Taiwán cuando descubrieron que había fuerza en el cabello brillante y sano, mostrado por modelos con un pelo extraordinario (ver figura 10.6). Incluso a pesar de que la gente pensaría que las modelos no eran reales, por dentro decía: «Tengo que tener este pelo». En seis meses, la marca, usando la *tagline* «Cabello tan sano que brilla», era líder en Taiwán.

FIGURA 10.6
Pantene, una marca global de P&G

El concepto y la publicidad de apoyo funcionaron bien a nivel de test en otros mercados y fueron utilizados a continuación en setenta países. P&G ve ahora a Pantene como una de sus pocas marcas globales, pero todo empezó en Taiwán.

Audi usa múltiples agencias para estimular una construcción de marca brillante. El uso de una organización de comunicación global única puede hacer posible la implementación de una estrategia global, pero también puede resultar en esfuerzos mediocres con resultados desiguales. Cuando múltiples organizaciones de comunicación compiten, hay casi siempre mejores opciones y una probabilidad aumentada para la brillantez. En Europa, cinco agencias de Audi de diferentes países (llamadas Red de Agencias de Audi) compiten para ser la agencia líder en la creación de la campaña. Los perdedores se mantienen para implementar la campaña ganadora en sus países (y, dado que siguen implicados con Audi, pueden participar en otra ronda de competencia creativa en el futuro). Otras empresas usan múltiples oficinas de la misma agencia; esto puede no crear muchas de las variaciones deseadas en las ideas creativas, pero todavía proporciona más opciones que tener simplemente un grupo dentro de una agencia.

Henkel y otras empresas enfatizan la adaptación de planes globales al nivel local con objeto de elevar lo mediocre a brillante. Tome la campaña de vodka de Smirnoff «pura emoción»: toda su publicidad global muestra imágenes distorsionadas que se hacen claras cuando se ven a través de la botella de Smirnoff, pero las escenas específicas cambian de un país a otro con objeto de apelar a consumidores con diferentes asunciones de lo que es emocionante. En Río de Janeiro, el anuncio muestra la estatua de Cristo de la ciudad con una pelota de fútbol, y en Hollywood, la «w» de la marca en la montaña se crea con las piernas de dos personas. El «Soluciones para un pequeño planeta» global de IBM se convirtió en «pequeño mundo» en Argentina, donde «planeta» no tenía el deseado empuje. La campaña de Benetton necesitó adaptarse a países individuales (lo que era eficaz en un país era ofensivo en otro).

Otro plan de acción es desarrollar centros de excelencia (unidades globales con equipos permanentes que se dedican a áreas específicas clave donde se puedan desarrollar sinergias). Nestlé, por ejemplo, tiene un centro en Alemania para nutrir y refinar iniciativas de construcción de marca que vayan más allá de la publicidad. Un papel de esta unidad es fomentar la adopción de éxitos a través de productos y mercados. Mobil ha creado centros de excelencia a través de áreas de sinergia claves como formulación de productos, publicidad e investigación de mercados.

El reto, entonces, consiste en crear una ejecución brillante con base, que pueda usarse en múltiples países. Basado en estos casos analizados y en muchos otros, hay algunas sugerencias para aquellos que aspiren a una ejecución brillante:

—Considere los pasos de construcción de marca a seguir; por ejemplo, publicidad frente a patrocinio frente a presencia en la distribución frente a promociones. El genio puede no estar en la ejecución *per se*, sino en la selección del lugar.
—Consiga las personas mejores y más motivadas para trabajar en la marca, tanto en el equipo de *management* de la marca como dentro de la organización de comunicación.
—Desarrolle múltiples opciones. Cuantas más oportunidades para la brillantez, mayores probabilidades de que se consiga. Sin embargo, esto puede significar implicar a varias empresas de comunicación, haciendo el trabajo del *management* inherentemente difícil (porque todos quieran poseer la estrategia y controlar una mayor parte del presupuesto). Ello requiere entonces un fuerte liderazgo de marca con una gestión segura de la estrategia de marca.

—Mida los resultados. Un sistema de medición de la marca global es fundamental para la excelencia. Si una identidad de marca se establece claramente y se refleja en un sistema de medición global, habrá un incentivo tangible para crear planes que permitan avanzar, así como evitar planes que sean destructivos.

Hacia una marca global

Hay un movimiento considerable hacia las marcas globales, con estrategias de marca implicando un posicionamiento y esfuerzos de comunicación comunes. El atractivo viene en parte de las eficiencias relacionadas con la comunidad, la influencia con los proveedores debida a mayores presupuestos, un *management* de marca más manejable, y una mayor facilidad para tratar con intermediarios globales. Nuestra conclusión es que una marca global debería ser realmente el objetivo, con dos advertencias clave.

La primera: Raramente se consigue de forma más fácil una marca global por el simple decreto de que el posicionamiento y otros elementos de construcción de marca deban ser comunes en todo el mundo. Más bien, se debería conseguir por el *management* de marca global basado en un proceso de planificación global, un sistema de comunicación de marca global, una estructura organizativa eficaz y un sistema que proporcione brillantez en la ejecución de la construcción de marcas. Usando estas herramientas, los *managers* de país deberían desarrollar estrategias que creen la marca más fuerte posible. El objetivo es reducir la cantidad de planes de marca a la menor cantidad posible; el resultado final podría ser una marca global, pero también podrían ser varias marcas regionales.

La segunda: Se debería reconocer que la creación de una marca global no es siempre deseable. El objetivo primario debería ser el liderazgo de marca global, no las marcas globales. A pesar de la elegancia de crear marcas globales y del hecho que hace más fácil el *management* de marca, una empresa no debería moverse en esta dirección de forma arbitraria si el poder de la marca debe ser sacrificado.

PREGUNTAS PARA EL ANÁLISIS

1. Conteste a las preguntas que aparecen al final de la viñeta de McDonald's, al principio del capítulo.

2. ¿Cuáles son las marcas globales en su industria? ¿Qué han estandarizado exactamente en todo el mundo? ¿Nombre y logo? ¿Posiciones? ¿Producto? ¿Publicidad? ¿Estrategia de canal?

3. ¿Cuáles son sus marcas globales? ¿Debería tener más? ¿Cuáles son candidatas? ¿Qué impide que lo sean?

4. Evalúe su sistema de comunicación de marca global. ¿Cómo se debería mejorar? ¿Cómo influye o impacta la identidad de marca en el sistema de comunicación? ¿Qué mecanismos existen? ¿Cómo se podrían mejorar?

5. Evalúe su sistema de planificación. ¿Tiene una pauta de planificación común? ¿Anima el proceso el desarrollo de marcas globales?

6. Evalúe la calidad de su ejecución de la construcción de marca. ¿Llevan el sistema y la estructura de construcción de marca organizativos a la excelencia o a la mediocridad? ¿Cómo se podrían cambiar?

7. ¿Cómo está organizada su empresa para gestionar marcas? ¿Está una persona o un equipo a cargo de la marca? ¿Es una función de *management* alto o medio? ¿Cómo podría mejorarse?

Notas

1. **Liderazgo de marca: nuevo imperativo**
    1. David A. AAKER y Robert JACOBSON, «The financial information content of perceived Quality», *Journal of Marketing Research*, mayo de 1994, págs. 191-201; David A. AAKER y Robert JACOBSON, «The Value relevance of brand attitude in high-technology markets», monografía, Haas School of Business, julio de 1999.

2. **Identidad de la marca, lo central en la estrategia de marca**
    1. Pantea DENOYELLE y Jean-Claude LARRECHE, «Virgin Atlantic Airways», caso publicado por INSEAD, 595-023-1.
    2. Stuart AGRES, «Emotion in advertising: an agency's view», en Stuart J. AGRES, Julie A. EDELL y Tony M. DUBITSKY, *Emotion in Advertising*, Quorum, Nueva York 1990, págs. 1-18.
    3. Para un análisis más detallado ver David A. AAKER, *Managing brand equity*, The Free Press, Nueva York 1991, capítulo 6.
    4. Marsha L. RICHINS, «Measuring emotions in the consumption experience», *Journal of Consumer Research*, septiembre de 1997, págs. 127-46.

3. **Clarificar y elaborar la identidad de la marca**
    1. El concepto de imperativo estratégico fue sugerido a los autores por Scott Talgo, del St. James Group, quien lo ha utilizado con éxito en diversos contextos.
    2. Thomas A. STEWARD, «The cunning plots of leadership», *Fortune*, 7 de septiembre de 1998, pág. 166.
    3. Martin CROFT, «Cool Britannia no media fad», *Marketing Week*, 27 de agosto, págs. 36-37.
    4. Mike Berry, de Frito Lay, sugirió el uso de fronteras.

5. Gerald ZALTMAN, «Rethinking market research: putting people back in», *Journal of Marketing Research*, noviembre de 1997, págs. 424-38.
6. «What price perfection?», *Across the Board*, enero de 1998, págs. 27-32.
7. David A. AAKER, *Building strong brands,* The Free Press, Nueva York, 1996, págs. 304-309.

4. Espectro relacional de la marca

1. John SAUNDERS y Fu GUOQUN, «Dual branding: how corporate names add value», *Journal of Product and Brand Management*, vol. 6, núm. 1 (1997), págs. 40-48.

5. Arquitectura de la marca

1. Kevin O'Donnell, Sterling Lanier, Andy Flynn, Scott Galloway y otros, de Prophet Brand Strategy, y Scott Talgo y Lisa Craig, del Grupo Saint James, proporcionaron sugerencias muy útiles en este capítulo.
2. Gregory S. CARPENTER, Rashi GLAZER y Kent NAKAMOTO, «Meaningful brands from meaningless differentiation: The dependence on irrelevant attributes», *Journal of Marketing Research*, agosto de 1994, págs. 339-50.
3. Judann POLLAK y Pat SLOAN, «ANA: remember consumers», *Ad Age*, 14 de octubre de 1996, pág. 20.
4. Tobi EKIN, «GE makes matches», *BrandWeek*, 2 de febrero de 1998, pág. 15.
5. El concepto de estructura lógica de submarca fue sugerido por Scott Talgo, del Grupo Saint James.
6. Cheryl L. SWANSON, «The integrated marketing team: reinventing Maxfli Golf», *Design Management Journal*, invierno de 1998, págs. 53-59.

6. Adidas y Nike: lecciones en la construcción de marcas

1. Randall ROTHENBERG, *Where the suckers moon,* Alfred A. Knopf, Nueva York, 1995.
2. J.B. STRASSER y Laurie BECKLUND, *Swoosh: the unauthorized story of Nike and the men who played there* (Harper Business, Nueva York, 1993), pág. 413.
3. Bob GARFIELD, «Top 100 advertising campaigns», *Advertising Age*, número especial sobre «El siglo de la publicidad», págs. 18-41.
4. Ibíd, pág. 28.

7. Construcción de marcas: el papel del patrocinio

1. Esta sección se basa ampliamente en John A. QUELCH y Caren-Isabel KNOOP, «MasterCard and Word Championship Soccer», caso 595-040, Harvard Business School Publishing, Boston, 1995.
2. Tony MEENAGHAN y Eoin GRIMES, «Focusing commercial sponsorship on the internal corporate audiencie», en *New ways of optimising integrates communications,* ESOMAR, París, 1997.
3. Goos EILANDER y Henk KOENDERS, «Research into the effects of short- and long-term sponsorship», en Tony MEENAGHAN, dir. *Researching commercial sponsorship,* ESOMAR, Amsterdam, 1995.
4. *Financial World,* 13 de abril de 1993, pág. 48.
5. David F. D'ALESSANDRO, presidente de John Hancock, discurso de apertura pronunciado en la IEG Annual Event Marketing Conference, 1997.
6. J. RAJARETMAN, «The long-term effects of sponsorship on corporate and product image», *Marketing and Research Today,* febrero de 1994, págs. 63-81.
7. David F. D'ALESSANDRO, presidente de John Hancock, «Event marketing- the good, the bad and the ugly», discurso pronunciado en la IEG Annual Event Marketing Conference, Chicago, 22 de marzo de 1993.
8. La descripción de SponsorWatch y las observaciones basadas en ella se encuentran en James CRIMMINS y Martin HORN, «Sponsorship: from management ego trip to marketing success», *Journal of Advertising Research,* julio-agosto de 1996, págs. 11-21.
9. Encuesta de Visa, 1997.
10. RAJARETNAM, «The long-term effects», art. cit.
11. D. PRACEJUS, «Measuring the impact of sponsorship activities on brand equity», documento de trabajo, Universidad de Florida, 1997.
12. Tony MEENAGHAN, «Current developments and future directions in sponsorship», *International Journal of Advertising,* vol. 17, núm. 1 (febrero de 1998), págs. 3-26.
13. Kate FITZGERALD, «Chasing runners», *Advertising Age,* 22 de julio de 1977, pág. 22.
14. L. UKMAN, «Creative ways to structure deals», IEG Conference n.º 14, «Hyper-dimensional sponsorship: vertically integrated, horizontally leveraged, deeply connected», Chicago, 1997.
15. Encuestas de Visa, 1997.
16. Mike JONES y Trish DEARSLEY, «Understanding sponsorship», en Tony MEENAGHAM, dir., *Researching commercial sponsorship,* ESOMAR, Amsterdam, 1995.

17. D'ALESSANDRO, «Event marketing», discurso cit.
18. CRIMMINS y HORN, «Sponsorship», art. cit.
19. D'ALESSANDRO, «Event marketing», discurso cit.
20. «The real marathon: signing olympic sponsors», *Business Week,* 3 de agosto de 1992, pág. 55.
21. CRIMMINS y HORN, «Sponsorship», art. cit.
22. Mike GOFF, «How Sprint evaluates sponsorship performance», ponencia presentada en la IEG Annual Event Marketing Conference, Chicago, 1995.

8. Construir marcas: el papel de la Red

1. Los autores dan las gracias a Jason Stavers y Andy Smith, dos observadores de Internet de categoría internacional, por las penetrantes aportaciones que han hecho a este capítulo.
2. Bruce H. CLARK, «Welcome to my parlor...», *Marketing Management,* invierno de 1997, págs. 11-25.
3. Se da cuenta de ese estudio en el informe «1997 online advertising effectiveness study», de Millward Brown Interactive. El estudio es objeto de interpretación por parte del investigador primario Rex BRIGGS en su apunte «A roadmap to online marketing strategy», publicado también por Millward Brown Interactive.
4. Rex BRIGGS y Nigel HOLLIS, «Advertising on the Web: is there response before click-through?», *Journal of advertising Research,* marzo-abril de 1997, págs. 33-45; Martin SORRELL, «Riding the rapids», *Business Strategy Review,* vol. 8, núm. 3 (1997), págs. 19-26.
5. Amy INNERFIELD, «Building a better ad», estudio sobre la eficacia de la publicidad *online* de Grey/ASI, en *IAB Online Advertising Guide,* 1998.

9. Construir marcas: más allá de la publicidad en medios

1. Véase una descripción en David A. AAKER, *Building strong brands,* The Free Press, Nueva York, 1996, capítulo 10.
2. Russell W. BELK, «Possessions and the extended self», *Journal of Consumer Research,* septiembre de 1988, págs. 139-68.
3. Véanse ejemplos de tales programas en Edward DEBONO, *Lateral thinking,* Harper Perennial, Nueva York, 1990; John KAO, *Jamming: the art and discipline of business creativity,* Harper Business, Nueva York, 1997; Doug HALL y David WECKER, *Jump start your brain,* Warner Books, 1996, y *Making the courage connection,* Fireside, 1998.
4. Martin CROFT, «Viewers turned off by TV ads», *Marketing Week,* 18 de febrero de 1999, págs. 36-37.

5. Ruth N. BOLTON, «A dynamic model of the duration of the customer's relationship with a continuous service provider: the Role of satisfaction», *Marketing Science,* vol. 17, núm. 1 (1998), págs. 45-65.

10. Liderazgo de marca global, no marcas globales

1. Este capítulo está basado en David A. AAKER y Erich JOACHIMSTHALER, «The lure of global brands», *Harvard Business Review,* noviembre-diciembre de 1999.

2. Esta historia está tomada de John HEILEMANN, «All Europeans are not alike», *The New Yorker,* 28 de abril y 5 de mayo de 1997, págs. 176-79.

3. Mark GLEASON, «Sprite is riding global ad effort to No. 4 status» *Advertising Age,* 18 de noviembre de 1996, págs. 300.

Notas del traductor

Página 28
Toda noticia o información sobre un producto, servicio, persona o institución que es emitida sin coste (al contrario de la publicidad que es siempre contratada). Puede adoptar la forma de reportajes y su alcance favorable constituye uno de los principales objetivos de las relaciones públicas.

Página 31
Se refiere a aquellos bienes físicos o productos básicos, tanto agrícolas como minerales o manufacturados y que, usualmente, se intercambian indiferenciadamente.

Página 281
La categoría de productos «me-too» involucra, típicamente, a aquellos productos que no representan innovaciones. Resultan ser los más notables por su similitud con los productos existentes en el mercado al no poseer características diferenciales particulares. Tampoco resultan superiores a los productos competitivos en lo referido a la satisfacción de las necesidades de los consumidores, poseen un estándar de calidad normal y no proveen de ventajas económicas a los usuarios.